本教材得到“三峡大学教材建设基金资助”

高等学校应用型经济学核心课程教材
ECONOMICS

本教材出版获“三峡大学教材建设基金”资助

微观经济学习题集

● 龚太寿 主编

WUHAN UNIVERSITY PRESS
武汉大学出版社

《微观经济学习题集》编写人员

主　编　龚太寿
副主编　吴　拯
参　编　何伟军　曾宇平　周银珍　彭卫民
赵建华　林　青　关雄英

《微观经济学习题集》内容介绍

本书是三峡大学“经济学”精品课程建设的研究成果，是由三峡大学的几位多年来从事“经济学”课程教学的教师共同完成的。

为加深学生对微观经济学基本概念、基本原理的理解，增强学生动手能力，我们以曾宇平、何伟军主编的《微观经济学》教材为依据，编写了这本《微观经济学习题集》。每章设置了名词解释题、选择题、辨析题、作图题、问答题、计算题以及案例题，并配有详细的答案。本习题集语言通俗易懂、内容与配套教材结合紧密，题型多样，案例丰富。本习题集注重微观经济分析方法的具体应用，对每一道计算题都进行了详细的解答，对每一个案例都运用微观经济学原理进行了深入细致的剖析。

本习题集可作为高等学校经济类、管理类专业的学生学习“微观经济学”课程的辅导书。

前　言

“经济学”是我国高校经济管理类专业最重要的一门专业基础课，它分宏观经济学和微观经济学两部分。

三峡大学经济与管理学院从事“经济学”教学的教师是一支具有丰富经验的队伍，他们大多由具有博士、硕士学历的教授或副教授组成，在长期的经济学教学实践过程中，积累了大量的教学经验。他们在三峡大学教务处及经济与管理学院的大力支持下，得到了“三峡大学教材建设基金”的资助，经过两年的精心编写，编写了《宏观经济学》、《微观经济学》以及《宏观经济学习题集》、《微观经济学习题集》，并在三峡大学经济管理类专业中进行了试用，收到了较好的教学效果。在广泛征求学生和其他院校从事经济学教学工作的教师的意见基础上，他们又进行了进一步修改，最终完成本套教材和习题集的编写。

《微观经济学习题集》注重微观经济学基本概念、基本原理、基本分析方法的理解和把握，注重理论知识和案例分析的结合，从书刊或网站上选用了大量的案例来阐述相关的理论，使学生能较直观地理解经济学的原理，将趣味性和知识性有机地结合起来。本习题集每章设置了名词解释题、选择题、辨析题、作图题、问答题、计算题以及案例题，并配有详细的答案。

本习题集共分七章，对应于配套教材第二章到第八章，具体编写分工如下：

第二章，需求与供给概述，由周银珍编写；

第三章，消费者选择理论，由龚太寿编写；

第四章，厂商选择理论，由彭卫民编写；

第五章，市场结构分析，由曾宇平编写；

第六章，要素市场，由周银珍编写；

第七章，一般均衡理论与福利经济学，由曾宇平编写；

第八章，市场失灵和微观经济政策，由彭卫民编写。

（注：第一章和第九章没有习题）

本习题集由龚太寿任主编，吴拯任副主编，龚太寿负责全书的统稿工作，吴拯协助参考资料的收集工作。

本习题集在编写过程中，使用了不少的案例并为案例配置了图片，参考了一些专家学者的研究成果和文献资料，在此，对这些作者和网站表示诚挚的谢意。同时，感谢武汉大学出版社为本书的出版付出辛勤劳动的编辑和工作人员。由于编者水平有限，出现差错及不足之处在所难免，恳请读者批评指正。

目　录

第二章　需求与供给概述

一、名词解释题

1. 市场经济　2. 供给法则　3. 需求交叉弹性　4. 经济模型　5. 稀缺　6. 均衡价格　7. 均衡产量　8. 需求价格弹性　9. 需求定律　10. 弧弹性　11. 需求收入弹性　12. 供给价格弹性

二、单项选择题

1. 某消费者的收入下降，而他对某商品的需求却增加，该商品为(　　)。

A. 低档商品　　B. 互替商品

C. 互补商品　　D. 一般商品

2. 某商品价格下降导致其互补品的(　　)。

A. 需求曲线向左移动　　B. 需求曲线向右移动

C. 供给曲线向右移动　　D. 价格上升

3. 需求的收入弹性是指(　　)。

A. 需求函数的斜率　　B. 收入变化对需求的影响程度

C. 消费者对价格变化的反映程度　　D. 以上说法都正确

4. 某商品的价格从 5 元下降到 4 元，需求量增加了 100 件，需求为(　　)。

A. 缺乏弹性　　B. 富于弹性

C. 单位弹性　　D. 不能确定

5. 下列哪种情况使总收益下降(　　)。

A. 价格上升，需求缺乏弹性　　B. 价格上升，需求富于弹性

C. 价格下降，需求富于弹性　　D. 价格下降，需求缺乏弹性

6. 若商品 A 和 B 是替代品，则 A 的价格下降会导致(　　)。

A. A 的需求曲线右移　　B. A 的需求曲线左移

C. B 的需求曲线右移　　D. B 的需求曲线左移

7. 一条直线型的需求曲线与一条曲线型的需求曲线相切，在切点处两曲线的需求价格弹性(　　)。

A. 不同　　B. 相同

C. 可能相同也可能不同　　D. 依切点位置而定

8. 一条直线型的需求曲线与一条曲线型的需求曲线相交，在交点处两曲线的需求价格弹性(　　)。

A. 不同　　B. 相同

C. 可能相同也可能不同　　D. 依交点位置而定

9. 商品 a 和 b 的交叉弹性为-3，则(　　)。

A. a 和 b 为替代品　　B. a 和 b 为互补品

C. a 和 b 都是低档商品　　D. a 和 d 都是高档商品

10. 若某种商品的供给曲线是一条过原点的直线，则其供给价格弹性(　　)。

A. 随价格变化而变化　　B. 恒等于 1

C. 为其斜率值　　D. 无法确定

11. 下列因素除(　　)外都会使需求曲线移动。

A. 消费者收入变化　　B. 商品价格变化

C. 其他有关商品价格下降　　D. 消费者偏好变化

12. 在得出某公司的某商品供给曲线时，下列因素除(　　)外均保持为常量。

A. 技术水平　　B. 投入价格

C. 自然特点　　D. 所考虑商品的价格

13. 斜直线型需求曲线的弹性为(　　)。

A. 曲线上各点的弹性都相等

B. 在高的价格段缺乏弹性，在低的价格段富于弹性

C. 在高的价格段富于弹性，在低的价格段缺乏弹性

D. 在某些点上为单位弹性

14. 假定需求表中 D_1，D_2，D_3 和 D_4 的弹性系数分别是 2.3，0.40，1.27 和 0.77。哪种情况在价格提高后将导致总收益的增加(　　)。

A. D_1 和 D_3　　B. D_3 和 D_4

C. D_2 和 D_4　　D. 仅 D_1

15. 假定某商品的价格从 9 元降到 8 元，需求量从 50 增加到 60，需求为(　　)。

A. 缺乏弹性　　B. 富于弹性

C. 单元弹性　　D. 不能确定

16. 导致供给的减少的情况是(　　)。

A. 消费者收入的减少　　B. 技术的进步

C. 成本的上升　　D. 替代品价格上升

三、判断题

1. 实证分析就是用实例分析。(　　)

2. 线性需求曲线斜率唯一，故曲线上各点的弹性一样。(　　)

3. 需求量是消费者在某一时期愿意购买的商品和劳务数量。(　　)

4. 目前，世界上绝大多数国家都处于一种中间的经济运行机制——混合经济体制。(　　)

5. 实证分析主要回答“为什么”的问题。(　　)

6. 规范分析主要回答“为什么”的问题。(　　)

7. 如果产品的需求价格弹性为1，则价格的涨跌对厂商的收益没有影响。(　　)

8. 收入弹性小于1的商品应该是高档商品。(　　)

9. 市场的均衡是在完全自发的状态下达到的。(　　)

10. 产量很小的时候，供给弹性较大。(　　)

11. 当价格和总收益呈同方向变化时，需求量是富有弹性的。(　　)

12. 需求增加需求量一定增加。(　　)

13. 商品短缺带来的价格变化会进一步导致短缺数量的增加。(　　)

14. 供给曲线右移表示生产者在每一价格上提供更多产品。(　　)

15. 若某商品价格上涨，对其需求量不断增加，则该商品需求线的斜率必然为正。(　　)

16. 互补商品的交叉价格弹性值总是为正值。(　　)

17. 经济学书籍今年价格比上年上升20%，但销售量却比去年上升30%，说明经济学书籍需求弹性为+1.5，不符合需求法则。(　　)

18. 当需求缺乏弹性时，提高价格可以增加利润。(　　)

19. 需求是消费者在一定时期内，在各种价格下愿意并且能够购买的商品和劳务的数量。(　　)

20. 当需求富有弹性时，降低价格可以增加利润。(　　)

21. 如果对小麦需求高度缺乏弹性，则粮食丰收将减少农民收入。(　　)

22. 若人们预期某一商品未来价格会显著上涨，则会增加现时的需求。（ ）

23. 若人们预期某一商品未来价格会显著下降，则会增加现时的供给。（ ）

24. 某商品价格下降其互补商品的需求量也会下降。（ ）

25. 某商品价格下降其替代商品的需求量也会下降。（ ）

26. 别的条件不变时收入越高对商品的需求越多。（ ）

27. 政府税收增加未导致需求的减少。（ ）

28. 商品的可替代性越强，其需求弹性值越大。（ ）

29. 越是必需品，其需求弹性值越大。（ ）

30. 在人们的总开支中比重很小的商品弹性值很小。（ ）

31. 考察时间越短，需求弹性越大。（ ）

32. 供给量是在某一时期厂商愿意提供的商品和服务的数量。（ ）

四、简答题

1. 市场经济的特征
2. 影响供给价格弹性的因素
3. “蛛网周期”的类型
4. 举出几种需求价格缺乏弹性的商品，并予以解释
5. 影响需求价格弹性的因素
6. 需求与需求量的区别
7. 稀缺与短缺之区别
8. 影响供给的因素
9. 影响需求的因素
10. 供给与供给量的区别
11. 蛛网周期形成的原因
12. 决定蛛网周期类型的因素

五、计算题

1. 陈力是一名大学毕业生，他在大学学习期间收集了一套试题。现在他想把这套试题卖掉以便为即将购买的家用设备筹款。他有三个有钱朋友表示愿意购买其中有些试题，陈力把他们的个人需求方程分别定义为：

$Q_1=30-P$

$Q_2=22.5-0.75P$

$Q_3=37.5-1.25P$

这里，Q_1，Q_2，Q_3分别代表三位朋友的需求量；P 为每份试题的价格，以元为单位。问：

(1)什么是陈力的试题的需求方程？

(2)如果价格降低 1 元，则他能多出售多少试题？

(3)如果他有 60 份试题，则为要全部售出他应如何定价？

2. 已知价格每提高 1 元，会使需求量减少 2 个单位。如果价格为 5 元，则需求量是 10 个单位。

(1)如果价格为零，则需求量是多少？

(2)请写出需求量的方程，它是价格的函数。

(3)请写出一个方程，表示价格是需求量的函数。

3. 假定扑克牌的市场需求方程为：

$Q=6\ 000\ 000-1\ 000\ 000P$

这里，Q 是每年对扑克牌的需求数；P 为价格，单位为元。问：

(1)当价格为每付 2 元时，点价格弹性是多少？

(2)如果价格从每付 2 元增加到 3 元，则请问弧价格弹性是多少？

4. 企业生产 A、B 两种产品，日产均为 100 台，若 A 的收入弹性在 0.8~1，B 的收入弹性在 0.8~1.8。估计社会收入增加 10%，试确定 A 与 B 需求量变化幅度。

5. 假如一个市场由 3 个人组成：A、B 和 C，他们的个人需求方程如下：

$P=35-0.5Q_A$

$P=50-0.25Q_B$

$P=40-2Q_C$

行业的供给方程已知为 $Q_S=40+3.5P$。

(1)求均衡价格和均衡数量。

(2)求每人的购买量。

6. 一个市场由两人组成。他们的需求方程分别为 $Q_1=16-4P$ 和 $Q_2=20-2P$。

(1)求市场需求方程。

(2)当价格为 2 元时，每人的点弹性是多少？

7. 假定某商品的需求函数和供给函数分别是 $P=120-3Q_d$，$P=5Q_s$，求：

(1)该商品的均衡价格和均衡数量。

(2)均衡点的需求弹性和供给弹性。

8. 假定某商品的市场供求函数分别为：$Q_d = 11\ 000 - 1\ 000P$，$Q_s = 2\ 000 + 2\ 000P$，求：

(1)该商品的均衡价格与均衡数量。

(2)均衡点的需求价格弹性。

(3)如果实行最高限价 $P = 2.5$ 元，则市场是否仍处于均衡状态？如果不是，则市场不足(或过剩)数量是多少？

9. 公司甲和公司乙是机床行业的两个竞争者，这两家公司的主要产品的需求曲线分别为：

公司甲　$P = 1\ 000 - 5Q$

公司乙　$P = 1\ 600 - 4Q$

这两家公司现在的销售量分别为 100 单位和 250 单位。求：

(1)这两家公司当前的点价格弹性。

(2)假定公司乙降价，使销售量增加到 300 单位。这一行动导致公司甲的销售量下降到 75 单位。公司甲产品的交叉弹性为多少？

10. 某制造商生产的衬衣的需求曲线已知为：$P = 30 - Q/200$。

(1)请分别计算 $P = 10$ 和 $P = 15$ 时的点弹性。

(2)点弹性是怎样随价格的变化而变化的？

11. 某教科书的需求方程已知为：$Q = 20000 - 300P$。该书开始价格为每本 30 元。

(1)请计算 $P = 30$ 元时的点弹性

(2)如果目标是增加总收入，则企业应提价还是降价？

(3)请计算价格从 30 元降到 20 元的弧弹性。

(4)请计算价格从 20 元降到 15 元的弧弹性。

12. 如果在所有价格水平上，需求的价格弹性为零，则其需求方程应是什么？

13. 大米的价格弹性估计为 -0.4，收入弹性为 0.8。当价格为每袋 0.4 元，人均收入为 10 000 元时，对大米的需求量为每年 50 000 000 吨。

(1)大米是低档品、必需品还是奢侈品？

(2)如果人均收入增加到 15 000 元，则对大米的需求量是多少？

(3)如果大米价格增加到每袋 0.5 元，而人均收入仍保持在 10 000 元，则请问需求量将是多少？

14. 石油的价格为每桶 30 美元，宏观世界的价格弹性是常数，等于 -0.5。石油禁运使石油供应量减少了 20%。请用弧弹性公式计算石油价格将上涨多少。

15. 一种产品的需求方程已知为：

$Q=20I/P$

这里，I 为人均收入；P 为价格。

(1)请写出点价格弹性的方程。当 I 和 P 的值为多少时，需求量是单元弹性的，为什么？

(2)请写出它的点收入弹性的方程。当 I 和 P 的值为多少时，该物品属于必需品？为什么？

六、案例分析题

案例 2-1：一场关于房市的争论

案例适用：均衡价格的变动

案例来源：根据焦点武汉房地产网：一场关于房价的争论、发改委专家预期“房地产市场调整可能要 3~5 年”、回暖实质是人为假象，楼市正在酝酿报复性狂跌、楼市将很快走出低谷，回暖了房价也难以反弹等(2009 年 4 月 26 日编写)。

案例内容：

前几年，在各方面因素的带动下，房地产呈现快速上涨、逐年攀升的态势；但从 2007 年末开始，房地产开发市场进入了漫漫“冬天”；时至今年 3 月份，国内楼市一改之前的低迷，多数城市商品房交易量都在增加，不少城市的楼市交易更是迎来了“小阳春”。于是，一场关于房市的争论便轰轰烈烈开始了。

导致这几年房市大起大落的因素是多方面的，有经济发展周期性波动的原因，也有利益驱动下的投机行为；有住房消费观念的影响，也有深层次的制度制约。这些因素的共同作用，最终体现为房地产市场供求关系的过度失衡。

2007 年之前，房价快速上涨是房地产市场需求过旺和成本上升推动共同作用的结果；2007 年末至今，房地产市场持续低迷是全球金融危机、房地产价格泡沫和居民住房消费观念等因素影响的结果。所以在目前关于房市的争论中，绝大多数学者都认为，房地产市场调整需要 3~5 年，未来房价下跌和房地产市场的库存消化存在着矛盾、当前的楼市回暖是假象，楼市即使能走出低谷，回暖了房价也难以反弹。

试分析该现象。

附：资料来源

1. 易宪容评房地产现状　中央不给政策房价一定降

（焦点武汉房地产网 wh. focus. cn 2009 年 3 月 30 日 7：16 中国经济时报 张娜）

追问易宪容——一场关于房价的争论

“我可要揭你老底了!”袁钢明毫不客气地翻起了易宪容的“旧账”。“你说。”易宪容很从容，靠在椅背上，露出两颗洁白的门牙，作洗耳恭听状。

“2005 年你说房价要降，并且三个月后一定暴跌，很多人本来想买房，听了你的话就没买，结果房价没降，反而涨了，2005 年以后，更是一路飙升，我们全都受你的骗啦。现在，又来了。”袁钢明话音未落，全场爆笑。

“我并没讲房价下跌，是某媒体无聊，中间拿出一句话来当大新闻，说北京房价下跌 30%，上海房价下跌 50%，其实我根本没说过，我的意思是哪里房价有暴涨就会有暴跌。”易宪容一脸无辜地说。

3 月 28 日，清华大学经管学院四楼多功能厅，一场关于今年第一季度宏观经济形势的讨论会热闹地进行着。

真是哪里有易宪容，哪里就离不开房地产话题。

刚刚，易宪容就房地产市场发展趋势作了一场“激情澎湃”的演讲。这位中国社科院金融研究所金融发展室主任，尽管普通话不甚标准，但在发言时，声音分贝最高，情到浓处，嗓门都不够用，需咳嗽两声，方能继续。

在发言中，他说，房价一定会往下调，只是时间问题，开发商应主动降价。

此刻，易宪容正被当天的会议主持人、清华大学中国与世界经济研究院研究员袁钢明“穷追不舍”：

“很多人都等着买房子，你说房价一定会降，结果最近听说房价又上涨了，而且北京房价上涨了 10%，你说的算数还是别人说的算数?”

老易这次要被架到火上烤了。

前几天，有人说，房市已经回暖，房地产市场价格会出现大的调整，在易宪容看来，这种可能性几乎为零，世界所有产品价格都在调整，中国产品的价格都在调整，房地产价格也不例外，除非他们到地球之外去。

从 2007 年末开始，房产开发市场已经进入漫漫“冬天”。

易宪容认为，房地产市场在外需不行的情况下要想回暖，除非开发商主动降价。只要把房价降下来，政府根本不用出台任何政策，消费者就会大量涌向房地产市场，因为有强烈的购房需求。很多消费者都有买房的愿望，只因价格太高，买不起。

遗憾的是现在这个需求下降了。

“你的意思是钱是放在那里，只是价格太高，没人愿意去买？我现在问你，怎样打破僵局，让房价降下来？”袁钢明问题很具体。

“中央政府应当给房地产企业一个很明确的预期，即信贷不会投到房地产市场。因为任何政策都不出台，他们就没希望了，房价自然就会降下来。”易宪容言简意赅。

“能否给我们一个鼓舞的目标，什么时候降、降多少？”不愧是“袁问问”，现场几乎笑翻。

老易的眼睛已经眯成一条缝，他眉开眼笑，冷静作答：“只要中央政府一直坚持房地产是支柱产业，只要作为支柱产业的房地产要以改善居民的居住条件为己任，只要这前提不变，房价一定会往下调！现在不调，只能说现在房产开发商觉得政府还有所谓的‘补贴’政策预期。可以不改变这个预期，但会把房价的调整周期拉长，本来两年可以调整，可能会三、四年，甚至时间更长。但要调整的趋势是不会改变，只是时间问题。”

世界任何一个行业、一个产业如果东西卖不出去，一定会把价格降下来，否则就会破产。而中国的房地产市场一边说“不行”了，一边就是不调整。

易宪容建议，中央政府一定要改变房地产企业对政府政策的预期，把预期降下来，房地产市场才会真正回暖。

2. 发改委专家预期：房地产市场调整可能要 3~5 年

（焦点武汉房地产网 wh. focus. cn 2009 年 3 月 29 日 9：24 中新网 阮煜琳）

中国有关专家提出，中国经济可能要有 3~5 年的调整，而房地产市场的调整周期可能会更长。房地产企业也要把风险准备在 3~5 年的区间。

国家发展和改革委员会国际经济综合研究室主任王海峰 3 月 28 日在北京举行的“2009 中国房地产百强企业研究成果发布会暨第六届中国房地产百强企业家峰会”上提出，中国经济可能要经历 3 年，甚至 5 年左右的调整，房地产市场的调整周期可能会更长。而在微观层面信贷紧缩的影响随时存在，廉租房和经济适用房的相关政策也会对商品房市场带来一定的冲击。未来房价下跌和房地产市场的库存消化也还存在着矛盾。

清华大学房地产研究所所长刘洪玉说，经过一年的调整，房地产价格泡沫得到了较大幅度缓解。从去年 12 月底开始，许多城市交易量开始显著回升。但从宏观经济环境来看，未来房地产企业的发展仍然存在着较大的不确定性，资本市场融资功能尚未恢复，购房者还存在着一定等待观望的情绪。

未来房地产开发贷款、抵押贷款的获得也还存在不确定性。

建设部政策研究中心副主任秦虹认为，2008 年全国一些大城市房地产市场成交非常低迷，北京等地商品房成交面积比 2007 年下降 40%左右，但 2008 年全年商品住房成交面积达到 5.6 亿平方米，比非正常高速发展的 2007 年下降 20%左右，但比 2006 年销售面积还要略高一些。全国大部分城市房地产市场存在真实的住房需求，市场购买力不容低估。

专家指出，中国房地产企业正经历 20 世纪 90 年代以来最为严重的挑战，一些房地产企业面临破产，企业应把风险准备在 3~5 年的区间。而房地产市场要走出低迷，提高商品住宅的成交量，需要减轻居民购房的价位负担，提高居民的购房支付能力，企业应主动采取措施降低房价，使其配合当前市场需求的水平。

3. 回暖实质是人为假象 楼市正在酝酿报复性狂跌

（焦点武汉房地产网 wh. focus. cn 2009 年 3 月 20 日 11：15 焦点博客 辣姜）

近来，房地产市场所出现的回暖现象，使很多人变得疑惑迷茫，是楼市价格止跌反弹的开始，还是一夜之间市场信心的急剧恢复，所以，揭开这种短暂回暖最本质的原因，是避免楼市彻底崩盘的警钟。

楼市的成交量略有增加是客观现实，但是否像某些人所说的那种完全的乐观，却是值得推敲的，据笔者调查，成交量的增加并非媒体和开发商所宣称得那么邪乎，只是略有增加而已，而在这种微增的背后，却蕴藏着开发商、媒体和金融机构付出了绞尽脑汁的联手造假。

首先我们分析微涨的原因，一是憋了半年的市场刚性需求，在开春季节得以一定程度的释放是正常的，但应该看到这种是否并非是完全的，即使是刚刚入市购房的消费者，也是处于犹豫和急需之间挣扎而作出的无奈之举；二是开发商和媒体之间的默契，使成交量的数据含有很大程度的水分；三是人们因通胀的预期担忧而产生的恐慌心理。

而之所以界定楼市这次回暖，是市场短期内的一个回调现象，其实质是人为性的假象，其原因有：

房价依然处于暴利区间，没有达到真正的理性价位；

百姓对楼市价格的抗拒心理，丝毫没有打消，相反还有排斥度增加的趋势；

市场的存量依然高居不下，开发商的资金压力与日俱增；

廉租、限价和经济适用房政策的推出，给了观望者尤其是“夹心层”群体更多的期待；

诸如北京21家开发商联合降价秀的败露，使市场看到了房企真正急切和尴尬的一面；

有的售楼处“雇托”诱导被央视曝光，更揭示了楼市回暖一说不攻自破的窘象；

开发商与银行之间的假按揭现象十分普遍，使公布的成交量数据掺和了大量的水分；

媒体为了开发商的广告收入，难免报喜不报忧，因为有着软文和软新闻为广告服务的潜规则；

2009年，各地新挂牌的土地，不仅使存量增加，而且地价成本和政策倾斜，对已有的在建在售楼盘的销售起到了巨大的遏制作用；

被套炒家推波助澜，在大肆制造混乱且企图趁乱出货；

某些专家被开发商收买利用，发布极其违心的误导性文章；

大的房企频频出现资金危机和生存压力，使房地产行业后市失去最有力的支撑；

楼市是否回暖的标准是价格拉动交易量的增加、市场存量的合理比例、市场信心的大幅恢复，试问，说楼市回暖的人(开发商、银行、媒体、伪专家)，谁感觉到暖了呢？开发商暖了？银行暖了？媒体暖了？购房者暖了？想来想去，除了个别人的嘴暖了，别无暖处。

可以看到，导演和杜撰了楼市假象的，都是与开发商利益直接相关默契的群体，甚至可以用愚弄百姓和欺骗手段来形容，是一种典型的自毁行业自断命根的愚蠢做法，其结果只能是银行风险加大，存量销售使市场变得更加抗性，以开发商银行和媒体所构成的产业链完全失去了公信力。

这样行为不端的“造假回暖”，将使本来就很脆弱的楼市潜伏了更大的内核危机，2009年是开发商降价自救的年份，是争相逃生的生存环境，而眼下靠吹嘘杜撰造假的自欺欺人的手段，将会失去大好的自救逃遁的机会，当房价的泡沫依然未消的情况下，又徒生了市场假象的泡沫，其结果只能是一步步在酝酿着楼市下一轮报复性的暴跌，只能葬送整个房地产行业。

4. 楼市将很快走出低谷　回暖了房价也难以反弹

(焦点武汉房地产网 wh. focus. cn 2009年3月19日10：23 焦点博客 杨少锋)

笔者曾经在2008年在专栏文章中指出，受困资金链危机，2008年底将是中国房地产最低迷的时候，房价最低谷将在2008年12月~2009年3月之间，之后房地产将逐步回暖。

春节之后，楼市成交就如同天气一样一天一天地回暖，北京一线众多项目经理又开始忙碌的日子。北京市房地产交易管理网统计的数据显示，2 月份，北京新房网上签约套数为 8 282 套，日均签约数达到了 296 套，相比去年同期上涨了 2 倍多。当月北京全市商品房成交面积达到 69 万平方米，环比增长 168%，同比增长 22%，已经基本上接近 2008 年的平均水平。需要强调的是，从多年房地产的成交情况看，几乎全国所有的城市，春节之后的一个月都是全年成交量最低迷的月份，而 2009 年的 2 月，楼市成交量相比 2008 年有了巨大的涨幅。而截至 3 月 14 日，3 月份网上签约期房住宅成交量达到 5573 套，平均日销售数据达到 400/天，而 2007 年、2008 年的同期成交量为 100～200 套/天。2009 年 3 月份的成交量基本是 2008 年 3 月份的两倍左右。也接近了 2008 年最高时候的水平，北京楼市迎来难得的“小阳春”。

楼市成交量大幅上涨的并非只有北京，根据数据显示，2 月份 30 个重点监测的大中城市中，24 个城市成交均大幅上涨，苏州、武汉成交量几乎翻番，重庆、天津、成都成交量涨幅都达到 50% 以上。由此可见，需求的回暖已经是一个普遍现象。

笔者认为，楼市成交量的上升，有着以下几个方面的综合原因：

第一，经过 2008 年一年时间的等待和观望，有一些购房者认为房价已经达到心理预期，开始入市需求逐步释放；

第二，在 2008 年底的一波降价潮中，各个城市均有不少项目采取一步到位的降价策略，价格已经降到比较吸引人的价位；以北京为例，东三环的珠江帝景项目，2008 年底价格从 23 000 元/平方米直接降到 17 000 元/平方米的均价，价格基本回落到 2007 年初水平，这个价格在这个区位，对许多客户确实产生了巨大的吸引力；

第三，国家各种利好政策的出台减少了购房者的负担，尤其是贷款利息和首付的降低，购房门槛的大幅降低非常有效地促进了需求的回暖。

房价的下跌带动成交量的上涨是市场自然调整的一种必然结局，如果房价下跌到位了(不管是一个城市的房价还是一个项目的房价)，而成交反而更加低迷，则房地产市场就该崩盘了，中国楼市就成次贷中的美国楼市了。

但是，成交量的上涨是否会带来房价的反弹？笔者认为，至少 2009 年上半年，楼市还将处于价跌量升的情况。因为现在的情况就是开发商不降价，房子成交量就上不去，卖得好的肯定是那些价格比较有吸引力的项目。随着成交量的稳步上升，当开发商发现不需要继续降价房子也能好卖、当客户发现再不买房房价可能就会涨或者是就买不到房子的时候，房价的平衡点就将到来，楼市就会出现量升价平的情况，而这个时期，将会持续比较长的时间。现在的市场，是买卖双方在博弈，房价永远也不会跌到购房者都能买得起的程度，也不可能会涨到开发商所期望的涨幅，而是在购房者的意志之上和开发商的意志之下取一个平衡。当然，相当长一段时间之后，楼市会达到价量齐升，但这个阶段的出现，需要等待经济的复苏之后。但伴随着成交量的逐步上升，房地产行业也将很快走出低谷。

考虑到在金融危机中，房地产真实的购买需求受到严重损伤、目前房地产行业资金链依旧紧张、商品房存量积压严重空置面积较大，即使楼市回暖，房价也难以反弹。经过这一轮楼市的调整，开发商和购房者都将趋于理性，房地产市场有望迎来一个健康稳定发展的时期。

案例 2-2：成品油定价机制及其市场影响

案例适用：管制价格的应用

（案例来源：中国新闻网、新华网、中国广播网、每日经济新闻网等，2009 年 4 月 28 日编写。）

案例内容：

今年 1 月 1 日，中国正式实施成品油价税费改革，新成品油定价机制同时浮出。根据新机制，当国际市场原油一段时间内平均价格变化超过一定水平时，相应调整国内成品油价格，以使成品油价格能够更真实、更灵敏地反映市场供求关系，促进资源合理利用与公平竞争。

今年初，由于国际市场原油价格持续回落，按照新的成品油价格形成机制，发展改革委 1 月 14 日宣布自今年 1 月 15 日零时起将汽、柴油价格每吨分别降低 140 元和 160 元。时至 3 月，国际原油价格又持续上涨，大有“触底反弹”之势。经过发改委观察和研究，决定自 3 月 25 日零时起上调汽、柴油价格，每吨分别提高 290 元和 180 元。

前后两次油价调整，在成品油终极市场上，出现了两种不同的市场反映，这是由于新机制规定即国内成品油定价实行最高零售价格的结果。第一次，下调成品油价格，是要求供给方将成品油市场价下降到指导价以下，于是全国各大加油站按最高限价出售汽、柴油；第二次，上调成品油价格，是建议供给方将市场价上调至最高限价，但各加油站是否采纳国家建议完全取决于其自身的供求状况，于是出现国内成品油市场价多样化格局，真正实现了国内成品油定价机制市场化目标。

试分析该现象。

附：资料来源

1. 成品油价税费改革方案(征求意见稿)

(2008 年 12 月 5 日 19：43 来源：中国新闻网)

中新网 12 月 5 日电 国家发改委、财政部、交通运输部和税务总局 5 日联合发布公告，就《成品油价税费改革方案(征求意见稿)》向社会公开征求意见。

以下是发改委网站公布的方案全文：

为建立规范的税费体制和完善的价格机制，促进节能减排、环境保护和结构调整，公平负担，依法筹措交通基础设施养护和建设资金，根据《中华人民共和国公路法》等有关法律、法规规定，国家发展改革委、财政部、交通运输部、国家税务总局特拟定成品油价税费改革方案。

一、成品油价税费改革的总体思路

规范政府收费行为，取消公路养路费等收费；在不提高现行成品油价格的前提下，提高成品油消费税单位税额，依法筹集交通基础设施养护、建设资金；完善成品油价格形成机制，理顺成品油价格。

二、关于燃油税费改革

(1)取消公路养路费等收费。取消公路养路费、航道养护费、公路运输管理费、公路客货运附加费、水路运输管理费、水运客货运附加费等六项收费。逐步有序取消已审批的政府还贷二级公路收费。

(2)成品油消费税单位税额安排。汽油消费税单位税额由每升 0.2 元提高到 1 元，柴油由每升 0.1 元提高到 0.8 元，其他成品油单位税额相应提高。汽、柴油等成品油消费税价内征收，单位税额提高后，现行汽、柴油价格水平不提高。

(3)成品油消费税收入的使用。这次调整税额形成的成品油消费税收入一律专款专用，主要用于替代公路养路费等六项收费的支出，补助各地取消已审批的政府还贷二级公路收费，并对种粮农民、部分困难群体和公益性行业给予必要扶持。

三、关于完善成品油价格形成机制

国产陆上原油价格继续实行与国际市场直接接轨，国内成品油价格继续坚持与国际市场有控制地间接接轨，建立和完善既反映国际市场石油价格变化和企业生产成本，又考虑国内市场供求关系；既反映石油资源稀缺程度，又兼顾社会各方面承受能力的价格形成机制，促进资源节约和环境保护。

国内汽、柴油出厂价格以国际市场原油价格为基础，加国内平均加工成本、税收和合理利润确定。将现行汽、柴油零售基准价格允许上下浮动改为实行最高零售价格。最高零售价格以出厂价格为基础，加流通环节差价确定，并将原流通环节差价中允许上浮8%的部分缩小为4%左右。国家将继续对成品油价格进行适当调控。

国内成品油价格按完善后的机制运行后，当年成品油价格变动引起的农民种粮增支，继续纳入农资综合直补政策统筹安排，对种粮农民综合直补只增不减；出租车在运价调整前，继续由财政给予临时补贴。渔业(含远洋渔业)、林业、城市公交、农村道路客运(含岛际和农村水路客运)，补贴标准随成品油价格的升降而增减。各地要继续做好城乡低保对象等困难群体基本生活保障工作。

四、相关问题及解决措施

(1)妥善安置交通收费征稽人员。在地方各级人民政府统一领导下，多渠道妥善安置，中央相关部门给予指导、协调和支持，确保改革稳妥有序推进。

(2)确保取消收费政策到位。取消公路养路费等收费后，要加强监督检查，确保取消收费政策落到实处，严格禁止变相新增收费项目、乱收费。对违反规定的，要严肃查处，并追究相关责任人的责任。

(3)加强成品油市场监管。加强油品市场监测和监管，严厉打击虚假销售偷逃税款、油品走私、经营假冒伪劣油品以及合同欺诈等违法行为，确保成品油市场稳定。

五、实施时间

成品油价税费改革方案自2009年1月1日起实施。

2. 发改委谈成品油调价依据：国际油价20天涨跌超过4%

(2009年3月27日8：16　来源：新华网)

国家发改委副主任彭森昨天表示，25日进行的成品油价格调整是根据新的成品油定价机制进行的。即国际油价连续20天日均涨幅或跌幅超过4%，就考虑对国内成品油价格进行调整。

彭森在昨天召开的2009年全国经济体制改革工作会议上说，根据去年底形成的国内成品油价格与国际市场原油价格有控制地间接接轨的定价机制，国际油价连续20天日均涨幅或跌幅超过4%，就应考虑对国内成品油价格进行调整，以使成品油价格能够更真实、更灵敏地反映市场供求关系，促进资源合理利用与公平竞争。

“新的成品油定价机制形成后，价格其实是有降有涨的。在这个过程中，政府机关要逐步完善有关机制和管理办法，市场主体也要逐步适应价格上下波动的经常性情况。”他表示，这次国际油价的持续上涨已经超过了20

天，发改委经过观察和研究，决定上调油价。

对于一些群众把当前国内成品油价格与美国市场价格进行对比，认为国内油价高了的看法，彭森表示，中国的成品油价格低于除主要产油国之外的多数国家油价。与美国油价的比较，应看到二者的口径是不同的。国内成品油价格包含消费税，去掉消费税后价格水平是差不多的。

对于社会各界非常关心的电价改革问题，彭森表示，电价改革问题比较复杂，要与电力市场的形成与完善相适应，逐步形成反映市场供求关系的正常的电力价格传导机制。他称，上网电价和销售电价应逐渐由市场决定，输配环节由于属自然垄断性质还是由国家定价。考虑到当前的经济形势，国家在调整销售电价的问题上将非常慎重。对于电煤价格，彭森则表示，要通过推动煤电双方签订中长期合同，逐步稳定电煤价格，切实保证市场供应。

彭森还表示，今年将深化投资体制改革，最大限度缩减企业投资项目政府审核范围，下放审核权限，规范审核程序。他透露，《政府核准的企业投资项目目录》正在抓紧修订，政府核准的企业投资项目可能会减少一半左右。这样可以更好地落实企业投资决策自主权，增强企业投资的信心。(《证券时报》)

3. 壳牌川渝降价，成品油价格战一触即发

(2009 年 3 月 27 日《每日经济新闻》每经记者郭新志发自成都)

在中石油中石化上调油价之际，今日零时起，壳牌加油站在川每升降价 0. 1 元，“在有选择空间的情况下，壳牌降价其实是顺应市场、按市场规律做生意的”。

顺应市场降价还是糊里糊涂地涨价？国内油价刚上涨不到两天，壳牌就打响成品油降价第一枪：自 27 日零时起，壳牌在四川的 20 余座加油站各类油品统一降价 0. 1 元/升。

昨日，四川壳牌燃油公司有关负责人告知《每日经济新闻》记者，“降价政策是壳牌结合市场具体情况制定的”。记者了解到，壳牌 26 日零时在重庆也全面下调成品油价，而国内多个省份“油价新政”后的第一波降价战已打响。

壳牌在川逆市降价“一毛”

24 日晚间，国家发改委决定自 25 日零时起上调国内成品油价，汽、柴油每吨分别上涨 290 元和 180 元。这刷新了此前 1 月 15 日最高零售限价。“涨价令”一出，各加油站纷纷上调油价，但不少人质疑发改委调价是“追涨不追跌，保护中石油、中石化两大集团的利益”。

在全国一片“涨”声中，壳牌的降价行动颇为“反常”。壳牌(中国)新闻

发言人栗陆莎昨日在接受《每日经济新闻》记者采访时称，尚不清楚壳牌在其他省份的价格调整情况。她强调说："壳牌会制订年度促销计划，在这一范围以及国家制定的价格政策内，每个加油站可以根据自己的市场情况进行促销。"四川壳牌有关负责人也给出了类似的说法。

什么样的"市场情况"才会让壳牌"降价"？卓创资讯成品油研究员刘峰说，壳牌的降价举动并不难理解，首先，发改委此次调的是最高零售限价，并没有规定各加油站必须以最高限价销售，"在有选择空间的情况下，壳牌降价其实是顺应市场、按市场规律做生意的"。

如今的成品油市场情况是"供大于求，库存居高不下"。数据显示，今年2月末，全国成品油库存量1485.23万吨，同比增长36.3%，环比增长11.4%。

降价促销　价格战将扩大

壳牌降价后的成品油定价为：90号汽油4.86元/升、93号汽油5.20元/升、97号汽油5.53元/升、0号柴油4.99元/升，较国家规定的最高零售限价低0.1元/升。记者了解到，25日，壳牌将其在重庆加油站的油价在新的最高零售限价基础上下调"0.1元/升"。

不仅如此，重庆一家民营加油站老板告诉记者，25日，重庆市场的成品油价格五花八门：除中石化外，中石油、中航油、壳牌和民营单位的加油站，汽、柴油零售价均低于最高零售限价，其中，个别民营加油站0号柴油最低价甚至比限价少0.26元，"相当于根本没有调价。"

在北京，多家民营加油站93号汽油挂牌价依然"降价促销"，售价比调价前的市场价5.33元/升还便宜。外资加油站除壳牌外，道达尔加油站也通过各种形式促销。在上海，不少加油站仍按0.1~0.4元/升的标准促销。

"山东地区很多加油站也没有糊里糊涂调价"，上述地炼界人士说，不少加油站0号柴油依然挂出"4.81元/升"的低价，而90号汽油售价只有4.31元/升，每升较最高限价便宜0.65元。

据卓创资讯测算，按目前国际油价55美元水平，理论上国内大炼厂汽油毛利率在400~600元/吨，柴油毛利率在100~200元/吨，调价后批发利润增加，各销售公司利润也相应提高。

"壳牌等外资石油公司主动降价，这对中石油、中石化两大集团将形成严重挑战"，刘峰说，目前市场销售仍然冷清，涨价缺乏支撑动力，大范围内的加油站一触即发。东方油气网分析师杨宏也称，此次上调成品油价缺乏长期动力，价格将会回落。

按照美国能源情报署公布的数据，以昨日的人民币兑美元汇率计算，美国23日国内平均汽油价换算为人民币为3.54元/升，柴油价格为3.77元/升。

同步播报

中石化中石油部分加油站未调价

汽柴油最高零售价从3月25日凌晨起再次上调。但记者发现，此次调价后，中石化、中石油部分加油站油价并未上调至当地最高零售价，部分地区价格甚至未上调，与最高零售价相比仍有较大的优惠价差。

记者昨日从北京部分加油站了解到，此次油价上调后，93号汽油和97号汽油的标准价格分别设定为每升5.56元和5.92元，但各加油站油价并不统一。93号汽油价格最低每升5.2元，最高5.56元，相差0.36元。

统计数据显示，安徽省及华北天津中石油下属部分加油站未上调柴油零售价格；广东省中石油只小幅上调汽柴油零售价格，但未按当地最高零售价格销售；河南中石油下属部分加油站及川渝市场的加油站也出现上述情况。

分析师认为，受金融危机影响，销售欠理想，在库存压力加销售任务压力下，零售价格缺乏上调动因。

自元月1日开始实施油价新政后，成品油定价只是规定了最多上浮4%的上限。允许石油商在规定线之下自主浮动油价，其实意在鼓励市场经营单位根据供需面竞争。

一些市场人士认为，国家调价与两大公司推价都是由于原油反弹引起的，如果原油走势持续向好，则国内成品油价格就可以得到保证。

中石油人士认为，半月内联手3次上推汽柴油价格，对于消耗高企的库存有不可忽视的作用，后期两大油企联合调价或成常态。不过，中石化一位人士认为，油价能持续多久，取决于两大集团能否承受得住库存压力及终端消费能力。

第二章 习题参考答案

一、名词解释题

1. 市场经济：政府并没有在资源配置中起到很明显的作用，经济的运行靠的是市场的自发作用。

2. 供给法则：一般说来，价格越高，生产者的供给量越大；反之，则相反。

3. 需求交叉弹性：某种商品的需求量对其相应商品的价格的变化的敏感程度，即 $E_{xy}=\frac{\mathrm{d}Q_x}{\mathrm{d}P_y}\cdot\frac{P_y}{Q_x}$

4. 经济模型：把某一社会经济现象通过数学模型表达出来即为经济模型。

5. 稀缺：相对人们无限多样、不断上升的需求来说，用以满足这些需要的手段即有用的资源是相对不足的。

6. 均衡价格：使需求量恰好等于供给量的价格。

7. 均衡产量：均衡价格下决定的产量。

8. 需求价格弹性：某种商品需求量对其价格的变化的敏感程度，即 $E_x=\frac{\mathrm{d}Q_x}{\mathrm{d}P_x}\cdot\frac{P_x}{Q_x}$

9. 需求定律：商品的需求量与其价格呈反向变化。

10. 弧弹性：需求曲线上某两点之间的一段曲线的弹性。

11. 需求收入弹性：某商品需求量对消费者收入变化的敏感度，即 $E_I=\frac{\mathrm{d}Q}{\mathrm{d}I}\cdot\frac{I}{Q}$

12. 供给价格弹性：某商品的供给量对其价格变化的敏感度，即 $E_S=\frac{\mathrm{d}Q}{\mathrm{d}P}\cdot\frac{P}{Q}$

二、单项选择题

A B B D D　D B A B B　B D C C B　C

三、判断题

× × √ √ ×　× × × √ √　× × × √ √
× × √ √ ×　× √ √ × √　√ × √ × √
× √

四、简答题

1. 市场经济的特征。

答：市场经济是指政府没有在资源配置中起到很明显的作用，经济的运行靠的是市场的自发作用，其主要特点为：

(1)个人所有，即一切生产要素都归个人所有。

(2)私人利益，个人被假设为经济人，其决策出发点是私人利益，每个人都寻求个人利益极大化。

(3)小型经济。

2. 影响供给价格弹性的因素。

答：影响供给价格弹性的主要因素有：

(1)进入和退出的难易程度，容易进出供给弹性较大；反之，则较小。

(2)供给者类别大小。单个生产者供给弹性较小，行业供给弹性较大。

(3)时间长短。时间越长，供给弹性越大；反之，则小。

(4)产量大小。当某一行业的产量很小时，供给弹性较大；当产量很大时，供给弹性较小。

3. "蛛网周期"的类型。

答：蛛网周期反映商品的供求在走向均衡过程中出现的周期性波动现象，其分类为：

(1)循环周期。其价格—数量周期呈循环状态，周而复始。

(2)收敛周期。其价格—数量周期逐渐缩小，最后收敛于均衡点。

(3)发散周期。其价格—数量周期逐渐发散，高均衡点越来越远。

4. 举出几种需求价格缺乏弹性的商品，并予以解释。

答：需求价格缺乏弹性是指商品的需求量对其价格变化不敏感，如食盐、电力、水的价格的变化不会导致人们对其消费量有很大的变化，它们是必需品，同时，它们又很难被别的商品替代，生活中少不了，价格上升人们得消费一定量，价格下降，人们也不可能增加很多消费。

5. 影响需求价格弹性的因素。

答：需求价格弹性是指商品需求量对其价格变化敏感的程度，其影响因素有：

(1)商品的必需程度，必须程度越大，弹性越小。

(2)商品的可替代性，可替代性越强，弹性越大；反之，则越小。

(3)在总开支中的比重，比重越小，弹性越小。

(4)商品类别的大小，考察大类，弹性很小，考察小类，弹性很大。

(5)时间长短，考察时间越长，弹性越大；反之，则越小。

6. 需求与需求量的区别。

答：需求指的是整个需求量与价格点的关系，它反映在不同价格水平下商品的需求量，它以整个曲线反映。

需求量指在某一时期内消费者愿意购买的商品和服务的数量，它仅指需求曲线上与某一价格对应的特定的量。

7. 稀缺与短缺之区别。

答：稀缺与短缺的区别在于：

(1)稀缺是指资源的可供量不足，短缺是指市场上商品的供给不足。

(2)稀缺是指资源的供给永远不足，短缺是指商品短期供给不足。

(3)稀缺是不能被消除的，短缺是可以消除的。

8. 影响供给的因素。

答：影响供给的主要因素有：

(1)技术状况。技术的提高可以增加供给量。

(2)生产要素价格。生产要素价格提高会导致供给减少。

(3)其他商品价格。本商品价格不变，其他商品价格提高，会导致本商品供给量减少。

(4)预期。如果预期本商品未来价格上涨，则会使现时供给减少。

(5)政府税收、税负增加会导致相同价格时供给量减少。

9. 影响需求的因素。

答：除价格之外，影响需求的因素主要有：

(1)偏好。较强的消费者对某种商品偏好会导致该种商品需求量增加。

(2)收入。一般来说，收入与需求相关。

(3)相关商品的价格。某商品的替代商品价格下降会导致本商品的需求量下降，而其互补商品价格下降会导致本商品需求量上升。

(4)预期。若人们预期某商品的未来价格会上升，则该商品的现时需求量将增加。

10. 供给与供给量的区别。

答：供给是指商品供给量与该商品价格间的一种关系，反映不同价格水平下商品的供给量，表现为一条供给曲线。

供给量是某一时期内生产者愿意向市场提供的商品和服务的数量，它指供给曲线上与某一价格对应的特定的量。

11. 蛛网周期形成的原因。

答：蛛网周期形成的原因有以下三点：

(1)生产者生产某种产品到该产品上市有一定时滞。

(2)生产者按生产时的价格决定供给量，产品实际供给时价格发生变化。

(3)蛛网周期商品均为不耐贮藏商品。

12. 决定蛛网周期类型的因素。

答：决定蛛网周期类型的主要因素是商品的需求弹性和其供给弹性的大小的对比。

若商品的需求价格弹性大于其供给弹性，则其类型为收敛型。

若商品的需求价格弹性小于其供给弹性，则其类型为发散型。

若商品的需求价格弹性等于其供给弹性，则其类型为循环型。

五、计算题

1. 陈力是一名大学毕业生，他在大学学习期间收集了一套试题。现在他想把这套试题卖掉以便为即将购买的家用设备筹款。他有三个有钱朋友表示愿意购买其中有些试题，陈力把他们的个人需求方程分别定义为：

$Q_1=30-P$

$Q_2=22.5-0.75P$

$Q_3=37.5-1.25P$

这里，Q_1，Q_2，Q_3分别代表三位朋友的需求量；P 为每份试题的价格，以元为单位。问：

(1)什么是陈力的试题的需求方程？

(2)如果价格降低 1 元，则他能多出售多少试题？

(3)如果他有 60 份试题，则为要全部售出他应如何定价？

解：(1)需求方程：$Q=Q_1+Q_2+Q_3$

$$=(30-P)+(22.5-0.75P)+(37.5-1.25P)$$

$$=90-3P$$

(2) $K=\dfrac{\Delta P}{\Delta Q}$，故 $\Delta P=1$ 时，$\Delta Q=3$；如果价格降低 1 元，则多售出 3 套

(3) $Q=60$，则 $P=30-\dfrac{1}{3}Q=10$(元)

2. 已知价格每提高 1 元，会使需求量减少 2 个单位。如果价格为 5 元，则需求量是 10 个单位。

(1)如果价格为零，则需求量是多少？

(2)请写出需求方程，它是价格的函数。

(3)请写出一个方程，表示价格是需求量的函数。

如果价格从每付 2 元增加到 3 元，则请问弧价格弹性是多少？

解：(1)∵ 当 $\Delta P=1$ 时，$\Delta Q=2$，且有 $P=5$，$Q=10$

∴ 当 $P=0$ 时，$\Delta P'=5$，$\Delta Q'=\Delta Q\cdot 2=10$

此时，$Q'=Q+\Delta Q'=20$

(2)依题意，令 $Q=a-bP$，则由

$P=5$，$Q=10$；$P=0$，$Q=20$ 可知

$$\begin{cases}10=a-5b\\20=a\end{cases}\Rightarrow\begin{cases}a=20\\b=2\end{cases}$$

所以，需求方程为 $Q=20-2P$

(3)由(2)得，当 $P=2$ 时，$Q=16$；当 $P=3$ 时，$Q=14$

则弧价格弹性为 $E=\dfrac{\Delta Q/Q}{\Delta P/P}=\dfrac{Q_2-Q_1}{P_2-P_1}\times\dfrac{P_1+P_2}{Q_1+Q_2}=\dfrac{14-16}{3-2}\times\dfrac{2+3}{14+16}$

$=-0.33$

3. 假定扑克牌的市场需求方程为：

$$Q=6\ 000\ 000-1\ 000\ 000P$$

这里，Q 是每年对扑克牌的需求数；P 为价格，单位为元。问：

(1)当价格为每付 2 元时，点价格弹性是多少？

(2)如果价格从每付 2 元增加到 3 元，则请问弧价格弹性是多少？

解：(1)依题意，知当 $P=2$ 时，$Q=6\ 000\ 000-1\ 000\ 000\times 2=4\ 000\ 000$

此时，点弹性 $Ep=\dfrac{P}{Q}\cdot\dfrac{\mathrm{d}Q}{\mathrm{d}P}=\dfrac{2}{400\ 000}\times(-1\ 000\ 000)=-0.5$

(2) 因为 $P_1=2$，$Q_1=4\ 000\ 000$；
$P_2=3$，$Q_2=3\ 000\ 000$

所以弧弹性为 $E_p=\dfrac{\Delta Q/Q}{\Delta P/P}=\dfrac{Q_2-Q_1}{P_2-P_1}\times\dfrac{P_1+P_2}{Q_1+Q_2}=\dfrac{3\ 000\ 000-4\ 000\ 000}{3-2}\times$

$$\frac{2+3}{4\ 000\ 000+3\ 000\ 000}=-\frac{5}{7}$$

4. 企业生产 A、B 两种产品，日产均为 100 台，当 A 的收入弹性在 0.8~1，B 的收入弹性在 0.8~1.8 时，估计社会收入增加 10%，试确定 A 与 B 需求量变化幅度。

解：(1) 收入弹性反映商品需求量对收入变化的敏感程度，即收入每变动 1% 导致需求量变化百分之几。

(2) 由题意 A 的收入弹性在 0.8~1，B 的收入弹性在 0.8~1.8，可知收入每增减 1%，A 产品和 B 产品需求量将分别增减 0.8%~1% 和 0.8%~1.8%。

(3) 因收入增长 10%，则 A 产品需求量将增长 $10\times0.8\%=8\%$ 和 $10\times1\%=10\%$ 之间，B 产品需求量将增长 8%~18%。

5. 假如一个市场由 3 个人组成：A、B 和 C，他们的个人需求方程如下：

$P=35-0.5Q_A$

$P=50-0.25Q_B$

$P=40-2Q_C$

行业的供给方程已知为 $Q_S=40+3.5P$。

(1) 求均衡价格和均衡数量。

(2) 求每人的购买量。

解：(1) 由题意可知，

$$Q_A=70-2P$$
$$Q_B=200-4P$$
$$Q_C=20-0.5P$$

∴ 该市场的需求曲线为：$Q_D=Q_A+Q_B+Q_C=290-6.5P$

当 $Q_S=Q_D$ 时，市场达到均衡

即 $\begin{cases}Q_S=40+3.5P\\Q_D=290-6.5P\end{cases}$ 且 $Q_S=Q_D\Rightarrow\begin{cases}P^*=25\\Q^*=127.5\end{cases}$

∴ 均衡价格为 25，均衡数量为 127.5

(2) 由 (1) 可知，对于个人，$P=P^*$

$$Q_A=70-2P=70-2\times25=20$$
$$\therefore Q_B=200-4P=200-4\times25=100$$
$$Q_C=20-0.5P=20-0.5\times25=7.5$$

6. 一个市场由两人组成。他们的需求方程分别为 $Q_1=16-4P$ 和 $Q_2=20-2P$。

(1)求市场需求方程。

(2)当价格为 2 元时，每人的点弹性是多少？

解：(1)由题意可知，市场需求曲线为 $Q=Q_1+Q_2$，即为 $Q=36-6P$

(2)当 $P=2$ 时，$\begin{cases}Q_1=16-4P=16-4\times2=8\\Q_2=20-2P=20-2\times2=16\end{cases}$

此时，有 $E_{P_1}=\frac{P}{Q_1}\cdot\frac{dQ_1}{dP}=\frac{2}{8}\times(-4)=-1$，即为第一个人的点弹性；

$E_{P_2}=\frac{P}{Q_2}\cdot\frac{dQ_2}{dP}=\frac{2}{16}\times(-2)=-0.25$，即为第二个人的点弹性。

7. 假定某商品的需求函数和供给函数分别是 $P=120-3Q_d$，$P=5Q_s$，求：

(1)该商品的均衡价格和均衡数量。

(2)均衡点的需求弹性和供给弹性。

解：(1)由题意　$P=120-3Q_d$　$P=5Q_s$　则

$120-3Q_d=5Q$　得　$Q=15$　　　$P=75$

(2)$E_d=\frac{dQ}{dP}\cdot\frac{P}{Q}$　　$Q=\frac{120-P}{3}$　　$\frac{dQ}{dP}=-\frac{1}{3}$

$E_d=-\frac{1}{3}\cdot\frac{75}{15}=-\frac{5}{3}$

$E_s=\frac{dQ}{dP}\cdot\frac{P}{Q}$　　$Q_s=\frac{1}{5}P$　　$\frac{dQ}{dP}=\frac{1}{5}$

$E_s=\frac{1}{5}\cdot\frac{75}{15}=1$

8. 假定某商品的市场供求函数分别为：$Q_d=11\ 000-1\ 000P$，$Q_s=2\ 000+2\ 000P$，求：

(1)该商品的均衡价格与均衡数量。

(2)均衡点的需求价格弹性。

(3)如果实行最高限价 $P=2.5$ 元，则市场是否仍处于均衡状态？如果不是，则市场不足(或过剩)数量是多少？

解：(1)由题意可得 $2\ 000+2\ 000P=11\ 000-1\ 000P$

$P=3$　　　　　　$Q=8\ 000$

(2)$\frac{dQ}{dP}=(11\ 000-1\ 000P)'=-1\ 000$

$E_d=\frac{dQ}{dP}\cdot\frac{P}{Q}=-1\ 000\cdot\frac{3}{8\ 000}=-0.375$

(3)当 $P=2.5$ 时，$Q_d=11\,000-1\,000\times2.5=8\,500$

$Q_s=2\,000+2\,000\times2.5=7\,000$

$Q_d-Q_s=8\,500-7\,000=1\,500$

市场供给不足量为 1 500。

9. 公司甲和公司乙是机床行业的两个竞争者，这两家公司的主要产品的需求曲线分别为：

公司甲　$P=1\,000-5Q$

公司乙　$P=1\,600-4Q$

这两家公司现在的销售量分别为 100 单位和 250 单位。求：

(1)这两家公司当前的点价格弹性。

(2)假定公司乙降价，使销售量增加到 300 单位。这一行动导致公司甲的销售量下降到 75 单位。公司甲产品的交叉弹性为多少？

解：(1) $Q_{甲}=200-\frac{1}{5}P_{甲}$　　$\frac{dQ}{dP}=-\frac{1}{5}$　　$Q_{甲}=100$　　$P_{甲}=500$

$$E_{d甲}=\frac{dQ}{dP}\cdot\frac{p}{Q}=-\frac{1}{5}\cdot\frac{500}{100}=-1$$

同方法求得

(2) $E_{d乙}=-0.6$

$\Delta Q_{乙}=300-250=50$　　　$\Delta Q_{甲}=75-100=-25$

降价后的 $P_{乙}=1600-4\times300=400$　　　$\Delta P_{乙}=400-600=-200$

$$E_{甲乙}=\frac{\Delta Q_{甲}}{\Delta P_{乙}}\cdot\frac{P_{乙}}{Q_{甲}}=\frac{-25}{-200}\cdot\frac{600}{100}=0.75$$

10. 某制造商生产的衬衣的需求曲线已知为：$P=30-Q/200$。

(1)请分别计算 $P=10$ 和 $P=15$ 时的点弹性。

(2)点弹性是怎样随价格的变化而变化的？

解：(1)当 $P=30-\frac{Q}{20}$ 时，

可知，$Q=600-20P$

1′当 $P=10$ 时，$Q=600-20P=600-20\times10=400$

当此时点弹性 $Ep_1=\frac{P_1}{Q}\cdot\frac{dQ}{dP}=\frac{10}{400}\times(-20)=-0.5$

2′当 $P=15$ 时，$Q=600-20P=600-20\times15=300$

当此时点弹性 $Ep_2=\frac{P_2}{Q}\cdot\frac{dQ}{dP}=\frac{15}{400}\times(-20)=-1$

(2)由(1)可知，点弹性的绝对值随着价格的增加而增大，即价格越高，弹性越大，当 $P<15$ 时，需求缺乏弹性；当 $P>15$ 时，需求富有弹性。

11. 某教科书的需求方程已知为：$Q=20\,000-300P$。该书开始价格为每本 30 元。

(1)请计算 $P=30$ 元时的点弹性。

(2)如果目标是增加总收入，则企业应提价还是降价？

(3)请计算价格从 30 元降到 20 元的弧弹性。

(4)请计算价格从 20 元降到 15 元的弧弹性。

解：(1)当 $P=30$ 时，$Q=20\,000-300\times30=11\,000$

此时，点弹性为 $Ep=\frac{P}{Q}\cdot\frac{\mathrm{d}Q}{\mathrm{d}P}=\frac{30}{11\,000}\times(-300)=-\frac{9}{11}$

(2)$\because\ |Ep|=\frac{9}{11}<1$，需求缺乏弹性，$\therefore$ 想增加收入，企业应提价。

(3)当 $P=20$ 时，$Q=14\,000$，

所求弧弹性为 $Ep_1=\frac{\Delta Q/Q}{\Delta P/P}=\frac{14\,000-11\,000}{20-30}\times\frac{20+30}{14\,000+11\,000}=-\frac{3}{5}$

(4)当 $P=15$，$Q=15\,500$ 时，

所求弧弹性为 $Ep_2=\frac{\Delta Q/Q}{\Delta P/P}=\frac{15\,500-14\,000}{15-20}\times\frac{15+20}{15\,500+14\,000}=-\frac{21}{59}$

12. 如果在所有价格水平上，需求的价格弹性为零，则其需求方程应是什么？

解：当 $|Ep|=0$，需求方程全无弹性，无论价格怎样变化，都不影响需求量的变化，即 $Q=Q_0$，该需求方程为一条垂直于 Q 轴的直线。

13. 大米的价格弹性估计为-0.4，收入弹性为 0.8。当价格为每袋 0.4 元，人均收入为 10 000 元时，对大米的需求量为每年 50 000 000 吨。

(1)大米是低档品、必需品还是奢侈品？

(2)如果人均收入增加到 15 000 元，则对大米的需求量是多少？

(3)如果大米价格增加到 0.5 元，而人均收入仍保持在 10 000 元，则请问需求量将是多少？

解：(1)$\because$ 收入弹性为 $Ei=0.8$，而 $0<0.8<1$

$\therefore$ 大米为缺乏需求收入弹性，

大米为必需品。

(2)设当 $I_2=15\,000$ 时，需求量为 Q_2 吨

$\because\ Ei=0.8$，且有 $I_1=10\,000$，$Q_1=50\,000\,000$

且 $Ei=\frac{\Delta Q/Q}{\Delta I/I}=\frac{Q_2-Q_1}{I_2-I_1}\cdot\frac{I_1+I_2}{Q_1+Q_2}$

$$Ei=0.8=\frac{Q_2-50\ 000\ 000}{15\ 000-10\ 000}\times\frac{10\ 000+15\ 000}{50\ 000\ 000+Q_2}$$

∴ 解得 $Q_2\approx69\ 047\ 619.05$ 吨

(3)令价格 $P_3=0.5$ 时，I 不变，需求量为 Q_3 吨

∵ $Ep=-0.4$，且有 $P_1=0.4$，$Q_1=50\ 000\ 000$

且 $Ep=\frac{\Delta Q/Q}{\Delta P/P}=\frac{Q_3-Q_1}{P_3-I_1}\cdot\frac{P_1+P_3}{Q_1+Q_3}$

∴ 解得 $Q_3\approx45\ 744\ 680.85$ 吨

14. 石油的价格为每桶 30 美元，宏观世界的价格弹性是常数，等于-0.5。石油禁运使石油供应量减少了 20%。请用弧弹性公式计算石油价格将上涨多少？

解：设石油价格上涨 ΔP，由题意知，$Ep=-0.5$

$P=30$，$\Delta Q/Q=-20\%$，

根据弧弹性公式可知

$Ep=\frac{\Delta Q/Q}{\Delta P/P}$ 即 $-0.5=\frac{-20\%}{\Delta P/30}$

解得 $\Delta P=12$

故石油价格上涨 12 美元。

15. 一种产品的需求方程已知为：$Q=20I/P$

这里，I 为人均收入；P 为价格。

(1)请写出点价格弹性的方程。当 I 和 P 的值为多少时，需求量单元是弹性的，为什么？

(2)请写出它的点收入弹性的方程。当 I 和 P 的值为多少时，该物品属于必需品？为什么？

解：(1)由 $Q=\frac{20I}{P}$，得 $\frac{dQ}{dP}=20I\cdot\left(-\frac{1}{P^2}\right)=-\frac{20I}{P^2}$

∴ 点价格弹性方程为 $Ep=\frac{P}{Q}\cdot\frac{dQ}{dP}=\frac{P}{20I/P}\cdot\left(-\frac{20I}{P^2}\right)=-1$

即 $Ep=-1$ 恒成立

∴ 无论 I 和 P 为何值，该弹性均为单元弹性($|Ep|=1$)

(2)由 $Q=\frac{20I}{P}$ 得 $\frac{dQ}{dI}=\frac{20}{P}$，

∴ 点收入弹性为 $E_I=\frac{I}{Q}\cdot\frac{dQ}{dI}=\frac{I}{20I/P}\cdot\frac{20}{P}=1$

∴ 无论 I 和 P 为何值，该物品不可能为必需品，因为必需品的收入弹性

为 $0<Ei<1$，而该物品的弹性恒为 1，为单位弹性。

六、案例分析题

案例 2-1：一场关于房市的争论

案例适用：均衡价格的变动

（案例来源：根据焦点武汉房地产网：一场关于房价的争论、发改委专家预期“房地产市场调整可能要 3～5 年”、回暖实质是人为假象，楼市正在酝酿报复性狂跌、楼市将很快走出低谷，回暖了房价也难以反弹等，2009 年 4 月 26 日编写。）

案例内容：

前几年，在各方面因素的带动下，房地产呈现快速上涨、逐年攀升的态势；但从 2007 年末开始，房地产开发市场进入了漫漫“冬天”；时至 2009 年 3 月份，国内楼市一改之前的低迷，多数城市商品房交易量都在增加，不少城市的楼市交易更是迎来了“小阳春”。于是，一场关于房市的争论便轰轰烈烈开始了。

导致这几年房市大起大落的因素是多方面的，有经济发展周期性波动的原因，也有利益驱动下的投机行为；有住房消费观念的影响，也有深层次的制度制约。这些因素的共同作用，最终体现为房地产市场供求关系的过度失衡。

2007 年之前，房价快速上涨是房地产市场需求过旺和成本上升推动共同作用的结果；2007 年末至今，房地产市场持续低迷是全球金融危机、房地产价格泡沫和居民住房消费观念等因素影响的结果。所以在目前关于房市的争论中，绝大多数学者都认为，房地产市场调整需要 3～5 年，未来房价下跌和房地产市场的库存消化存在着矛盾、当前的楼市回暖是假象，楼市即使能走出低谷，回暖了房价也难以反弹。

试分析该现象。

案例分析：

只要需求曲线和供给曲线保持不变，均衡价格就会保持不变。如果这两条曲线当中的任何一条发生移位，就会形成新的均衡。

如果需求的决定因素之一（不是价格）发生变化，则整个需求曲线将移位。这将导致供给数量沿供给曲线及需求量沿新的需求曲线向新的均衡点移动。市场最终在新的均衡点上实现均衡。同样，如果供给的决定因素之一（不是价格）发生变化，整个供给曲线将移位。这将导致需求量沿需求曲线及供给量沿新的供给曲线向新的均衡点移动。市场最终实现新的均衡。

一条曲线的移位导致沿另一条曲线向新的均衡点的移动。许多决定因素时常都会发生变化。这可能导致两条曲线都移位。当这种情况发生时，均衡就是从两条旧曲线的相交的点向两条新曲线相交的点的移动。

区分曲线的移位和沿曲线的移动是十分重要的。经济学家说的“供给”指供给曲线的位置，而“供给量”指供给者希望出售的数量。通常供给曲线向左或向右移位称为“供给变动”，而需求曲线移位称为“需求变动”。沿着一条固定的供给曲线的移动称为“供给量的变动”，而沿着一条固定的需求曲线的移动称为“需求量的变动”。我们可以利用这些工具预测供求决定因素将如何改变均衡时的销售量和出售物品的价格。

案例 2-2：成品油定价机制及其市场影响

案例适用：管制价格的应用

（案例来源：中国新闻网、新华网、中国广播网、每日经济新闻网等，2009 年 4 月 28 日编写。）

案例内容：

2009 年 1 月 1 日，中国正式实施成品油价税费改革，新成品油定价机制同时浮出。根据新机制，当国际市场原油一段时间内平均价格变化超过一定水平时，相应调整国内成品油价格，以使成品油价格能够更真实、更灵敏地反映市场供求关系，促进资源合理利用与公平竞争。

2009 年初，由于国际市场原油价格持续回落，按照新的成品油价格形成机制，发展改革委 2009 年 1 月 14 日宣布自 2009 年 1 月 15 日零时起将汽、柴油价格每吨分别降低 140 元和 160 元。时至 2009 年 3 月，国际原油价格又持续上涨，大有“触底反弹”之势。经过发改委观察和研究，决定自 2009 年 3 月 25 日零时起上调汽、柴油价格，每吨分别提高 290 元和 180 元。

前后两次油价调整，在成品油终极市场，出现了两种不同的市场反映，这是由于新机制规定即国内成品油定价实行最高零售价格的结果。第一次，下调成品油价格，是要求供给方将成品油市场价下降到指导价以下，于是全国各大加油站按最高限价出售汽、柴油；第二次，上调成品油价格，是建议供给方将市场价上调至最高限价，但各加油站是否采纳国家建议完全取决于其自身的供求状况，于是出现国内成品油市场价多样化格局，真正实现了国内成品油定价机制市场化目标。

试分析该现象。

案例分析：

只要需求曲线和供给曲线保持不变，均衡价格就会保持不变。当市场供给量与需求量出现不一致时，由于市场机制的作用就会导致市场价格偏离均衡价格，引起市场价格的上下波动。

管制价格是政府制定的与均衡价格不一致的价格，旨在通过政府对价格的控制来影响产品市场。管制价格包括最高限价、最低限价、双边管制和绝对管理四种。

本案例所涉及的最高限价是我国政府为了推进成品油市场化，确保国内成品油价格既能反映国际市场石油价格变化与企业生产成本，又能反映国内市场供求关系而制定的一个管制价格。旨在约束成品油供给方根据国内市场供求状况和最高限价约束制定有利于企业自身发展的市场价格。

第三章　消费者选择理论

一、名词解释题

1. 效用　2. 总效用　3. 边际效用　4. 边际效用递减规律　5. 经济商品　6. 无差异曲线　7. 边际替代率　8. 边际替代率递减规律　9. 预算线　10. 消费者均衡　11. 替代效应　12. 收入效应　13. 价格效应　14. 恩格尔系数　15. 消费者剩余

二、单项选择题

1. 总效用为最大时(　　)。

A. 边际效用为零　　B. 边际效用最大

C. 边际效用为负　　D. 边际效用为正

2. 某消费者偏好 A 商品甚于 B 商品，原因是(　　)。

A. A 商品便宜　　B. A 商品紧俏

C. A 商品用途很广　　D. 对于消费者而言，A 效用比 B 大

3. 商品的边际效用显示出(　　)。

A. 该商品的有用程度　　B. 多消费一单位商品的满足程度

C. 商品的稀缺程度　　D. 预算约束线的斜率

4. 某人愿意用 20 元买第一件衬衫，愿意用 35 元买头两件衬衫。第二件衬衫的边际效用用货币衡量是(　　)元。

A. 55　　B. 35

C. 15　　D. 27.5

5. 无差异曲线的形状取决于(　　)。

A. 商品效用水平的大小　　B. 消费者的偏好

C. 消费者收入　　D. 所购商品的价格

6. 无差异曲线的坐标分别是(　　)。

A. 两种消费品数量　　B. 两种生产要素数量

C. 消费品数量和价格　　D. 生产要素及其产品数量

7. 无差异曲线图包括无数条无差异曲线是因为(　　)。

A. 人的欲望是无限的　　B. 消费者人数是无限的

C. 商品的数量是无限的　　D. 消费者各期收入是相同的

8. 若消费者的无差异曲线发生了变化，这意味着(　　)发生了变化。

A. 均衡点　　B. 商品价格

C. 个人偏好　　D. 购买的商品数量

9. 无差异曲线斜率的绝对值是(　　)。

A. 递增的　　B. 不变的

C. 等于零　　D. 递减的

10. 无差异曲线为一条直线时，它表示消费者消费的两种商品之间是(　　)。

A. 不能替代的　　B. 完全替代的

C. 互补的　　D. 互不相关的

11. 无差异曲线上任一点处的边际替代率取决于两种商品(　　)。

A. 价格之比　　B. 数量之比

C. 边际效用之比　　D. 边际成本之比

12. 无差异曲线的形状反映了(　　)。

A. 消费者的不同收入水平

B. 反映了所消费的两组商品的不同价格

C. 无差异曲线上的不同点所代表的产量水平相同

D. 消费者的不同偏好

13. 同一条无差异曲线上的不同点表示(　　)。

A. 效用水平不同，但所消费的两种商品组合比例相同

B. 效用水平相同，但所消费的两种商品的组合比例不同

C. 效用水平不同，两种商品的组合比例不相同

D. 效用水平相同，两种商品的组合比例相同

14. 关于无差异曲线的特点，以下说法错误的是(　　)。

A. 离原点越远的无差异曲线代表的效用水平越低

B. 无差异曲线有很多条

C. 无差异曲线不会相交

D. 无差异曲线通常向右下方倾斜，并且凸向原点

15. 关于无差异曲线，不正确的表述是(　　)。

A. 无差异曲线表现出对两种可能性间进行选择的问题

B. 无差异曲线不可能为直线

C. 无差异曲线是分析消费者行为的重要分析工具

D. 无差异曲线上每一点所代表的两种物品的不同数量组合提供的总效用是相等的

16. 一位消费者宣称，他早饭每吃一根油条要喝一杯豆浆，如果给他的油条数多于豆浆的杯数，他将把多余的油条扔掉。如果给他的豆浆杯数多于油条数，他将做同样处理。则(　　)。

A. 他关于这两种食品的无差异曲线是直角的

B. 他关于这两种食品的无差异曲线是一条直线

C. 他关于这两种食品的无差异曲线是光滑曲线

D. 不能判断其无差异曲线的形状

17. 边际替代率的变化使指标发生变化的是(　　)。

A. 消费品的价格比　　B. 边际效用比

C. 消费者的偏好　　D. 消费者的收入水平

18. 消费者的预算线反映了(　　)。

A. 消费者的收入约束　　B. 消费者的偏好

C. 消费者的需求　　D. 消费者效用最大化状态

19. 商品 X、Y 的价格按相同的比例上升，而收入不变，预算线(　　)。

A. 向左下方平行移动　　B. 向右下方平行移动

C. 不变动　　D. 转动

20. 预算线向右上方平移是因为(　　)。

A. 商品 X 的价格下降了　　B. 消费者的收入下降了

C. 商品 Y 的价格下降了　　D. 商品 X 和 Y 的价格按同比例下降

21. 如仅消费两种商品 X、Y，在消费者行为分析中，引起预算约束线斜率发生变化的原因不可能是(　　)。

A. X 价格上升，Y 价格不变　B. X 价格下降，Y 价格不变

C. X 价格不变，Y 价格变化　D. X 与 Y 价格同比例变化

22. 在消费者的收入和商品 Y 的价格保持不变的情况下，如果商品 X 的价格上涨，则预算线将(　　)。

A. 不会变动　　B. 平行移动

C. 逆时针旋转　　D. 顺时针旋转

23. 消费者效用最大化的点，必然落在(　　)。

A. 预算线右侧区域　　B. 预算线左侧区域

C. 预算线上　　D. 依预算线位置而定

24. 消费者的选择行为决定于(　　)。

A. 消费习惯　　B. 所得的水平

C. 无差异曲线和预算线　　D. 效用的大小

25. 假如消费者消费的几种商品的价格都相同，消费者为达到最大效用满足，他应该购买(　　)。

A. 相同数量的这几种商品　　B. 这几种商品并使总效用相等

C. 这几种商品并使边际效用相等　　D. 以上答案都不对

26. X 和 Y 商品的价格 P_X和 P_Y既定，当边际替代率(MRS_{XY})$>P_X/P_Y$时，消费者为实现最大效用，应该(　　)。

A. 增加 X 商品的购买

B. 减少 X 商品的购买，增加 Y 商品的购买

C. 增加 Y 商品的购买

D. 增加 X 商品的购买，减少 Y 商品的购买

27. 均衡条件下，消费者购买的商品的总效用一定(　　)他所支付的货币的总效用。

A. 小于　　B. 等于

C. 大于　　D. 无法确定

28. 消费者均衡条件表明(　　)。

A. 消费者均衡点位于预算约束线与无差异曲线的切点上

B. 消费者均衡点位于预算约束线与生产可能性曲线的切点上

C. 消费者均衡点位于预算约束线下方

D. 消费者均衡点位于预算约束线上方

29. 如果消费者实现了均衡，意味着(　　)。

A. 在消费者收入和商品价格一定时实现了效用最大化

B. 在消费者收入和商品价格一定时实现了边际效用最大化

C. 每种商品的最后一单位消费获取的边际效用相同

D. 上述都不正确

30. 当消费者处于均衡状态时，以下说法错误的是(　　)。

A. 消费者在既定收入和商品价格下得到了最大满足

B. 消费者可以通过增加某种商品的消费来最大化效用

C. 消费者预算收入刚好够用

D. 消费者不能通过改变商品组合而使效用增加

31. $MU_x/P_x=MU_Y/P_Y$的主要经济意义为(　　)。

A. 利润最大　　B. 生产者均衡

C. 消费者均衡　　　　　　　　D. 成本最低

32. 已知消费者的收入为50元，商品X的价格为5元，商品Y的价格为4元。假定消费者计划购买6单位X商品和5单位Y商品，商品X和Y的边际效用分别为60和30，如果要得到最大效用，他应该(　　)。

A. 增加X和减少Y的购买量　B. 增加Y和减少X的购买量

C. 同时减少K和Y的购买量　D. 以上都不对

33. 已知X商品的价格为5元，Y商品的价格为2元。如果消费者从这两种商品的消费中得到最大效用时，商品Y的边际效用为30，那么，此时商品X的边际效用为(　　)。

A. 60　　　　　　　　B. 45

C. 150　　　　　　　D. 75

34. 已知某消费者每月用于商品X_1和X_2的收入为120元，两商品的价格分别为$P_1=2$元和$P_2=4$元，该消费者的效用函数为$U=X_1X_2$。如果该消费者是个效用最大化者，则他每月应购买X_1和X_2各多少？(　　)。

A. 20，30　　　　　　B. 30，20

C. 60，40　　　　　　D. 以上均不对

35. 可以反映一种商品的价格变化和两种商品的需求量之间的对应关系的曲线是(　　)。

A. 价格消费曲线　　　　B. 需求曲线

C. 恩格尔曲线　　　　　D. 收入扩展线

36. 积分商品的需求曲线，如下图(　　)所示。

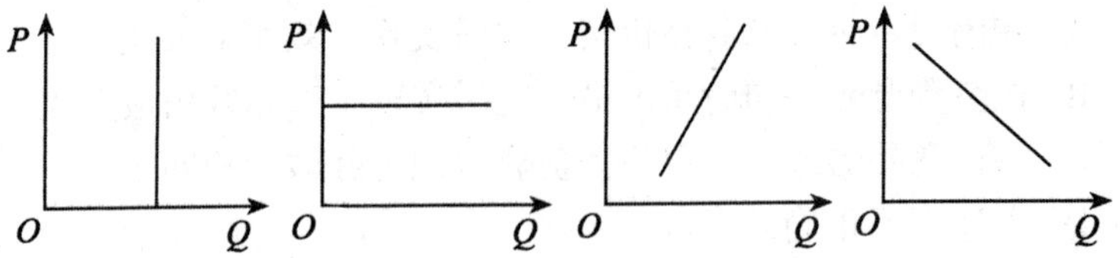

A　　　　B　　　　C　　　　D

37. 当只有商品价格变化时，连接消费者各均衡点的轨迹称作(　　)。

A. 需求曲线　　　　　　B. 价格—消费曲线

C. 恩格尔曲线　　　　　D. 收入—消费曲线

38. 对于劣质商品的替代效应与收入效应，当价格下降时，下列说法正确的是(　　)。

A. 替代效应为负，收入效应为正
B. 替代效应为负，收入效应为负
C. 替代效应为正，收入效应为正
D. 替代效应为正，收入效应为负

39. 如果一种正常物品价格下降，收入效应(　　)。
A. 将增加该物品的需求量，替代效应将减少该物品的需求量
B. 将减少该物品的需求量，替代效应将增加该物品的需求量
C. 和替代效应都会增加该物品的需求量
D. 和替代效应都会减少该物品的需求量

40. 当消费者的真实收入增加时，他将(　　)。
A. 购买更少的低档品　　B. 增加消费
C. 移到更高的无差异曲线上　D. 以上都是

三、判断题

1. 在消费者均衡点上，两种商品的边际替代率等于两种商品的价格比。(　　)
2. 同一杯水对于不同的人具有相同的效用。(　　)
3. 同一条无差异曲线上的所有商品组合，消费者的偏好是完全相同的。(　　)
4. 当消费者达到均衡时，他花在所有商品上的最后一单位货币的边际效用应该相等。(　　)
5. 正常商品和劣质商品的区别在于商品的收入效应的正、负差异。(　　)
6. 两种商品的价格不变，消费者收入增加时预算线将斜率不变，位置右移。(　　)
7. 如果边际效用递减，则总效用相应递减。(　　)
8. 无差异曲线上，边际替代率是递增的。(　　)
9. 在预算约束线与无差异曲线的切点可以达到消费者均衡。(　　)
10. 无论正常商品、低档商品还是高档商品，价格下跌的替代效应总是正值。(　　)
11. 消费者剩余是指消费者消费某种商品后还剩余的未消费的部分。(　　)
12. 无论是正常商品还是低档商品，收入上升所带来的收入效应总是

正的。（　　）

13. 价格效应=收入效应+替代效应。（　　）

14. 某国恩格尔系数值越大表明某国经济越富裕。（　　）

15. 恩格尔系数值与消费者收入呈同向变动。（　　）

16. 凹的无差异曲线是不可能出现的。（　　）

17. 若收入与价格同时上升或下降相同倍数，则对消费者将没有任何影响，在经济学中被称为“被充分抵消的通货膨胀”。（　　）

18. 边际替代率递减是人们偏好普遍具有的一个特征。（　　）

19. 无差异曲线的斜率总是为负。（　　）

四、简答题

1. TU 和 MU 有何联系？
2. 什么是边际效用递减规律？
3. 无差异曲线有哪些特点？
4. 为什么两条无差异曲线不能相交？
5. 为何水的用途比钻石大得多，价格却低得多？
6. 如何理解边际替代率递减规律？
7. 为什么低档商品的需求价格弹性可能为负也可能为零或为正？
8. 如何判断一种商品是正常商品还是劣质商品？
9. 如何判断一种商品是低档商品还是积分商品？
10. 如何理解替代效应对消费者购买决策的影响？
11. 如何理解收入效应对消费者购买决策的影响？

五、图示并解释题

1. 对不同的消费者，画出对啤酒与可口可乐的偏好的无差异曲线：

(1)消费者甲认为在任何情况下，3 瓶可口可乐与 2 瓶啤酒无差异。

(2)消费者乙喜欢喝啤酒与可口可乐混在一起的各占一半的饮料，他从不单独只喝啤酒或只喝可口可乐。

2. 假定小李每月在土豆和牛肉上的开支是 200 元，土豆的价格为 2 元/公斤，牛肉的价格为 30 元/公斤。

(1)画出小李的预算约束线。

(2)假如现在土豆促销，购买 20 公斤土豆就赠送 5 公斤土豆，且仅送一次，超过 25 公斤的部分仍然按照 2 元/公斤销售。请画出小李的预算约束线。

(3)假如土豆市场供不应求，土豆价格涨到 3 元/公斤。请画出小李的预算约束线。

3. 消费者均衡。

4. 由价格—消费曲线中导出消费者个人需求曲线。

5. 由收入消费曲线导出恩格尔曲线。

6. 低档商品的价格效应。

7. 穷人喜欢现金转移支付还是实物转移支付？请作图说明。

8. 穷人喜欢现金补贴还是价格补贴？请作图说明。

六、计算题

1. 某消费者消费 X 商品的总效用函数为 $Tu_x=24Q_x-2Q_x^2$，为取得最大满足，他的最优消费数量是多少？

2. 某消费者每日消费 12 元，用于消费 X 和 Y 两种商品，他的效用函数为 TU=XY，并且 $PX=2$ 元，$PY=3$ 元。为实现效用最大化，X 和 Y 应各消费多少？

3. 假若消费者面对的只有 X、Y 两种商品，消费者从使用这两种商品中所得到的效用量如表所示；消费者可支出的金额是 40 元，X 和 Y 的价格分别为 5 元和 10 元，他应该对 X 和 Y 两种商品各买多少，才能使他得到的总效用最大？

商品单位 / 边际效用	1	2	3	4	5	6
X	20	10	5	3	2	1
Y	24	22	20	17	15	12

4. 消费食物 F 和衣服 C，小李的效用为 $V(F,C)=FC$，若 $P_F=1$，$P_C=3$，则小李的用于 F 和 C 总支出为 12 元。

(1)画出其预算线。

(2)求小李的最优选择。

(3)效用最大时小李的 F 对 C 的边际替代率是多少？

5. 一座桥修好后，过桥人数 X 与过桥费 P 的关系为 $P=12-2X$，求：

(1)免费过桥，过桥人数是多少？

(2)如果 $P=6$，则消费者剩余与福利损失是多少？

七、案例分析题

案例 3-1　劲酒虽好，可不要贪杯哦

【背景资料】

劲酒虽好，可不要贪杯哦！这是一个极佳广告词，言简意赅。在为劲酒(一个保健酒的品牌)做广告宣传时，至少能达到两个目的：其一是这个酒真好，人们都为之贪杯，喝了还想喝，边际效用大于零；其二是这个酒再好，也是会醉人的，过量饮酒会伤身体，这时的边际效用会小于零。让我们对劲酒做一个效用分析，假设小李是一个理性饮酒者，从不过度饮酒，因为他感觉到在酒桌上喝醉是很没有面子的，而且会伤身体。

问题：如何确定小李的最佳饮用量是多少杯酒呢？

案例 3-2：结婚大礼

【背景资料】

小李今年五月就要结婚了，爷爷奶奶准备送给他的结婚大礼是一套价值 20 万元的新房子。小李非常喜欢这份礼物，但如果爷爷奶奶直接送给他 20 万元现金，则他或许会更喜欢。

问题：分析小李为何更倾向于得到 20 万元现金而不是同等价值的房子。

案例 3-3：大学食堂“似乎应该涨价”

【背景资料】

在正常情况下，随着某种商品价格的下降，人们对该商品需求数量应该是增加的，这就是需求规律。但是，我们观察到一个“奇怪”的现象：在大学食堂涨价之后的一段时间里，去食堂就餐的人数反而增加了！

问题：对此现象进行分析。

第三章 习题参考答案

一、名词解释题

1. 效用：消费者从商品或劳务消费中得到的满足感。

2. 总效用：消费者从商品或劳务消费中得到的满足感的总量。

3. 边际效用：指每增加一个单位消费量所引起的总效用的增量。

4. 边际效用递减规律：在一定时期内连续增加某种消费品的消费，消费者从消费中得到满足感是下降的。

5. 经济商品：凡能在增加其消费量时能增加总效用或边际效用正的商品。

6. 无差异曲线：带给消费者相同效用的所有商品组合点的轨迹。

7. 边际替代率：指为了保持消费者的总效用不变，在消费品组合中，增加一个单位某种商品的消费量必须减少的另一种商品的数量。

8. 边际替代率递减规律：指为了保持消费者的总效用不变，在消费品组合中，人们增加一个单位某种商品的消费必须减少的另一种商品的消费量是不断下降的。

9. 预算线：消费者所有的相等支出的商品组合点的轨迹。

10. 消费者均衡：在支出一定时消费者实现的效用最大。

11. 替代效应：某种商品价格下降，消费者会多消费相对便宜一些的这种降价商品去替代相对昂贵的商品。

12. 收入效应：指商品价格的下跌等于消费者真实收入的上升，使消费者达到更高的效用水平，并在一般情况下增加所有商品的消费。

13. 价格效应：某种商品价格下降，消费者调整消费该商品的消费数量，等于替代效应与收入效应之和。

14. 恩格尔系数：食品支出在总开支中的比重。

15. 消费者剩余：消费者消费某商品或劳务的意愿支出与实际支出之差。

二、单项选择题

A D B C B　A A C D B　C D B A B
B B A A D　D D C C C　D B A A B
C A D D A　C B D C D

三、判断题

√ × √ √ √　√ × × √ √　× × √ × ×
× √ √ √

四、简答题

1. TU 和 MU 有何联系？

答：TU 是总效用，是消费者消费商品和劳务所得效用的总和。MU 是边际效用，即每增加一单位消费品带来的总效用的增量。他们二者的关系是当 MU 为正值时，TU 增加；当 MU = 0 时，TU 最大；当 MU<0 时，TU 下降。

2. 什么是边际效用递减规律？

答：边际效用递减规律是指消费者连续增加某种商品的消费，消费者从消费中得到的满足感是逐渐下降的。这是一条普遍规律，一般而言，边际效用为正，意味着增加消费能带来总效用的增加。边际效用为零，总效用最大，边际效用为负，总效用下降，人们应该停止消费。

3. 无差异曲线有哪些特点？

答：无差异曲线是效用相同的商品组合的轨迹，其主要特点是：

(1) 斜率为负；

(2) 与每一效用水平相对应的无差异曲线组成一幅无差异曲线族图，离原点越远者表示效用水平越高，且任意两条无差异曲线不能相交；

(3) 由边际替代率递减规律决定，多数情况下凸向原点。

4. 为什么两条无差异曲线不能相交？

答：任何两条无差异曲线不能相交是由偏好的可传递性决定的。如图，由无差异曲线定义，在 U_1 上 B、C 两点的效用是相等的，同时在 U_2 上 A、C 两点的效用也是相等的。根据偏好可传递性，A 点与 B 点的效用应该相等，但它们不可能相等，因为在图中，A 点的效用比 B 点更高，显然，U_1 与 U_2 是不能相交的。

5. 为何水的用途比钻石大得多，价格却低得多？

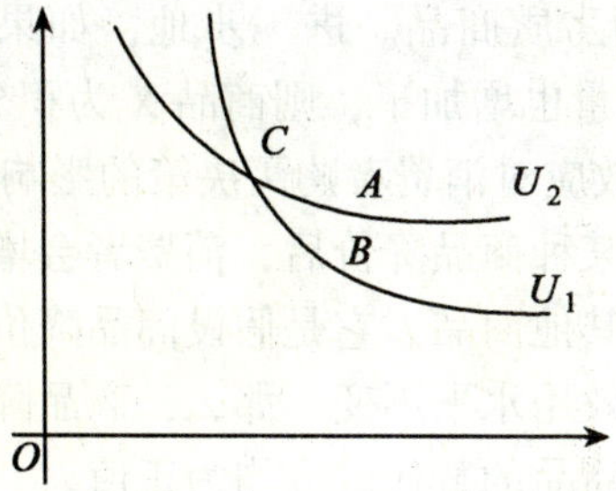

答：(1)水的用途比钻石大得多，因而人们消费水得到的总效用大于钻石。

(2)但是，商品的价格不是由总效用决定而是由边际效用决定。由于世界上水很多，其边际效用很小，人们只愿付很低的价钱，钻石很少，边际效用很高，所以它很贵。

6. 如何理解边际替代率递减规律?

答：边际替代率是指为了保持效用不变，在消费组合中人们增加某一种单位商品的消费品必须减少的另一种商品的消费量。

边际替代率呈递减趋势，这是人们消费偏好的一个普遍特征，因为，当人们对某种商品拥有量增加后，就越来越不愿意减少其他商品来进一步增加这种商品。

这也是边际效用递减规律的作用，当一种商品消费量的增加其边际效用越来越小，一种商品不断减少时，其边际效用不断增加，使它可交换到的其他商品数量不断增加。

7. 为什么低档商品的需求价格弹性可能为负也可能为零或为正?

答：低档商品的价格下降时，替代效应为正值，收入效应为负值，两种相反力量同时作用。

当替代效用>收入效应时，价格下降，商品需求量增加，需求价格弹性为负，替代效应<收入效应则需求价格弹性为正。

当替代效应=收入效应时，价格下降，商品需求量不变，需求价格弹性为零。

8. 如何判断一种商品是正常商品还是劣质商品?

答：随着消费者的预算收入的提高，如果消费者消费商品 X 的数量增加了，则商品 X 为正常商品；反之，则为劣质商品。

9. 如何判断一种商品是低档商品还是积分商品?

答：随着消费者的预算收入的提高，如果消费者消费商品 X 的数量反而减少了，则商品 X 为劣质商品。进一步地，如果商品 X 的价格提高了，消费者消费商品 X 的数量也增加了，则商品 X 为积分商品。

10. 如何理解替代效应对消费者购买决策的影响？

答：替代效应是指某种商品降价后，消费者会增加这种相对便宜的商品的消费替代相对昂贵的其他商品。它是假设商品降价后，效用水平不变时人们的购买决策，既然是效用水平不变，那么，商品降价后消费者肯定增加降价商品的购买，故所有商品的替代效应均为正值。

11. 如何理解收入效应对消费者购买决策的影响？

答：收入效应是指某消费品价格下降后，等于消费者真实收入上升，使消费者有能力达到更高的效用水平，一般情况下，消费者会增加所有商品的购买。

但是，不同的商品有着不同的收入效应。

(1)正常商品收入效应为正，消费者增加降价商品的购买；

(2)低档商品(包括　商品)，收入效应为负，商品降价消费者反而减少购买。

五、图示并解释题

1. 对不同的消费者，画出对啤酒与可口可乐的偏好的无差异曲线：

(1)消费者甲认为在任何情况下，3 瓶可口可乐与 2 瓶啤酒无差异。

这种情况是 3 瓶可口可乐与 2 瓶啤酒可以完全替代，其无差异曲线为一条向右下倾斜的直线。

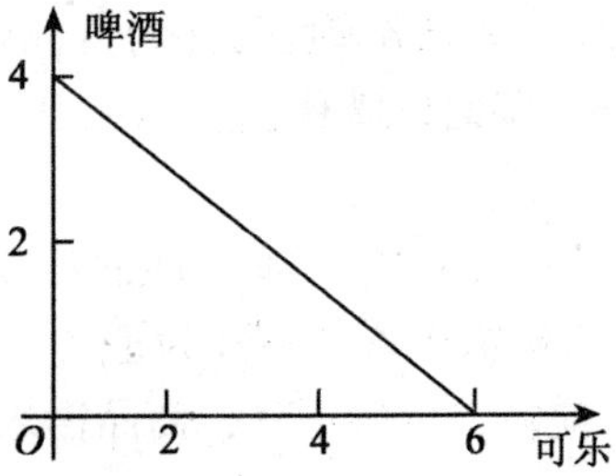

(2)消费者乙喜欢喝啤酒、可口可乐混在一起的各占一半的饮料，他从不单独只喝啤酒或只喝可口可乐。

这里，可口可乐与啤酒是互补品，其无差异曲线是一条右上倾斜的直线。

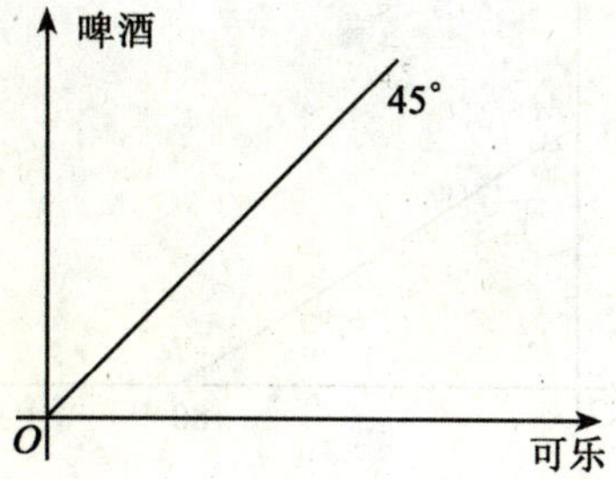

2. 假定小李每月在土豆和牛肉上的开支是 200 元，土豆的价格为 2 元/公斤，牛肉的价格为 20 元/公斤。

(1)画出小李的预算约束线。

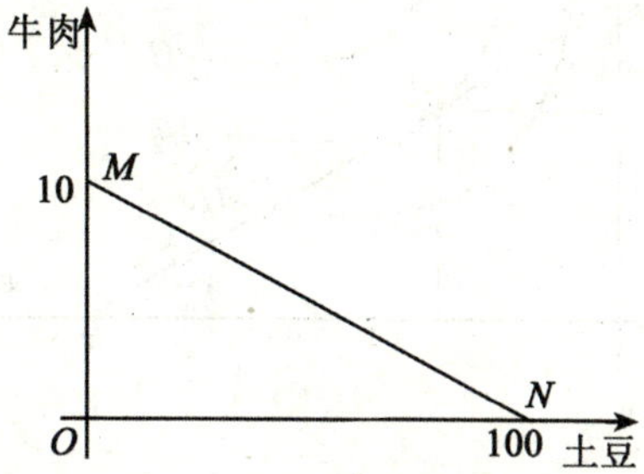

(2)假如现在土豆促销，购买 30 公斤土豆就赠送 10 公斤土豆，且仅送一次，超过 40 公斤的部分仍然按照 2 元/公斤销售。请画出小李的预算约束线。

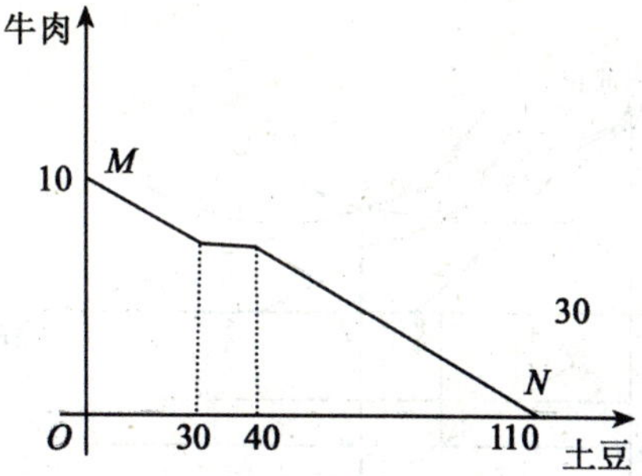

(3)假如土豆市场供不应求，土豆价格涨到 2.5 元/公斤。请画出小李的预算约束线。

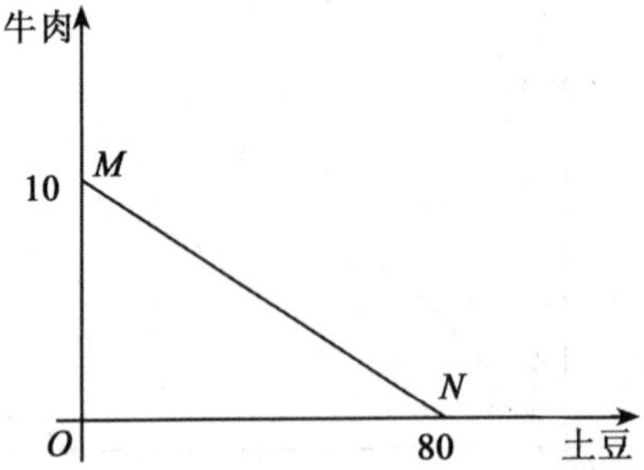

3. 消费者均衡。

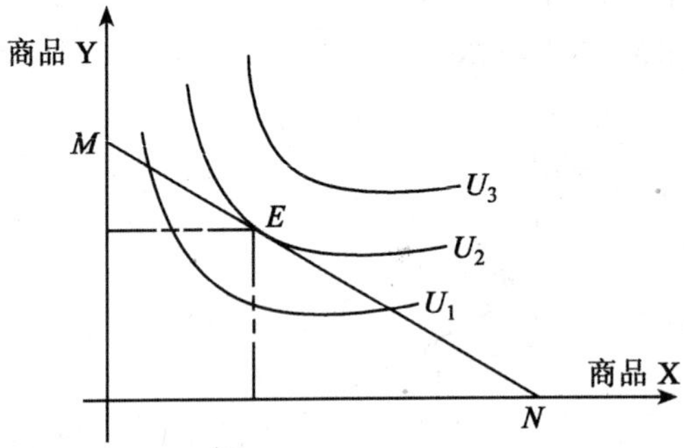

(1)均衡点为预算线 MN 与无差异曲线 U_2之切点。
(2)MN 与 U_1相交，但未达到最大效用，$U_2>U_1$。
(3)U_3效用更高但预算不足。
4. 由价格—消费曲线中导出消费者个人需求曲线。

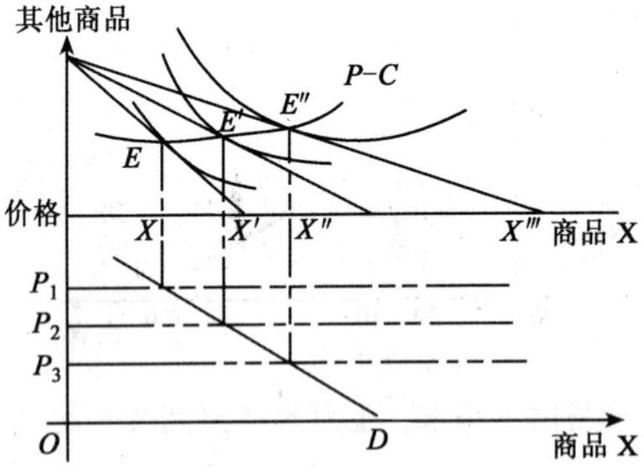

随价格逐步下降，X 商品购买量逐渐增多(仅指正常商品)

5. 由收入消费曲线导出恩格尔曲线。

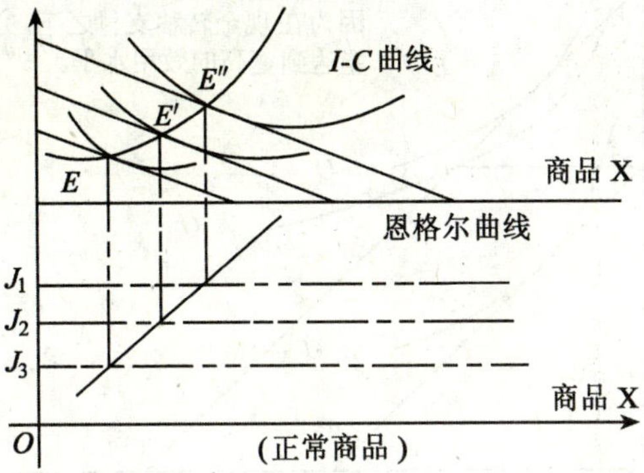

随着收入从 I_1 逐步增加到 I_3，预算线向右平移，商品购买量逐步增多，效用水平不断提高。

6. 低档商品的价格效应。

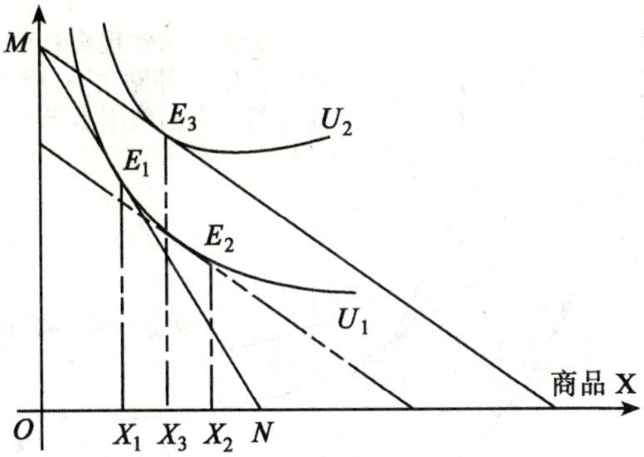

(1) 降价之前，预算线 MN，均衡点 E_1，商品购买量 x_1。

(2) 降价之后，设效用不变、均衡点 E_2 商品购买量 x_2，替代效应为 x_1x_2。

(3) 降价后，真收入增加、效用水平由 U_1 提高至 U_2，均衡点 E_3 收入效应 x_2x_3。

(4) 价格效应为收入效应与替代效应之和，即 $x_1x_2+x_2x_3=x_1x_3$。

7. 穷人喜欢现金转移支付还是实物转移支付？请作图说明。

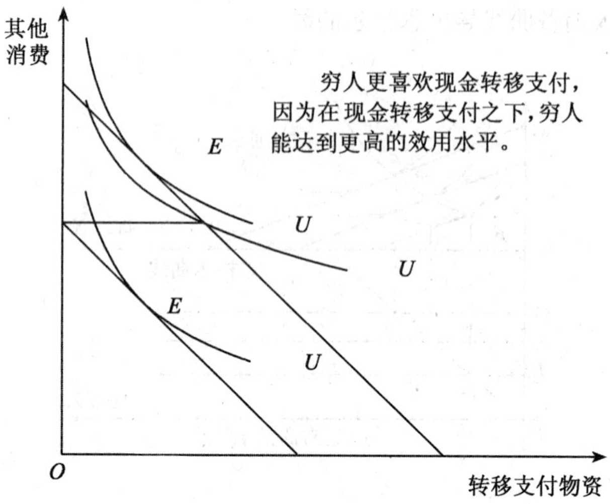

穷人喜欢现金转移支付

8. 穷人喜欢现金补贴还是价格补贴？请作图说明。

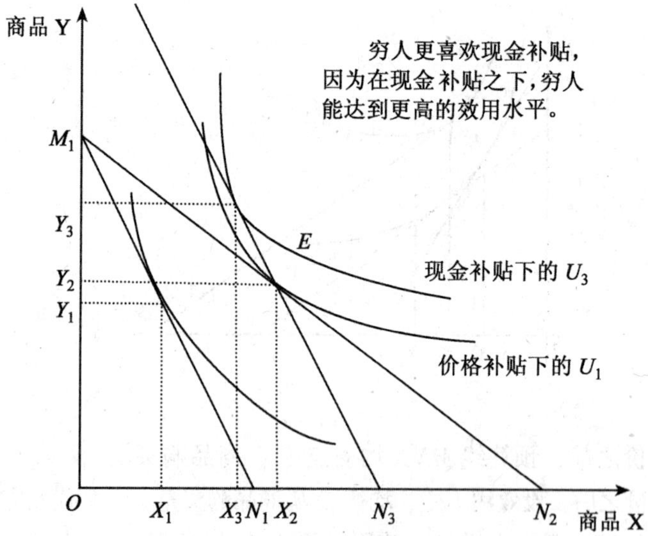

比例税、定额税和消费者选择

六、计算题

1. 某消费者消费 X 商品的总效用函数为 $TU_x=24Q_x-2Q_x^2$，为取得最大满足，他的最优消费数量是多少？

解：当其边际效用为 0 时，总效用最大。

$MUx=(TUx)'=24-4Q$

令 $24-4Q=0 \quad Q=6$

故其最优消费数量为 6。

2. 某消费者每日消费 12 元，用于消费 X 和 Y 两种商品，他的效用函数为 TU=XY，并且 $PX=2$ 元，$PY=3$ 元。为实现效用最大化，X 和 Y 应各消费多少？

解：消费者效用最大时 $\frac{MUX}{MUY}=\frac{PX}{PY}$

由 $PX=2 \quad PY=3 \quad I=12$ 其预算线为 $12=2X+3Y$

$MUX=(XY)'=Y \qquad MUY=(XY)'=X$

故 $\frac{MUX}{MUY}=\frac{PX}{PY}=\frac{Y}{X}=\frac{2}{3} \qquad X=\frac{3}{2}Y$

代入预算线得 $\begin{cases}X=3\\Y=2\end{cases}$

3. 假若消费者面对的只有 X、Y 两种商品，消费者从使用这两种商品中所得到的效用量如表所示：消费者可支出的金额是 40 元，X 和 Y 的价格分别为 5 元和 10 元，他应该对 X 和 Y 两种商品各买多少，才能使他得到的总效用最大？

边际效用 \ 商品单位	1	2	3	4	5	6
X	20	10	5	3	2	1
Y	24	22	20	17	15	12

解：(1) 其预算线为 $40=5X+10Y$ X 与 Y 的最大购买量分别为 $X=8$，$Y=4$

(2) 由 $\frac{PX}{PY}=\frac{MUX}{MUY}$ 消费者效用最大，得 $\frac{MUX}{MUY}=\frac{5}{10}=\frac{1}{2}$

在表中符合条件的只有 X=2 和 Y=3，把 X=2 代入预算线得 Y=3，

故购买量应为$\begin{cases}X=2\\Y=3\end{cases}$

4. 消费食物 F 和衣服 C，小李的效用为 $V(F,\ C)=FC$，若 $P_F=1$，$P_C=3$，小李的用于 F 和 C 总支出为 12 元。

(1) 画出其预算线。

(2) 求小李的最优选择。

(3) 效用最大时小李的 F 对 C 的边际替代率是多少？

解：(1) 其预算线为　$12=F+3C$

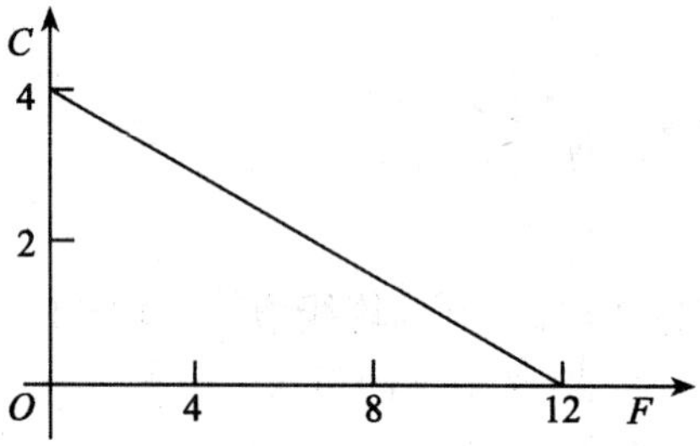

(2) 小李的最优选择：

$$\frac{MU_F}{MU_C}=\frac{P_F}{P_C}\qquad P_F=1\qquad P_C=3$$

$$MU_F=(FC)'=C\qquad MU_C=(FC)'=F$$

$$\frac{MU_F}{MU_C}=\frac{P_F}{P_C}=\frac{C}{F}=\frac{1}{3}\qquad F=3C\text{ 代入预算线}\begin{cases}F=6\\C=2\end{cases}$$

(3) 此时边际替代率为

$$MRS_{FC}=\frac{MU_F}{MU_C}=\frac{C}{F}=\frac{1}{3}$$

5. 一座桥修好后，过桥人数 X 与过桥费 P 的关系为 $P=12-2X$，求：

(1) 免费过桥，过桥人数是多少？　　(2) 如果 $P=6$，消费者剩余与福利损失是多少？

解：(1) 若免费过桥，则 $P=0$，$X=6$

(2) 若 $P=6$，则消费者剩余 $=(12-6)\times3\div2=9$

社会福利损失为 $(6\times12)\div2-9=27$

七、案例分析题

案例 3-1　劲酒虽好，可不要贪杯哦

【案例分析】

现对劲酒作效用分析。假定李某在喝劲酒时的边际效用、总效用与饮酒杯数之间的关系如下：

饮酒杯数 x	边际效用	总效用
0	/	0
1	90	90
2	80	170
3	70	240
4	60	300
5	50	350
6	40	390
7	30	420
8	20	440
9	10	450
10	0	450
11	-10	440
12	-20	420

可见，对于李某而言，劲酒的一次性最佳饮用量应该是不超过 10 杯。如果超过 10 杯，那么，他可能会喝醉，从而会减少这一次饮用劲酒的总效用水平。这个表格也显示出边际效用递减的规律，以及总效用先增加后减少的规律。

案例 3-2：结婚大礼

【案例分析】

1. 将小李的问题分解成在房子和现金(等价于一定数量的其他商品)之间的选择，并作出他的预算约束线，如下图所示。

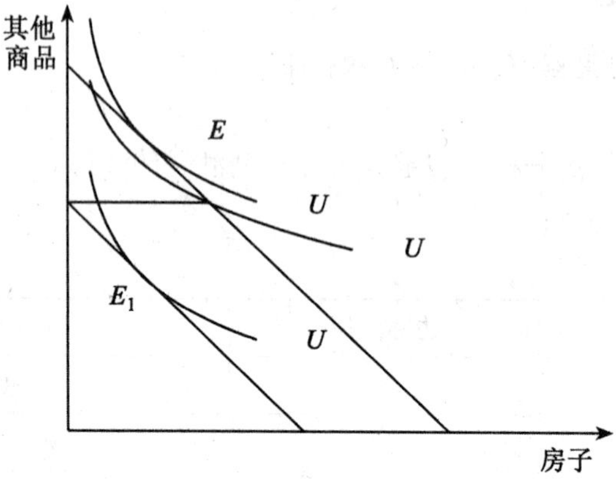

一份新婚大礼

2. 在得到爷爷奶奶提供的一套新房子以前，小李的预算线为 AB，他将在 E_1 点达到均衡，实现最大效用水平 U_1。现在，假设他得到了 20 万元现金，那么他的预算收入增加了，他的预算约束线向右上方平移到 ED。倘若这笔现金可以用于任何支出，不一定是房子，那么小李将在 E_2 点达到均衡，实现最大效用水平 U_3。现在的问题是，小李只能得到房子，相当于这笔现金只能用于购买新房子。这样，小李的预算约束线变成了 ACD，相应地，他的均衡点在 C 点，这是一个边界均衡。显而易见，在受到限制的情况下，小李的效用水平下降到一个较低的水平 U_2。此时，小李将得到一套新房子，而将原有的预算收入全部用于其他商品的消费，这是他能作的最优选择。

案例 3-3：大学食堂“似乎应该涨价”

【案例分析】

我们仍以小李为例。作为一名大学二年级的学生，小李有限的预算使得他每天午餐和晚餐不得不几乎都去大学食堂解决，偶尔才会同朋友去餐馆聚餐。假定大学食堂平均每次就餐费用为 4 元，去餐馆聚餐平均每次就餐费用为 15 元。现在，大学食堂就餐费上涨 25%，即每次就餐费用为 5 元。假设小李每月的生活费是 500 元，其中不超过 80%(也就是 400 元)用来支付午餐和晚餐食品的消费。此外，还假定小李没有提前使用下个月的生活费的习惯，而且他没有其他的收入来源。用 x 和 y 表示去大学食堂就餐的次数和去餐馆聚餐的次数。那么，在食堂涨价以前，小李的预算约束为：

$$x+y=60$$

$$4x+15y\leqslant 400$$

我们可以给出小李全部可能的选择如下表所示：

食堂就餐次数 x	餐馆聚餐次数 y	总支出
60	0	240
59	1	251
58	2	262
57	3	273
56	4	284
55	5	295
54	6	306
53	7	317
52	8	328
51	9	339
50	10	350
49	11	361
48	12	372
47	13	383
46	14	394

我们再来看看涨价后，小李的预算约束：

$$x+y=60$$

$$5x+15y\leqslant 400$$

我们可以给出小李全部可能的选择如下表所示：

食堂就餐次数 x	餐馆聚餐次数 y	总支出
60	0	300
59	1	310
58	2	320
57	3	330
56	4	340
55	5	350

续表

食堂就餐次数 x	餐馆聚餐次数 y	总支出
54	6	360
53	7	370
52	8	380
51	9	390
50	10	400

我们可以作一个简单的比较，大学食堂涨价以前，小李最多可以去餐馆聚餐 14 次，而大学食堂涨价后他最多只能去餐馆聚餐 10 次，于是，他每月不得不增加去大学食堂就餐 4 次。因此，大学食堂涨价反而能“吸引”更多的学生前来就餐。当然，大学食堂涨价显然是不可取的，这绝对不利于大学生的身心健康。

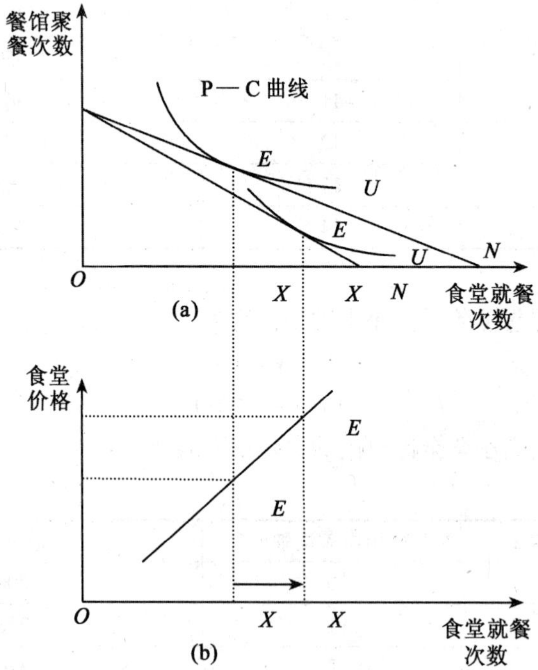

小李对大学食堂就餐的 P-C 曲线和需求曲线

假如大多数大学生和小李一样，面对着比较紧的预算约束，因而对于去餐馆聚餐所感受到的边际效用较大，那么大学食堂涨价显然会大幅降低他们的效用水平。我们可以作图分析如下：其他条件不变，当大学食堂价格由原来的4元涨到5元，小李的预算约束线由MN_1向内旋转至MN_2，相应的消费者均衡从E_1点调整到E_2点。结果是：小李增加了去大学食堂就餐的次数，相应减少了去餐馆聚餐的次数，而且，他的总效用水平也由U_1下降到U_2。我们把大学食堂的价格和小李去食堂就餐的次数联系起来，作出他对大学食堂就餐的需求曲线D。你不难发现，这条需求曲线竟然是自左下方向右上方倾斜的！

【评析】

倘若在我们的案例中，小李在食品上的开支(400元)只占到总支出的一个较小比重，比如说50%，那么，他的总支出是800元。现在，面对大学食堂涨价，他完全可以很轻松地从食品以外的400元中拿出一部分(如40元)，就能以每月增加4次去餐馆聚餐，用以替代4次去大学食堂就餐，因为两种的价差正好是10元。这样，小李就可以维持每月去餐馆就餐的次数，从而大幅改善他的状况。这个计算表明，判断积分商品的第二个条件，即该商品在总支出中占很大的比重，是非常重要的。正是因为这个条件的存在，使得消费者无法从数额本来就很少的其他开支中拿出一部分预算来维持原有的消费，其结果必然是增加积分商品的消费，降低效用水平。我们将“在总支出中占很大比重”这个条件成为积分束缚，理解这一点有助于我们更好地理解积分商品的各种特性。

第四章　厂商选择理论

一、名词解释题

1. 生产要素　2. 生产函数　3. 边际产量(MP)　4. 边际生产力递减规律　5. 等产量线　6. 边际技术替代率　7. 边际技术替代率递减规律　8. 等成本线　9. 生产扩张线　10. 规模报酬　11. 规模报酬递增　12. 所谓规模报酬递减规律　13. 所谓显性成本　14. 所谓隐性成本　15. 机会成本　16. 经济成本　17. 正常利润　18. 经济利润　19. 固定成本　20　可变成本　21. 社会成本　22. 私人成本　23. 短期成本　24. 边际成本(MC)

二、单项选择题

1. 在以纵轴度量产量，横轴度量劳动投入的坐标中，平均产量等于(　　)。

A. 总产量曲线的斜率

B. 从原点向总产量曲线所引射线的斜率

C. 边际产量曲线的斜率

D. 从原点向平均产量曲线所引射线的斜率

2. 某项生产的生产函数为 $Q=L^{0.6}K^{0.5}$，它是规模报酬(　　)。

A. 递减　　B. 不变

C. 递增　　D. 无法判断

3. 在研究总产量和边际产量关系时，总产量曲线上切线斜率最大的点对应边际产量曲线上(　　)的点。

A. 边际产量最大　　B. 边际产量最小

C. 边际产量为零　　D. 边际产量为负

4. 边际产量曲线和平均产量曲线存在以下(　　)关系。

A. 边际产量曲线穿过平均产量曲线的最低点

B. 边际产量曲线穿过平均产量曲线的最高点

C. 平均产量曲线穿过边际产量曲线的最低点

D. 平均产量曲线穿过边际产量曲线的最高点

5. 边际生产力递减规律反映了当其他要素不变时，(　　)之间的关系。

A. 劳动变动与工资变动　　B. 劳动变动与产量变动

C. 资本变动与工资变动　　D. 工资变动与产量变动

6. 从经济成本的角度出发，厂商显性成本与隐性成本之和应(　　)投入要素的机会成本。

A. 等于　　B. 小于

C. 大于　　D. 大于或等于

7. 等成本线的斜率是(　　)。

A. 正的　　B. 负的

C. 一个常数　　D. 大于或等于

8. 一块土地种西瓜年收入11 000元，种棉花年收入10 000元，种小麦年收入9 000元，种花生年收入8 000元，若现种西瓜，则种西瓜的机会成本为(　　)。

A. 10 000元　　B. 9 000元

C. 8 000元　　D. 27 000元

9. 等成本曲线远离坐标轴原点向外平行移动表明(　　)。

A. 产量一定提高了

B. 产量一定降低了

C. 成本减少了

D. 生产要素的价格按相同比例下降了

10. 从短期成本曲线中可以看出，当产量从零开始增加时，厂商总是(　　)。

A. 先达到平均成本最低点　　B. 先达到平均固定成本最低点

C. 先达到平均可变成本最低点　　D. 后达到平均可变成本最低点

11. 在短期中，典型的平均成本线是(　　)。

A. 向上倾斜的　　B. 向下倾斜的

C. U形的　　D. 水平的

12. 固定成本(　　)。

A. 是产量的函数　　B. 包括对某些可变要素的支付

C. 与边际成本有关　　D. 与产量变动无关

13. 可变成本是一条(　　)的曲线。

A. 减速上升　　B. 加速上升

C. 先加速上升，后减速上升　　D. 先减速上升，后加速上升

14. 总成本曲线与可变成本曲线(　　)。
A. 两者位置相同
B. 两者形状不相同
C. 两者形状相同
D. 在每一个产量水平上两者的切线斜率不同

15. 长期平均成本曲线是(　　)。
A. 短期平均成本曲线之和
B. 短期平均成本线的较低的边缘曲线
C. 短期平均成本线的较高的边缘曲线
D. 水平的

16. 经济学中，短期是指(　　)。
A. 一年或一年以内的时期
B. 在这一时期内所有投入要素均是固定不变的
C. 在这一时期内所有投入要素均是可以变动的
D. 在这一时期内，生产者来不及调整全部生产要素的数量，至少有一种生产要素的数量是固定不变的

17. 当劳动的总产量 TPL 下降时，(　　)。
A. APL 递减且 APL<0　　B. MPL=0
C. MPL 递减且 MPL<0　　D. APL=0

18. 当边际产量 MPL=0 时，下列各项正确的是(　　)。
A. APL=0　　B. TPL 达到最大
C. TPL 递减　　D. APL 递减

19. 当边际产量 MPL 为负时，生产处于(　　)。
A. 劳动投入的第 I 阶段　　B. 劳动投入的第 II 阶段
C. 劳动投入的第 III 阶段　　D. 资本投入的第 II 阶段。

20. 等成本线内移表明(　　)。
A. 成本增加　　B. 产量增加
C. 成本减少　　D. 产量减少

21. 当平均成本高于边际成本时(　　)。
A. 平均成本处于上升　　B. 平均成本处于下降
C. 总成本处于下降　　D. 总可变成本处于下降

22. 当边际成本曲线 MC 交于平均成本曲线时，下列各项中不正确的是(　　)。
A. 边际成本上升　　B. 平均可变成本上升

C. 边际成本下降　　D. 总成本上升

23. 当企业生产处于规模经济不变阶段时，长期平均成本曲线切于短期平均成本曲线的(　　)。

A. 左端　　B. 右端

C. 最低点　　D. 无法确定

24. 下列说法中错误的一种说法是(　　)。

A. 只要总产量减少，边际产量一定是负数

B. 只要边际产量减少，总产量也一定减少

C. 边际产量曲线一定在平均产量曲线的最高点与之相交

D. 只要平均产量增加，边际产量就大于平均产量

25. 等产量曲线向右上方移动表明(　　)。

A. 技术水平提高　　B. 产量增加

C. 产量不变　　D. 成本增加

26. 经济学分析中所说的短期是指(　　)。

A. 1 年内

B. 只能调整一种生产要素的时期

C. 只能根据产量调整可变生产要素的时期

D. 全部生产要素都可随产量而调整的时期

27. 下面关于边际成本和平均成本的说法中(　　)是正确的。

A. 如果边际成本大于平均成本，平均成本可能上升或下降

B. 边际成本上升时，平均成本一定上升

C. 如果边际成本小于平均成本，平均成本一定下降

D. 平均成本下降时，边际成本一定下降

28. 随着产量的增加，长期平均成本的变动规律是(　　)。

A. 先减后增　　B. 先增后减

C. 一直趋于增加　　D. 一直趋于减少

29. 对一个正在生产的厂商而言，当一种变动投入的平均产量曲线与边际产量曲线相交时，(　　)。

A. 总产量最大　　B. 平均产量最大

C. 边际产量最大　　D. 边际产量最小

30. 将等产量线与等成本线结合在一起分析，两种生产要素的最适组合是(　　)。

A. 离原点最近的等产量线上的任何一点

B. 离原点最远的等产量线上的任何一点

C. 等产量线与等成本线相交点

D. 等产量线与等成本线相切点

31. 生产要素的最适组合(最佳配置)的条件是指(　　)。

A. 等产量曲线和等成本曲线的相交点

B. 等产量曲线和等成本曲线的相切点

C. 等产量曲线的最高点

D. 等成本曲线的最低点

32. 如果一个人在煤矿劳动的年薪是2万美元，而在机关工作的工资是1.5万美元，则他在一所免费大学就读的机会成本是(　　)。

A. 2万美元　　B. 1.5万美元

C. 3.5万美元　　D. 0.5万美元

33. 已知产量3(单位)，固定成本120元，可变成本90元，则平均成本为(　　)。

A. 10元　　B. 30元

C. 40元　　D. 70元

34. 下列项目中属于可变成本的是(　　)。

A. 折旧　　B. 正常利润

C. 管理人员的工资　　D. 生产工人的工资

35. 下列说法中正确的是(　　)。

A. 厂房设备投资的利息是可变成本

B. 商标注册费是可变成本

C. 购买原材料的支出为不变成本和可变成本

D. 补偿机器设备无形损耗的折旧费是不变成本

36. 经济学分析中所说的短期是指(　　)。

A. 一年之内

B. 全部生产要素都可随产量调整的时期

C. 至少有一种生产要素不能调整的时期

D. 只能调整一年生产要素的时期

37. 假如厂商生产的产量从1 000单位增加到1 002单位，总成本从2 000美元上升到2 020美元，那么它的边际成本等于(　　)。

A. 10美元　　B. 20美元

C. 2 020美元　　D. 2美元

38. 经济学分析中的短期是指(　　)。

A. 一年以内

B. 二年以内

C. 全部生产要素都可随产量而调整的时期

D. 只能根据产量调整可变成本的时期

39. 短期平均成本曲线呈 U 形，是因为(　　)。

A. 外在经济　　B. 内在经济

C. 规模经济　　D. 边际收益递减规律

40. 长期平均成本曲线呈 U 形，是因为(　　)。

A. 边际效用递减规律　　B. 边际收益递减规律

C. 边际技术替代率递减规律　　D. 生产由规模经济到规模不经济

41. 一般来讲，随着产量的增加，长期平均成本(　　)。

A. 一直趋于减少　　B. 一直趋于增加

C. 先减少后增加　　D. 先增加后减少

42. 长期平均成本曲线与长期边际成本曲线一定是(　　)。

A. 相切于平均成本曲线的最低点

B. 相切于边际成本曲线的最低点

C. 相交于边际成本曲线的最低点

D. 相交于平均成本曲线的最低点

三、判断题

1. 可变投入是指在一定时期内其数量随着产量的变动而变化的要素。(　　)

2. 由平均产量和边际产量曲线可知，当边际产量等于平均产量时，边际产量达到最大。(　　)

3. 边际产量等于总产量曲线上每一点与原点连线的斜率。(　　)

4. 当边际产量为零时，总产量达到最小值。(　　)

5. 在长期中，我们把所有投入要素分为固定投入和可变投入两类。(　　)

6. 边际技术替代率是等产量线上各点切线的斜率。(　　)

7. 会计利润总是小于经济利润。(　　)

8. 当厂商的会计利润等于正常利润时，这一厂商在经济学意义上就是亏损的。(　　)

9. 正常利润不包括在经济成本之中。(　　)

10. 当两种要素的边际产量之比等于两种要素的价格之比时，厂商达到生产要素的最优组合。(　　)

11. 严格地说，机会成本是在选择资源用途时所产生的观念上的成本。
( )

12. 边际成本与固定成本有关。 ( )

13. 在短期中，当产量增加时，厂商总是先达到平均成本最低点。
( )

14. 在短期中，边际成本曲线穿过平均成本曲线的最高点。 ( )

15. 如果可变投入要素的边际产量是先上升后下降的，那么边际成本肯定先下降后上升。 ( )

16. 等产量线上，边际技术替代率是递增的。 ( )

17. 无论哪个行业，企业的规模并不是越大越好。( )

四、简答题

1. 解释并论证边际收益等于边际成本是厂商利润最大化的条件。

2. 在生产的三个阶段中，问：

(1)为什么厂商的理性决策应在第Ⅱ阶段？

(2)厂商将使用什么样的要素组合？

(3)如果 $P_L=0$，或 $P_K=0$，或 $P_L=P_K$，厂商应在何处经营？

3. 等产量曲线的性质。

4. 在边际产量为零时，厂商再增加一个单位劳动要素的投入，边际产量开始出现负值，此时对应的等产量线如何移动？为什么？

5. 关于边际生产力递减规律需要注意的问题。

6. 竞争企业获得零利润为什么还要经营？

7. 当厂商的会计利润恰好等于正常利润时，为什么说其经济利润等于零？

8. 为什么边际成本曲线会穿过平均成本曲线的最低点？

9. 说明总成本线、平均固定成本线和可变成本线的形状。

10. 规模报酬递增的原因。

11. 为什么说扩展线上的任何一点都是生产者均衡点？(人大 1996 研)

12. 短期成本曲线及其相互关系。

13. 总产量、平均产量和边际产量曲线及其相互关系。

14. 短期平均成本、平均可变成本和边际成本曲线及其相互关系。

五、计算题

1. 某厂商用资本(K)和劳动(L)生产 X 产品，在短期中资本是固定的，劳动是可变的。短期生产函数为：$Q-240L+24L^2-L^3$，其中，Q 为每周产量，L 是雇用劳动量(人)，每人每周工作 40 小时，工资为每小时 12 美元。

(1)计算该厂商在生产的第Ⅰ、Ⅱ和Ⅲ阶段上 L 的数值范围。

(2)厂商在短期中生产的话，其产品最低价格为多少？(北方交大 2001 研)

2. 假定企业的生产函数为 $Q=2K^{\frac{1}{2}}L^{\frac{1}{2}}$，如果资本存量固定在 9 个单位上($K=9$)，产品价格($P$)为每单位 6 元，工资率($W$)为每单位 2 元，则请确定：

(1)该企业的规模收益状态；

(2)企业应雇用的最优的(能使利润最大的)劳动数量；

(3)如果工资提高到每单位 3 元，则最优的劳动数量是多少？(天津财经学院 2000 研)

3. 已知生产函数 $Q=f(K,\ L)=KL-0.5L^2-0.32K^2$，$Q$ 表示产量，K 表示资本，L 表示劳动。令上式的 $K=10$。

(1)写出劳动的平均产量(AP_L)函数和边际产量(MP_L)函数；

(2)分别计算当总产量、平均产量和边际产量达到极大值时厂商雇用的劳动；

(3)证明当 AP_L 达到极大时，$AP_L=MP_L=2$。

4. 已知某厂商的生产函数 $Q=L^3K^3$，求：

(1)该生产函数是规模报酬递增、不变还是递减。

(2)设劳动力价格为 $W=4$，资本价格为 $r=8$，求当总成本为 160 时，厂商的均衡产量以及所使用的劳动量、资本量和边际技术替代率 RTS。

5. 假定某种产品的生产函数为 $Q=F(L,\ K)=LK^2$，单位资本的价格为 20 元，单位劳动的价格为 5 元。求：产量一定时成本最小化的资本与劳动的组合比例。(人大 2003 研)

6. 假定某厂商品使用一种生产要素劳动来进行生产，生产函数为 $Q=-2L^3+12L^2+72L$。求：

(1)当总产量达到最大时，厂商雇用的劳动量、总产量各为多少。

(2)当劳动的平均产量达到最大时，厂商雇用的劳动量、平均产量、边际产量各为多少。

7. 已知总成本函数 $TC=4Q^3-30Q^2+90Q+60$，自哪一点起 TC 及 TVC 遵循报酬递减规律并作图说明。(复旦大学 1998 研)

8. 某企业成本函数为 $C=q^2+100$，C 为总成本，q 为产品产量，求：

(1)若产品市场价格 $p=40$，q 为多少才可实现最大利润？

(2)当产品价格达到多少时，该企业利润才为正？

9. 假设某产品生产的边际成本函数是 $MC=6Q^2-8Q+10$，若当 $Q=3$ 时，总成本 $C=98$。求：

(1)总成本函数、平均成本函数、可变成本函数、平均可变成本函数。

(2)当边际成本曲线穿过平均可变成本曲线最低点时产量为多少。

10. 假设某产品生产的边际成本函数是 $MC=3Q^2-8Q+100$，若生产 5 单位产品时总成本为 595。求总成本函数、平均成本函数、可变成本函数及平均可变成本函数。

11. 公司正考虑建造一个工厂，现有两个方案。方案 A 的长期生产成本函数为 $TC_A=80+2Q_A+0.5Q_A^2$。方案 B 的短期成本函数为 $TC_B=50+Q_B^2$，求：

(1)若市场需求量为 8，应选哪个方案。

(2)若选 A，则市场需求量至少应为多少？

(3)若公司已按以上两方案分别建立了一个厂，市场需求量为 22，则公司是否必须同时使用这两个厂。如果需同时使用，则产量应如何分配？

12. 已知某垄断厂商的成本函数为 $C=Q^2-30Q+3\ 000$，利润最大时的价格和需求的价格弹性分别为 70 和 -1.4，试求厂商最大利润。(复旦大学 2000 研)

13. 如果某种商品的生产成本函数 TC(Q)与出售收益函数 TR(Q)分别为：

$TC=Q^3-2Q^2+2Q+2$

$TR=29Q-2Q^2$

求：(1)生产并出售该商品的厂商所获利润最大时的产量和利润；

(2)如果该厂商是在完全竞争条件下生产和出售商品(此时，收益函数变为 $TR=(PQ)$，则其停止生产临界点(停止营业点)的产量是多少？相应的总成本，总收益及利润又是多少？(中央财大 1999 研)

14. 已知某企业的短期总成本函数是 $STC(Q)=0.04Q^3-0.8Q^2+10Q+5$，计算该企业最小的平均可变成本值。(中南财大 2001 研)

15. 已知产量为 99 单位时，总成本等于 995 元，产量增加到 100 单位时，平均成本等于 10 元，由此可知边际成本等于多少？(财政部 1999 研)

16. 设生产函数为 $Q=6KL$，试求出相应的成本函数(K 与 L 的价格既定)。

六、案例分析题

案例 4-1：枝江瓜农卖西瓜

【背景资料】宜昌枝江安福寺盛产西瓜，虽然有瓜贩直接到瓜田收瓜，但是仍有不少瓜农亲自把瓜拖到宜昌城区卖。按现在行情，枝江本地西瓜在宜昌城区零售均价 0.8 元/斤，瓜贩直接到瓜田收 0.5 元/斤，1000 斤瓜拖到宜昌城区运费 80 元，一个人打理，需要 3 天卖完。摔破、烂掉的损耗大约 60 斤。天气热，晚上就铺张席子和瓜一起睡在街上，不花住宿费。生活费早餐 3 元，中午和晚上各 6 元，每天交城管卫生费之类的 10 元。

问题：

瓜农自己到城区卖瓜是否划算？如何评价这些瓜农的行为？

案例 4-2：波音 747 的短期成本的测量

【背景资料】波音 747 是一种载客量较大的飞机。1975 年，该飞机航行距离不同，载客量不同情况下的成本(单位：美元/(人·英里))，见下表。

波音 747 飞机载客成本表

载客量/人	1 200 英里航程	2 500 英里航程
250	4.3	3.4
300	3.8	3.0
350	3.5	2.7

(资料来源：张云峰，等．微观经济学典型题解析及自测试题．西北工业大学出版社，2001：90-91.

问题：

(1)当载客量为 250 人到 300 人之间时，航程为 1 200 英里的航班多载一名乘客的边际成本是多少？

(2)当载客量为 300 人，航程为 1 200 到 2 500 英里时，多航行 1 英里的边际成本是多少？

(3)1975 年，航程为 2 500 英里的经济舱票价为 156.6 美元。如果载客量为 300 人，则是否可收回劳动成本？

(4)表中数据是否同样适用于 1985 年的情况？

案例 4-3：王永庆的成功之路

【背景资料】台塑集团老板王永庆被称为"主宰台湾的第一大企业家"，"华人经营之神"。王永庆不爱读书，小学时的成绩总在最后 10 名之内，但他吃苦耐劳勤于思考，终于成就了一番事业。王永庆大概也没有读过什么经济学著作，但他的成功之路却与经济学原理是一致的。

王永庆的事业是从台塑生产塑胶粉粒 PVC 开始的。当时每月仅产 PVC100 吨，是世界上规模最小的。王永庆知道，要降低 PVC 的成本只有扩大产量，所以扩大产量、降低成本，打入世界市场是成功的关键。于是，他冒着产品积压的风险，把产量扩大到 1 200 吨，并以低价格迅速占领了世界市场。王永庆扩大产量、降低成本的做法正是经济学中的规模经济原理。

王永庆的成功正在于他敢于扩大产量，实现规模收益递增。当时台塑产量低是受台湾需求有限的制约。王永庆敏锐地发现，这实际陷入了一种恶性循环：产量越低成本越高，越打不开市场；越打不开市场，产量越低成本越高。打破这个循环产关键就是提高产量，降低成本。当产量扩大到月产 1 200吨时，可以用当时最先进的设备与技术，成本大幅度下降，就有进入世界市场，以低价格与其他企业的竞争能力。

当一个企业的产量达到平均成本最低时，就充分利用了规模收益递减的优势，或者说实现了最适规模。应该说，不同行业中最适规模的大小是不同的。一般而言，重工业、石化、电力、汽车等行业的最适规模都很大。这是因为在这些行业中所用设备先进、复杂，最初投资大、技术创新和市场垄断程度都特别重要。王永庆经营的化工行业正属于这种最适规模大的行业，所以，规模的扩大带来了收益递增。近年来，全世界掀起一股企业合并之风。企业合并无非是为了扩大规模，实现最适规模。合并之风最强劲的是汽车、化工、电子、电信这些产量越多，收益增加越多的行业。世界 500 强企业也以这些行业居多。对这些行业的企业而言，“大的就是好的”。

但千万别忘了《红楼梦》中王熙凤的一句话：“大有大的难处。”一个企业大固然有许多好处，但也会引起一些问题。这主要是随着企业规模扩大，管理效率下降，管理成本增加。一个大企业也像政府机构一样会滋生官僚主义。同时，企业规模大也会缺乏灵活性，难以适应千变万化的市场。所以，“大就是好”并不适用于一切企业。当企业规模过大引起成本增加效益递减时就存在内在不经济，发生规模收益递减。对那些大才好的企业来说，要特别注意企业规模大引起的种种问题，王永庆在扩大企业规模和产量的同时，注意降低建厂成本、生产成本和营销成本，并精简人员，提高管理效率。这对他的成功也很重要。对那些未必一定要大的轻工、服务之类行业的企业来说，“小的也是美好的”。船小好调头，在这些设备、技术重要性较低，而适应市场能力要强的企业中，就不要盲目追求规模。甚至有些大企业也因管理效率差而分开。美国 IBM 公司就曾一分为三。

其实企业并不是一味求大或求小，而是以效益为标准。那种盲目合并企业，以追求进500强的做法往往事与愿违。绑在一起的小舢板绝不是航空母舰。王永庆的成功不在于台塑大，而在于台塑实现了规模收益递增的最优规模。

（资料来源：梁小民．微观经济学纵横谈．生活·读书·新知三联书店，2000.）

问题：(1)规模收益变动规律是什么？

(2)王永庆成功的秘诀在哪里？

第四章　习题参考答案

一、名词解释题

1. 生产要素：是指生产中使用的各种资源，是用于生产产品和劳务的投入。

2. 生产函数：表示在一定的技术条件下，生产要素的投入量与它所能生产出来的最大产量之间的一种函数关系。具体来说，生产函数表现为对任何特定的要素的使用量其所能达到的最大的产量的表、图或方程。

3. 边际产量(MP)：每增加一单位变动投入所带来的总产量的增量。如果生产函数可变要素为连续性的，那么就是一阶微分($MP_L = dTP/dL$)。

4. 边际生产力递减规律：在技术既定和其他要素投入不变的情况下，连续追加某一种生产要素，所形成的产量，最初会增加，但到一定限度后，增幅开始递减，最终还会使产量绝对减少，也就是说，连续增加1单位某一种要素所带来的产量的增量迟早会出现下降。这一规律称为边际生产力递减规律，也称边际报酬递减规律。

5. 等产量线就是产出数量相同的两种生产要素的组合点的轨迹，它是表示两种生产要素 L、K 的不同数量的组合可以带来相等产量的一条曲线。

6. 边际技术替代率：是指在维持产量水平不变的前提条件下，增加要素组合中1单位的某种要素投入量时所减少的另一种要素的投入数量。它是等产量线上各点的斜率。

7. 边际技术替代率递减规律：是指在维持产量不变的前提下，当一种生产要素的投入量不断增加时，每1单位的这种生产要素所能替代的另一种生产要素的数量是递减的。

8. 等成本线：是指一条表明在生产者的总成本与资本和劳动这两种生产要素价格既定的条件下，生产者所能购买到的两种生产要素最大数量(L, K)的各种组合点的轨迹。也称企业预算线。等成本线的斜率是 $-W/r$，等于两种投入要素价格之比。

9. 生产扩张线：所谓生产扩张线就是等产量曲线和等成本线相切点的

连线，表明要素价格不变、生产函数不变的条件下，当产量或成本发生变化时选择的生产要素最优组合。

10. 规模报酬：是指所有要素按同一比例变动所引起的产量的相对变动。用以衡量企业规模与产量之间的关系。

11. 规模报酬递增：在技术水平和要素价格保持不变条件下，当投入的各种生产要素同时增加某一相同倍数时，产量增加的倍数要超过生产要素增加的倍数。这种情况称为规模报酬递增。

12. 所谓规模报酬递减规律：是指在技术水平和要素价格保持不变的条件下，随着生产规模的扩大，所有投入要素按同一比例不断增加所引起的产量的增量，开始会大于要素投入量的增加比例，但到一定程度，产量增加比例会逐渐递减，转向小于投入要素投入量的增加比例。

13. 所谓显性成本就是这些厂商为了从社会上获得生产要素而支付的各种款项，也就是会计成本。

14. 所谓隐性成本是厂商自己所拥有的且被用于企业生产过程的那些生产要素的总价格，是实际作了付出但不进行会计核算的成本。隐性成本是厂商的正常利润。

15. 机会成本：是指把一定的资源用于某种用途时所放弃的用于其他用途可能得到的最大收益。

16. 经济成本：是指厂商从事生产经营的总成本，是厂商实际使用的所有资源的机会成本的总和。它等于隐性成本加显性成本。

17. 正常利润：在一般情况下，我们把经济成本超过会计成本的部分，或厂商投入经营活动的各项资源的机会成本超过会计成本的部分称为正常利润(正常利润=经济成本-会计成本)。

18. 经济利润：是指厂商的会计利润超过其正常利润的部分，或厂商的收益与其机会成本之差，也就是厂商的总收益与总成本(经济成本)之间的差额，它实质是属于企业所有者的且超过生产过程中所运用的所有要素的机会成本的一种收益。这个利润也被称为超额利润。

19. 固定成本：厂商在短期内无法改变的那些固定投入带来的固定不变的不随产量变动而变动的成本。主要包括购置机器设备和厂房的费用以及折旧费、管理人员的工资、资金的利息及企业的各种保险费用等。

20. 可变成本：厂商在短期内可以改变的那些变动投入带来的成本。主要包括原材料成本、燃料支出和生产工人的工资及日常运营费用等。

21. 社会成本：是指生产一种商品或者采取某种行动对整个社会来说所发生的成本，是从社会整体来看待的成本，是整个社会所支付的成本。社会成本也是一种机会成本，即把社会的资源用于某一种用途就放弃了该资源最有利可图的其他机会。它反映了社会可获得的资源的最好替换用途。

22. 私人成本：是指对单个生产者来说所发生的成本，是个别厂商从事生产活动所应支付的成本，是个人活动由他本人负担的成本。它包括显性成本和隐性成本，即厂商的生产成本。它反映了生产者可以得到的资源的最好替换用途。私人经济活动往往对社会造成影响，从而产生社会成本。

23. 短期成本：是指厂商在短期内生产一定产量需要的成本总额，它是短期内每一产量水平的固定成本和可变成本之和。

24. 边际成本(MC)：增加一单位产出所增加的成本，即产出为$(Q+1)$单位时的总成本减去产出为Q单位时的总成本。$MC=TC$ 改变量$/Q$的改变量$=VC$改变量$/Q$的改变量。

二、单项选择题

B　C　A　B　B　　A　B　A　D　C　　C　D　D　C　B

D　C　B　C　C　　B　C　C　B　B　　C　C　A　B　D

B　A　D　D　D　　C　A　D　D　D　　C　D

三、判断题

√　×　×　×　×　　√　×　×　×　√　　√　×　×　×　√

×　√

四、简答题

1. 解释并论证边际收益等于边际成本是厂商利润最大化的条件。

答：设总利润为Π，总收益为TR，总成本为TC

$\because \Pi=TR-TC$，而当 $d\Pi/dq=dtr/dq-dtc/dq=0$ 时，利润可能最大，

$\therefore dtr/dq=dtc/dq$，即 MR=MC。亦即边际收益等于边际成本。

当 MR>MC 时，$Q\uparrow$，$\Pi\uparrow$

当 MR<MC 时，$Q\uparrow$，$\Pi\downarrow$

所以只有当边际收益大于边际成本时，增加产量，总收益会增加；反之，当边际收益少于边际成本时，增加产量，反而会使总收益减少。

2. 在生产的三个阶段中，问：

(1)为什么厂商的理性决策应在第Ⅱ阶段？

(2)厂商将使用什么样的要素组合？

(3)如果$P_L=0$，或$P_K=0$，或$P_L=P_K$，厂商应在何处经营？

答：(1)厂商不会在劳动的第Ⅰ阶段经营，因为在这个阶段，劳动的平均产量处于递增状态，劳动的边际产量上升达到最大值，且劳动的边际产量总是大于平均产量，这意味着增加可变要素的投入引起的总产量的增加总会使得可变要素的平均产量有所提高；厂商也不会在劳动的第Ⅲ阶段经营，因为在这阶段可变要素的增加反而使总产量减少，即边际产量为负。说明可变要素劳动的投入量相对过多，生产者减少可变要素劳动的投入量是有利的。同样，厂商也不会在资本的第Ⅰ、Ⅲ阶段经营，所以厂商的理性决策应在第Ⅱ阶段，这时劳动及资本的边际产量都是正的(尽管是递减的)，此时，生产者可以得到由于第一阶段增加可变要素投入所带来的全部好处，又可以避免将可变要素投入增加到第三阶段而带来的不利影响。因此，只有在此阶段才存在着使利润达到极大值的要素的最优组合。

(2)厂商将在生产的第Ⅱ阶段，由 $\mathrm{MP}_L/\mathrm{P}_L=\mathrm{MP}_K/\mathrm{P}_K$ 决定的使既定产量下成本最小或既定成本下产量最大的点上进行生产。

(3)如果 $P_K=0$，由生产者均衡条件 $\mathrm{MP}_L/\mathrm{MP}_K=P_L/P_K$，则厂商将在使劳动有最大平均效率的点上进行生产，即将在劳动第Ⅱ阶段开始处进行生产(此时 AP_L 为最大且 $P_K=0$)；如果 $P_L=0$，由生产者均衡条件 $\mathrm{MP}_L/P_L=\mathrm{MP}_K/P_K$，则厂商将在资本第Ⅱ阶段开始处进行生产(此时 AP_K 为最大且 $\mathrm{MP}_L=0$)；如果 $P_K=P_L$，由生产者均衡条件 $\mathrm{MP}_L/\mathrm{MP}_K=P_L/P_K$，当 $P_L=P_K$ 时，则 MPL=MPK，所以厂商将在第Ⅱ阶段内 MP_L 和 MP_K 曲线的交点上进行生产。

3. 等产量曲线的性质。

答：(1)等产量曲线有无数条，每一条代表着一个产量值，离原点较远的等产量线总是代表较大的产出。

(2)同一等产量曲线图上的任意两条等产量曲线不能相交。

(3)等产量曲线凸向原点向右下方倾斜，其斜率为负。

4. 在边际产量为零时，厂商再增加一个单位劳动要素的投入，边际产量开始出现负值，此时对应的等产量线如何移动？为什么？

答：(1)此时对应的等产量线向坐标原点靠近。

(2)当边际产量为零，总产量达到最大。

(3)当边际产量开始出现负值时，总产量开始减少。

5. 关于边际生产力递减规律需要注意的问题。

答：(1)边际生产力递减是以技术不变为前提，如技术在要素投入变动时也发生了变化，这一规律也变化。

(2)是以其他生产要素固定不变，只有一种生产要素的变动为前提。

(3)是在可变要素增加到一定程度之后才出现。

(3)假定所有的可变投入要素是同质的。

6. 竞争企业获得零利润为什么还要经营?

答:(1)竞争企业获得零利润指的是企业的经济利润等于零。

(2)此时企业的会计利润正好等于正常利润,企业正好补偿投入要素全部机会成本。

(3)企业处在一种正常的经营状况之中。

7. 当厂商的会计利润恰好等于正常利润时,为什么说其经济利润等于零?

答:由于有:会计利润=收益-会计成本;经济利润=收益-经济成本;

经济成本=会计成本+正常利润;

从而有:经济利润=收益-会计成本-正常利润=会计利润-正常利润;

而现有:会计利润=正常利润;所以有:经济利润=0 阶段

8. 为什么边际成本曲线会穿过平均成本曲线的最低点?

答:(1)当边际成本曲线在平均成本曲线下方时,平均成本下降。

(2)当边际成本曲线在平均成本曲线上方时,平均成本上升。

(3)当边际成本曲线与平均成本曲线相交时,平均成本达到最低点。所以边际成本曲线穿过平均成本曲线的最低点。

9. 说明总成本线、平均固定成本线和可变成本线的形状。

答:(1)平均固定成本线是一条单调下降的曲线。

(2)可变成本线是一条先减速上升、后加速上升的曲线。

(3)总成本线是一条先减速上升,后加速上升的曲线。但与可变成本线的位置不同。

10. 规模报酬递增的原因。

答:规模报酬递增是指产量的增幅大于所投入要素的增幅,其原因是:

(1)专业化分工提高效率。

(2)几何尺度的因素,如大型设备每单位产出的费用较小设备低。

(3)生产要素不可分割性。

(4)财务方面的好处,规模化带来销售、运输、资金筹措等方面的优惠。

11. 为什么说扩展线上的任何一点都是生产者均衡点?(人大 1996 研)

答:在生产要素的价格、生产函数和其他条件不变时,如果企业改变成本,则等成本线发生平行移动;如果企业改变产量,则等产量曲线也会发生平移。这些不同的等产量曲线与不同等成本线相切所形成的切点即为生产的均衡点,因此,扩展线上的任何一点都是生产者均衡点。它表示在生产要素价格、生产技术和其他条件不变的情况下，当生产的成本或产量发生变化时，厂商必然会沿着扩展线来选择最优的生产要素组合，从而实现既定成本条件下的最大产量，或实现既定产量条件下的最小成本。

12. 短期成本曲线及其相互关系。

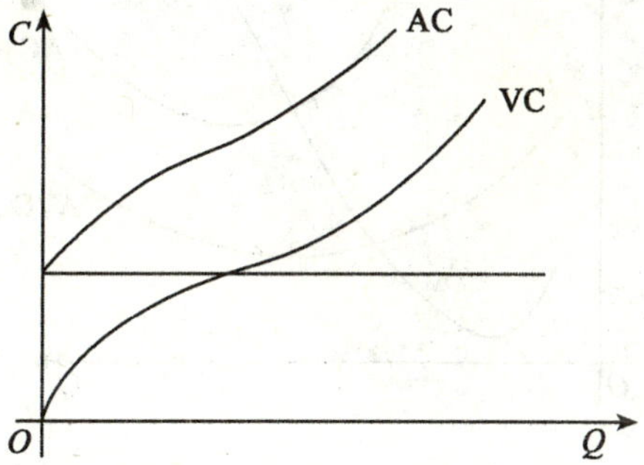

答：(1)FC 为一条水平线表示与产量 Q 无关。

(2)VC 为一条向右上的曲线，表示 VC 随产量增加而增加，增长较缓使要素组合达到优化状态，在要素组合未优化时，VC 上升较快。

(3)TC 为 VC 与 FC 之和。

13. 总产量、平均产量和边际产量曲线及其相互关系。

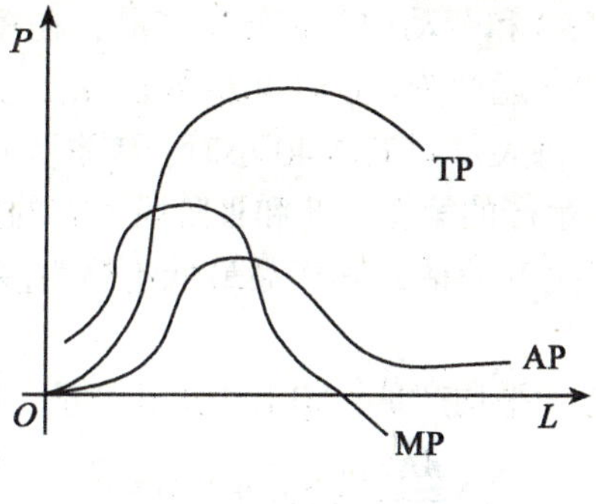

答：(1)TP 与 MP

当 MP 最大时，TP 斜率最大；当 MP = 0 时，TP 最大。

(2)TP 与 AP

当自原点引向 TP 的射线斜率最大时，AP 最大。

(3)AP 与 MP

MP 自上向下从 AP 最高点穿过。

所以，当 MP＝AP 时，AP 最大。

14. 短期平均成本、平均可变成本和边际成本曲线及其相互关系。

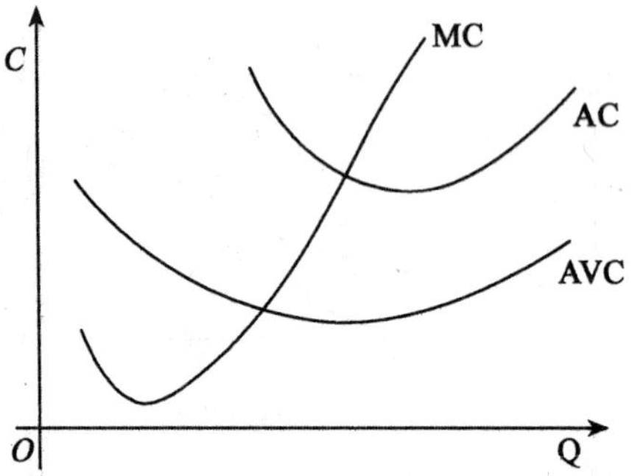

答：(1)AC、AVC 和 MC 表现为先下降后上升。并且 AC 曲线位于 AVC 曲线之上。

(2)当产量增加时，厂商总是先达到平均可变成本最低点后达到平均成本最低点。

(3)边际成本曲线依次穿过 AC、AVC 曲线的最低点。

五、计算题

1. 某厂商用资本(K)和劳动(L)生产 X 产品，在短期中资本是固定的，劳动是可变的。短期生产函数为：$Q=240L+24L^2-L^3$，其中，Q 为每周产量，L 是雇用劳动量(人)，每人每周工作 40 小时，工资为每小时 12 美元。

(1)计算该厂商在生产的第Ⅰ、Ⅱ和Ⅲ阶段上 L 的数值范围。

(2)厂商在短期中生产的话，其产品最低价格为多少？(北方交大 2001 研)

解：(1)因为 APL 为平均产量，MPL 为边际产量，则 $\mathrm{APL}=240+24L-L^2$

由 $$\frac{\mathrm{dAP}_L}{\mathrm{d}L}=24-2L=0$$

得： $$L=12$$

而 $$\mathrm{MPL}=240+48L-3L^2$$

令 $$\mathrm{MPL}=0$$

得： $$L_1=20,\ L_2=-4(\text{舍去})$$

所以在生产的第Ⅰ阶段：$0<L<12$

在生产的第Ⅱ阶段：$12<L<20$

在生产的第Ⅲ阶段：$L>20$

(2)令总收益为 R，则 $R=PQ-40\times12\times L=(240L+24L^2-L^3)\times P-480L$

由 $R=(240L+24L^2-L^3)\times P-480L=0$

可得：$P=\dfrac{480}{240+24L-L^2}$

由于生产只能在第Ⅱ阶段上进行，所以有 $12<L<20$

因此，可知当 $L=12$ 时，P 取最小值，为1.25。

2. 假定企业的生产函数为 $Q=2K^{\frac{1}{2}}L^{\frac{1}{2}}$，如果资本存量固定在9个单位上($K=9$)，产品价格($P$)为每单位6元，工资率($w$)为每单位2元，请确定：

(1)该企业的规模收益状态；

(2)企业应雇用的最优的(能使利润最大的)劳动数量；

(3)如果工资提高到每单位3元，则最优的劳动数量是多少？(天津财经学院2000研)

解：(1)当 K、L 同比例增加 λ 倍时，有

$F(\lambda K, \lambda L)=2(\lambda K)^{\frac{1}{2}}(\lambda L)^{\frac{1}{2}}=2\lambda K^{\frac{1}{2}}L^{\frac{1}{2}}=\lambda F(K, L)$

所以该企业的规模报酬不变。

(2)当企业利润最大时，企业处于均衡状态，满足均衡条件 $\mathrm{MRTS}_{LK}=\dfrac{\mathrm{MP}_L}{\mathrm{MP}_K}=\dfrac{w}{r}$，所以

$$\mathrm{MR}_L=K^{\frac{1}{2}}L^{-\frac{1}{2}} \qquad \mathrm{MR}_K=K^{-\frac{1}{2}}L^{\frac{1}{2}}$$

$$\frac{\mathrm{MP}_L}{\mathrm{MP}_K}=\frac{K}{L}=\frac{w}{r}$$

当 $w=2$，$K=9$，时，$r=\dfrac{2}{9}L$

成本 $\mathrm{TC}=wL+rK=2L+9r$，生产函数 $Q=2K^{\frac{1}{2}}L^{\frac{1}{2}}=2(9)^{\frac{1}{2}}L^{\frac{1}{2}}=6L^{\frac{1}{2}}$

当 $P=6$ 时，利润 $\pi=PQ-2L-9r=6(6L^{\frac{1}{2}})-2l-9\times\dfrac{2}{9}L=36L^{\frac{1}{2}}-4L$

$$\pi'=18L^{-\frac{1}{2}}-4$$

为使利润最大化，应使 $\pi'=0$，则 $L=\dfrac{81}{4}$，所以，企业雇用最优的劳动数量为 $L=\dfrac{81}{4}$。

(3)如果工资提高到 $w=3$ 时，有：$\frac{K}{L}=\frac{w}{r}\Rightarrow r=\frac{9}{3}L$

成本 $TC=3L+9r$

利润 $\pi=PQ-3L-9r=6(6L^{\frac{1}{2}})-3L-9\times\frac{3}{9}L=36L^{\frac{1}{2}}-6L$

$\pi'=18L^{-\frac{1}{2}}-6$，要得到最优的劳动数量，须使利润最大化，即当 $\pi'=0$ 时，由 $18L^{\frac{1}{2}}-6=0$ 得，$L=9$。

3. 已知生产函数 $Q=f(K, L)=KL-0.5L^2-0.32K^2$，$Q$ 表示产量，K 表示资本，L 表示劳动。令上式的 $K=10$。

(1)写出劳动的平均产量(AP_L)函数和边际产量(MP_L)函数；

(2)分别计算当总产量、平均产量和边际产量达到极大值时，厂商雇用的劳动；

(3)证明当 AP_L 达到极大时 $AP_L=MP_L=2$。

解：对于生产函数 $Q=KL-0.5L^2-0.32K^2$

因令 $$K=10$$

则 $$Q=10L-0.5L^2-0.32\times102$$
$$=-32+10L-0.5L^2$$

(1)劳动的平均产量函数 $AP_L=\frac{Q}{L}=\frac{-32+10L-0.5L^2}{L}$

$$=10-0.5L-\frac{32}{L}$$

劳动的边际产量函数 $MP_L=\frac{dQ}{dL}$

$$=\frac{d}{dL}(-32+10L-0.5L^2)$$
$$=10-L$$

(2)①对于总产量函数 $q=-32+10L-0.5L^2$

欲求总产量极大值，只有令其边际产量为零，即：

$$10-L=0$$

求得：$$L=10$$

又因 $$\frac{d}{dL}\left(\frac{dQ}{dL}\right)=-1<0$$

所以 $L=10$ 为极大值点

即当总产量达到极大值时厂商雇用的劳动为 10。

$$AP_L = 10-0.5L-\frac{32}{L}$$

②同样，对于平均产量函数

$$\frac{d}{dL}AP_L = -0.5L+\frac{32}{L^2}$$

令
$$\frac{d}{dL}AP_L = 0$$

即：
$$-0.5+\frac{32}{L^2}=0$$

$L=64$

$L=8$(负值舍去)

又因
$$\frac{d}{dL}\left(\frac{d}{dL}AP_L\right) = -\frac{64}{L^3}<0$$

故 $L=8$ 为极大值点。

即当平均产量达到极大时厂商雇用的劳动为 8。

③对于劳动的边际产量 $MP_L = 10-L$

由于 MP_L为负向倾斜的直线，而且劳动 L 不可能小于零。故当 $L=10$ 时，MP_L 为极大值 10，亦即当边际产量达到极大值时厂商雇用的劳动为零。

(3)证明：由(2)可知：

由 $L=8$ 时劳动的平均产量达到极大值

则 $AP_L = 10-0.5L-\frac{32}{L}$

$$= 10-0.5\times 8-\frac{32}{8}=2$$

而当 $L=8$ 时，$MP_L = 10-L = 10-8 = 2$

故当 AP_L达到极大时，$AP_L = MP_L = 2$

4. 已知某厂商的生产函数 $Q=L^3K^3$，求：

(1)该生产函数是规模报酬递增、不变还是递减。

(2)设劳动力价格为 $w=4$，资本价格为 $r=8$，求当总成本为 160 时厂商的均衡产量以及所使用的劳动量、资本量和边际技术替代率 MRTS。

解：(1)由 $Q=L^3K^3$

$E(aL)^3(aK)^3 = a6L^3K^3 > aL^3K^3$，生产函数为规模报酬递增。

(2) $MP_L = Q/L = 3L^2K^3$

$MP_K = Q/K = 3L^3K^2$

达到均衡有：$w/r = MP_L/MP_K = 3L^2K^3/3L^3K^2 = 4/8 = 1/2$

即 $K/L=1/2 \quad l=2K$

又由题意有：$4L+8K=160$

从而有：$K=10$；　　$L=20$

$\text{MRTS}=w/r=1/2$

5. 假定某种产品的生产函数为 $Q=F(L, K)=LK^2$，单位资本的价格为 20 元，单位劳动的价格为 5 元。求：产量一定时成本最小化的资本与劳动的组合比例。(人大 2003 研)

解：由题意可知：

实际上是求在　$\min Z=20K+5L$　(1)

约束为　$LK2=Q$　(2)

下的 K/L

由(2)式可得：$L=Q/K^2$，再将其代入(1)式得 $Z=20K+5Q/K^2$

当 $\frac{dZ}{dK}=20+5Q(-2)/K^3=0$ 时，Z 取得最小值

解得 $K=\sqrt[3]{Q/2}$

$$K/L=K/(Q/K^2)=K^3/Q=1/2$$

因此，在产量一定时成本最小化的资本与劳动的组合比例为 1/2。

6. 假定某厂商使用一种生产要素劳动来进行生产，生产函数为 $Q=-2L^3+12L^2+72L$。求：

(1) 当总产量达到最大时，厂商雇用的劳动量、总产量各为多少。

(2) 当劳动的平均产量达到最大时，厂商雇用的劳动量、平均产量、边际产量各为多少。

解：(1) 当总产量达到最大时，有：$Q=-6L^2+24L+72=0$

即 $-L^2+4L+12=0$，从而有：$L=6$

此时总产量为 $Q=-2\times6^3+12\times6^2+72\times6=432$

(2) 劳动的平均产量函数为 $\text{AP}=Q/L=-2L^2+12L+72$

若要劳动的平均产量为最大，则有 $\text{AP}'=-4L+12=0$

此时厂商雇用的劳动量为 $L=3$

此时平均产量为 $\text{AP}=-2\times3^2+12\times3+72=90$

此时边际产量为 $\text{MP}=\text{D}q/\text{D}_l=-6L^2+24L+72=-6\times3^2+24\times3+72=90$

7. 已知总成本函数 $\text{TC}=4Q^3-30Q^2+90Q-60$，自哪一点起 TC 及 TVC 遵循报酬递减规律并作图说明。(复旦大学 1998 研)

解：当厂商遵循边际报酬递减规律时，也是其边际成本递减的过程，所以此时应为边际成本最小值，即：

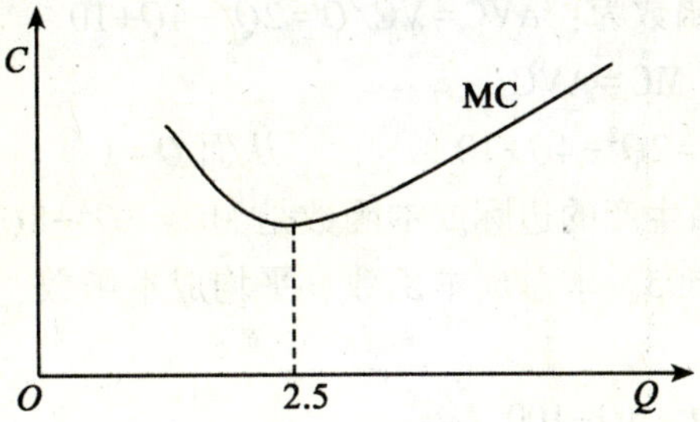

$$TC=4Q^3-30Q^2+90Q-60$$
$$TVC=4Q^3-30Q^2+90Q$$
$$MC=\frac{dTVC}{dQ}=12Q^2-60Q+90$$

所以，当 $Q=2.5$ 时，MC 取最小值。

8. 某企业成本函数为 $C=q^2+100$，C 为总成本，q 为产品产量，求：

(1)若产品市场价格 $p=40$，q 为多少才可实现最大利润?

(2)当产品价格达到多少时，该企业利润才为正?

解：(1)由题可知：$\pi=pq-c=40q-q^2-100$

使厂商的利润最大，即有：$d\pi/dq=40-2q=0$

所以得 $q=20$

(2)要使企业利润为正，也就是使 $\pi=pq-c>0$

因为 $MC=2q$，$AC=q+100/q$

所以由 MC=AC 可得：当 $q=10$ 时，AC 达到最低点

所以，$p>AC=q+100/q$，即 $p>20$

9. 假设某产品生产的边际成本函数是 $MC=6Q^2-8Q+10$，当 $Q=3$ 时，总成本 $C=98$。求：

(1)总成本函数、平均成本函数、可变成本函数、平均可变成本函数。

(2)当边际成本曲线穿过平均可变成本曲线最低点时产量为多少。

解：(1)由于 $MC=6Q^2-8Q+10$

对 MC 求积分可得总成本函数为：$C=2Q^3-4Q^2+10Q+F$

又由于当 $Q=3$ 时，$C=98$

从而由 $98=2\times3^3-4\times3^2+10\times3+F$ 得 $F=50$

总成本函数为：$C=2Q^3-4Q^2+10Q+50$

平均成本函数为：$AC=C/Q=2Q^2-4Q+10+50/Q$

可变成本函数为：$VC=2Q^3-4Q^2+10Q$

平均可变成本函数为：$AVC=VC/Q=2Q^2-4Q+10$

(2)由题意有：$MC=AVC$

即 $6Q^2-8Q+10=2Q^2-4Q+10$　　　　从而 $Q=1$

10. 假设某产品生产的边际成本函数是 $MC=3Q^2-8Q+100$，若生产 5 单位产品时总成本为 595。求总成本函数、平均成本函数、可变成本函数及平均可变成本函数。

解：由 $MC=3Q^2-8Q+100$　得：

$C=4Q^3-4Q^2+100Q+a$

$C=595$　$Q=5$　得 $595=5^3-4\times5^2+100\times5+a$ 得 $G=70$

总成本函数为：$C=Q^3-4Q^2+100Q+70$

平均成本函数为：$AC=Q^2-4Q+100+70/Q$

可变成本函数为：$VC=Q^3-4Q^2+100Q$

平均可变成本函数为：$AVC=Q^2-4Q+100$

11. 公司正考虑建造一个工厂，现有两个方案。方案 A 的长期生产成本函数为 $TC_A=80+2Q_A+0.8Q_A^2$。方案 B 的短期成本函数为 $TC_B=80+Q_B^2$，求：

(1)若市场需求量为 8，则应选哪个方案？

(2)若选 A，则市场需求量至少应为多少？

(3)若公司已按上两方案分别建立了一个厂市场需求量为 22，则公司是否必须同时使用这两个厂？若是的话，则产量如何分配？

解：(1)当 $Q=8$ 时，$TC_A=80+2\times8+0.5\times8^2=128$，

$TC_B=50+8^2=114$，故选 B

(2)若选 A，则令

$TC_A=TC_B$，即 $80+2Q+0.5Q^2=50+Q^2$

得 $Q=10$，即市场需求量须为 10，方可选 A。

(3)当两方案成本之和最小时，就是应取方案。

设总产量为 a，则 $a=Q_A+Q_B$　$Q_B=a-Q_A$

$$\begin{aligned}TC &=TC_A+TC_B=(80+2Q_A+0.5Q_A^2)+(50+Q_B^2)\\&=130+2Q_A+0.5Q_A^2+Q_B^2\\&=130+2Q_A+0.5Q_A^2+(a-Q_A)^2\\&=130+2Q_A+0.5Q_A^2+a^2-2aQ_A+Q_A^2\\&=130+2Q_A+a^2-2aQ_A+1.5Q_A^2\end{aligned}$$

求其一阶导数并令其为 0，有极值

$$TC'=2-2a+3Q_A$$

$$3Q_A-2a+2=0 \qquad Q_A=\frac{2a-2}{3}$$

当 $a\geqslant 1$ 时，Q_A为正值　　$Q_B=a-Q_A=a-\frac{2a-2}{3}=\frac{a+2}{3}$

若计划产量为 22 时　$Q_A=\frac{2a-2}{3}=\frac{2\times 22-2}{3}=14$

$$Q_B=22-14=8$$

12. 已知某垄断厂商的成本函数为 $C=Q^2-80Q+3\ 000$，利润最大时的价格和需求的价格弹性分别为 70 和 −1.4，试求厂商最大利润。(复旦大学 2000 研)

解：设最大利润为 I，依题意可得：

$$\frac{dQ}{dp}\times\frac{p}{Q}=-1.4$$

$$\frac{dQ}{dp}=-\frac{p}{1.4Q}$$

$$I=PQ-Q^2+80Q-3\ 000$$

令　$$\frac{dI}{dQ}=p+Q\frac{dp}{dQ}-2Q+80=0$$

又因为　$$P=70$$

所以　$$70-50-2Q+80=0$$

解得：　$$Q=50$$

因此　$$I=PQ-Q^2+80Q-3\ 000=2\ 000$$

13. 如果某种商品的生产成本函数 TC(Q) 与出售收益函数 TR(Q) 分别为：

$$TC=Q^3-2Q^2+2Q+2$$

$$TR=29Q-2Q^2$$

求：(1)生产并出售该商品的厂商所获利润最大时的产量和利润；

(2)如果该厂商是在完全竞争条件下生产和出售商品(此时，收益函数变为 TR=(PQ))，则其停止生产临界点(停止营业点)的产量是多少？相应的总成本，总收益及利润又是多少？(中央财大 1999 研)

解：(1)由题意：

可设利润 $L=TR-TC=-Q3+27Q-2$

由 $L'=-3Q3+27=0$

解得 $Q=3$

所以，当 $Q=3$ 时，所获利润最大，为 52。

(2) $AVC=Q^2-2Q+2$

$\frac{dAV}{dQ}=2Q-2=0$ 得：$Q=1$

所以，当 $Q=1$ 时，$TC=3$，$TR=27$，$L=24$。

14. 已知某企业的短期总成本函数是 $STC(Q)=0.04Q^3-0.8Q^2+10Q+5$，计算该企业最小的平均可变成本值。(中南财大 2001 研)

解：由 $STC(Q)=TVC(Q)+TFC$

得：$TVC(Q)=STC(Q)-TFC$

$=0.04Q^3-0.8Q^2+10Q$

所以 $AVC(Q)=0.04Q^2-0.8Q+10$

令 $AVC(Q)=y$

则由 $\frac{dy}{dQ}=0.08Q-0.8=0$ 得 $Q=10$

可知，当 $Q=10$ 时，AVC 取得最小值，最小值为 6。

15. 已知当产量为 99 单位时，总成本等于 995 元；当产量增加到 100 单位时，平均成本等于是 10 元，由此可知边际成本等于多少？(财政部 1999 研)

解：边际成本是指每增加一单位产品时所增加的总成本。

即 $MC=\frac{\Delta TC}{\Delta Q}$，产量增加到 100 单位时，

总成本 $TC=AC\cdot Q=10\times100=1\ 000$

所以 $MC=\frac{\Delta TC}{\Delta Q}=\frac{1\ 000-995}{100-99}=5$

16. 设生产函数为 $Q=6KL$，试求出相应的成本函数(K 与 L 的价格即定)。

解：在短期中，给定的生产规模实际上是为求得最低成本而设置的；在长期中，每一种生产规模都是最低成本的规模，于是，成本函数的确实，实际上可以转化为在给定产量下确定最低成本问题。

设 K 与 L 的价格分别为 P_K、P_L，则

对于生产函数 $Q=6KL$

$$MP_L=6K$$

$$MP_K=6L$$

由生产者均衡条件 $MP_L/MP_K=P_L/P_K$，得：

$$\frac{6K}{6L}=\frac{P_L}{P_K}$$

$$K=\frac{LP_L}{P_K}$$

代入生产函数 $Q=6KL$ 中，$Q=6L\frac{LP_L}{P_K}=\frac{6P_L}{P_K}L^2$

$$L=\left(\frac{P_K}{6P_L}\right)^{1/2}Q^{1/2}$$

$$K=\left(\frac{LP_L}{P_K}\right)=\left(\frac{P_L}{6P_K}\right)^{1/2}Q^{1/2}$$

则

$$\begin{aligned}\mathrm{TC}&=LP_L+KP_K\\&=\left(\frac{2}{3}P_KP_L\right)^{1/2}Q^{1/2}\end{aligned}$$

六、案例分析

案例 4-1：枝江瓜农卖西瓜

【背景资料】宜昌枝江安福寺盛产西瓜，虽然有瓜贩直接到瓜田收瓜，但是仍有不少瓜农亲自把瓜拖到宜昌城区卖。按现在行情，枝江本地西瓜在宜昌城区零售均价 0. 8 元/斤，瓜贩直接到瓜田收 0. 5 元/斤，1000 斤瓜拖到宜昌城区运费 80 元，一个人打理，需要三天卖完。摔破、烂掉的损耗大约 60 斤。天气热，晚上就铺张席子和瓜一起睡在街上，不花住宿费。生活费早餐 3 元，中午和晚上各 6 元，每天交城管卫生费之类的 10 元。

问题：

瓜农自己到城区卖瓜是否划算？如何评价这些瓜农的行为？

【评析】

瓜农 1 000 斤瓜，损耗 60 斤，剩下 940 斤，销售收入 752 元，减去 155 元销售成本，得销售毛利 597 元。若卖给瓜贩，则 1 000 斤瓜只得 500 元，自己拖到宜昌城区卖可多得 97 元。

但这还没有考虑到瓜农劳动时间的机会成本，如果瓜农能另外做工赚到工钱，则其工钱单价 33 元以内为瓜农自己到城区卖瓜的均衡点，工钱单价超过 33 元瓜农自己卖瓜就不划算了。不过，还有一个条件，就是这三天瓜农不来卖瓜，则一定要找到一天 33 元以上工钱的工来做。

由此可见，这些瓜农的行为是非常理性的。他们的成本费用非常清楚，由于他们身处最低层，受到的约束条件最多，在“理性人”的假设前提之下，他们要追求效益最大化，只好在众多约束条件之下，选择一个效益稍大一点的决策。他们没有图省事把瓜卖给瓜贩，其实是根据自己的处境(约束条件)作了效益最大化选择，实现了局部的“均衡”。

案例 4-2：波音 747 的短期成本的测量

【背景资料】波音 747 是一种载客量较大的飞机。1975 年，该飞机航行距离不同，载客量不同情况下的成本(单位：美元/(人·英里))，见下表。

波音 747 飞机载客成本表

载客量/人	1 200 英里航程	2 500 英里航程
250	4.3	3.4
300	3.8	3.0
350	3.5	2.7

(资料来源：张云峰，等．微观经济学典型题解析及自测试题．西北工业大学出版社，2001：90-91.)

问题：

(1)当载客量为 250 人到 300 人之间时，航程为 1 200 英里的航班多载一名乘客的边际成本是多少？

(2)当载客量为 300 人，航程为 1 200 到 2 500 英里时，多航行 1 英里的边际成本是多少？

(3)1975 年，航程为 2 500 英里的经济舱票价为 156.6 美元。如果载客量为 300 人，是否可收回劳动成本？

(4)表中数据是否同样适用于 1985 年的情况？

【评析】

(1)当载客 250 人，航程为 1 200 英里时，总营运成本为 1 200×250×4.3 美分=12 900 美元；载客 300 人，航程为 1 200 英里时，总营运成本为 1 200×300×3.8 美分=13 680 美元。

因此，增加 50 人增加的成本为 13 680−12 900=780 美元，从而增加一名乘客的边际成本为 780÷50=15.6 美元。

(2)当载客 300 人，航程 1 200 英里时，总运营成本为：

1 200×300×3.8 美分=13 680 美元

航程 2 500 英里的总营运成本为：

$$2\ 500\times300\times3.0 \text{ 美分}=22\ 500 \text{ 美元}$$

因此，增加 1 300 英里航程增加的成本为：

$$22\ 500-13\ 680=8\ 820 \text{ 美元}$$

从而增加 1 英里航程的边际成本为 8 820÷1 300=6.78 美元。

(3)当票价为 156.6 美元时，每个乘客的总营运成本为：

$$2\ 500\times3.0 \text{ 美分}=75 \text{ 美元}$$

它显然低于 156.6 美元。

(4)1985 年同 1975 年相比，价格、成本情况会有很大不同，如 20 世纪 70 年代后，油料价格猛涨，机务人员的工资也不大相同。

案例 4-3：王永庆的成功之路

【背景资料】台塑集团老板王永庆被称为“主宰台湾的第一大企业家”，“华人经营之神”。王永庆不爱读书，小学时的成绩总在最后 10 名之内，但他吃苦耐劳勤于思考，终于成就了一番事业。王永庆大概也没有读过什么经济学著作，但他的成功之路却与经济学原理是一致的。

王永庆的事业是从台塑生产塑胶粉粒 PVC 开始的。当时每月仅产 PVC100 吨，是世界上规模最小的。王永庆知道，要降低 PVC 的成本只有扩大产量，所以扩大产量、降低成本，打入世界市场是成功的关键。于是，他冒着产品积压的风险，把产量扩大到 1 200 吨，并以低价格迅速占领了世界市场。王永庆扩大产量、降低成本的做法正是经济学中的规模经济原理。

王永庆的成功正在于他敢于扩大产量，实现规模收益递增。当时台塑产量低是受台湾需求有限的制约。王永庆敏锐地发现，这实际陷入了一种恶性循环：产量越低成本越高，越打不开市场；越打不开市场，产量越低成本越高。打破这个循环关键就是提高产量，降低成本。当产量扩大到月产1 200 吨时，可以用当时最先进的设备与技术，成本大幅度下降，就有进入世界市场，以低价格与其他企业的竞争能力。

当一个企业的产量达到平均成本最低时，就充分利用了规模收益递减的优势，或者说实现了最适规模。应该说，不同行业中最适规模的大小是不同的。一般而言，重工业、石化、电力、汽车等行业的最适规模都很大。这是因为在这些行业中所用设备先进、复杂，最初投资大、技术创新和市场垄断程度都特别重要。王永庆经营的化工行业正属于这种最适规模大的行业，所以，规模的扩大带来了收益递增。近年来，全世界掀起一股企业合并之风。企业合并无非是为了扩大规模，实现最适规模。合并之风最强劲的是汽车、化工、电子、电讯这些产量越多，收益增加越多的行业。世界 500 强企业也以这些行业居多。对这些行业的企业而言，“大的就是好的”。

但千万别忘了《红楼梦》中王熙凤的一句话：“大有大的难处。”一个企业大固然有许多好处，但也会引起一些问题。这主要是随着企业规模扩大，管理效率下降，管理成本增加。一个大企业也像政府机构一样会滋生官僚主义。同时，企业规模大也会缺乏灵活性，难以适应千变万化的市场。所以，“大就是好”并不适用于一切企业。当企业规模过大引起成本增加效益递减时就存在内在不经济，发生规模收益递减。对那些大才好的企业来说，要特别注意企业规模大引起的种种问题，王永庆在扩大企业规模和产量的同时，注意降低建厂成本、生产成本和营销成本，并精简人员，提高管理效率。这对他的成功也很重要。对那些未必一定要大的轻工、服务之类行业的企业来说，“小的也是美好的”。船小好调头，在这些设备、技术重要性较低，而适应市场能力要强的企业中，就不要盲目追求规模。甚至有些大企业也因管理效率差而分开。美国 IBM 公司就曾一分为三。

其实企业并不是一味求大或求小，而是以效益为标准。那种盲目合并企业，以追求进 500 强的做法往往事与愿违。绑在一起的小舢板绝不是航空母舰。王永庆的成功不在于台塑大，而在于台塑实现了规模收益递增的最优规模。

（资料来源：梁小民．微观经济学纵横谈．生活·读书·新知三联书店，2000.）

问题：

(1) 规模收益变动规律是什么？

(2) 王永庆成功的秘诀在哪里？

【评析】

1. 规模收益变动规律是在一定的技术条件下，随着生产规模的扩大，生产者通常会首先经历规模报酬递增，然后再规模不变，最后是规模报酬递减这三个阶段。即在技术水平和要素价格保持不变的条件下，随着生产规模的扩大，所有投入要素按同一比例不断增加所引起的产量的增量，开始会大于要素投入量的增加比例，但到一定程度，产量增加比例会逐渐递减，转向小于投入要素投入量的增加比例。

2. 王永庆成功的秘诀在于他的做法正好符合了经济学中的规模经济原理。他敢于扩大产量，降低成本，实现了规模收益递增。

第五章　市场结构分析

一、名词解释

1. 总收益　2. 平均收益　3. 边际收益　4. 成本不变行业　5. 成本递减行业　6. 成本递增行业　7. 一级价格歧视　8. 二级价格歧视　9. 三级价格歧视　10. 垄断竞争市场　11. 寡头市场　12. 卡特尔

二、选择题

1. “边际成本等于价格”是下列(　　)市场结构的利润最大化原则。

A. 完全竞争　　B. 垄断竞争

C. 垄断　　D. 寡头

2. 在完全竞争市场中(　　)。

A. 厂商的边际收益等于市场价格　　B. 厂商面临的需求曲线是水平的

C. 厂商是价格的接受者　　D. 上述各项都不对

3. 在成本递减行业，其长期供给曲线(　　)。

A. 向右上方倾斜　　B. 是水平的

C. 向右下方倾斜　　D. 是垂直的

4. 在完全竞争市场中，当市场价格降到厂商长期成本曲线的最低点，厂商的(　　)，整个行业才真正达到长期均衡。

A. 正常利润为零　　B. 会计利润为零

C. 经济利润为零　　D. 会计利润小于正常利润

5. 与完全竞争相比，垄断(　　)。

A. 索取更高的价格　　B. 销售更多的产量

C. 索取较低的价格　　D. 索取高价，销售更多的产量

6. 垄断厂商的边际收益与需求弹性有关，当需求为单元弹性时，则(　　)。

A. 边际收益为零　　B. 边际收益大于零

C. 边际收益小于零　　D. 边际收益等于 1

7. 在垄断市场上边际收益(　　)价格。
A. 大于　　B. 小于
C. 等于　　D. 大于或等于

8. 进入障碍(　　)。
A. 是阻碍新厂商进入市场的因素
B. 是非法的
C. 不允许行业中的厂商继续获得经济利润
D. 意味着边际收益大于边际成本

9. 电力公司实行的分段定价，采取的是(　　)。
A. 一级价格歧视　　B. 二级价格歧视
C. 三级价格歧视　　D. 非价格歧视

10. 如果市场由几家厂商支配，它的市场结构为(　　)。
A. 完全竞争　　B. 寡头
C. 垄断　　D. 垄断竞争

11. 当存在不完全竞争时，厂商面临的需求曲线(　　)。
A. 等于市场的需求曲线　　B. 是水平的
C. 是向右下倾斜的　　D. 是向上倾斜的

12. 当某个行业销售的产品有差别时，如果一家厂商提高它的价格，则(　　)。
A. 它会失去所有的顾客　　B. 它不会失去任何顾客
C. 它会破产　　D. 它会失去一些但不是全部的顾客

13. 具有拐折的需求曲线的厂商，其边际收益(　　)。
A. 比垄断者的大　　B. 比垄断者的小
C. 与垄断者的相同　　D. 在当前的产量水平下有一个落差

14. 下面不属于垄断竞争行业的是(　　)。
A. 化妆品公司　　B. 自来水公司
C. 煤气供应公司　　D. 电力供应公司

15. 产品差异由(　　)造成。
A. 不同厂商生产的产品的特征差异
B. 厂商的地理位置差异
C. 常常由广告引起的可感觉到的差异
D. 上述各项

16. 在成本不变的完全竞争行业中，长期中需求的增加会导致市场价格(　　)。

A. 提高　　B. 不变
C. 降低　　D. 先增后降

17. 在完全竞争市场上，厂商短期内继续生产的最低条件是(　　)。
A. AC＝AR　　B. AR≥AVC
C. AR≤AVC　　D. MC＝MR

18. 在某一产量水平上，厂商的平均成本达到了最小值则(　　)。
A. 厂商的经济利润为零　　B. 厂商获得了最小利润
C. 厂商获得了最大利润　　D. 边际成本等于平均成本

19. 无论在竞争性市场还是垄断市场，当(　　)时，厂商将扩大其产出水平。
A. $P<MC$　　B. $P>MC$
C. $MR<MC$　　D. $MR>MC$

20. 有些时候垄断可能比竞争更可取，这是因为(　　)。
A. 垄断厂商有更多的激励降低其成本
B. 在给定的市场规模下，单一厂商往往带来规模的经济
C. 在一个污染性行业中，垄断是限制其产出水平降低污染的最好办法
D. 出于专利权而拥有垄断地位是回报技术创新的一个最好途径

21. 在总产量和价格已定的情况下，卡特尔按(　　)来分配其总产量。
A. 等边际收益原理　　B. 等边际成本原理
C. 等超额利润原理　　D. 等边际产量原理

22. 当垄断竞争厂商处于短期均衡时(　　)。
A. 一定能获得经济利润
B. 一定不能获得经济利润
C. 只能得到正常利润
D. 获得经济利润，亏损和获得正常利润的情况均可能会发生

23. 垄断厂商利润最大化时(　　)。
A. $P=MR=MC$　　B. $P>MR=AC$
C. $P>MR=MC$　　D. $P>MC=MA$

24. 垄断厂商拥有控制市场的权力，这意味着(　　)。
A. 垄断厂商面对一条向下倾斜的需求曲线
B. 若其产品增加一个单位，则全部产品的销售价格必须降低
C. 其边际收益曲线低于其需求曲线
D. 以上都不正确

25. 在垄断竞争厂商达到长期均衡时，下列说法正确的是(　　)。
A. 价格高于边际成本
B. 两需求曲线的弹性绝对值相等
C. 边际成本等于需求曲线对应的边际收益
D. 经济利润等于零

26. 在完全竞争市场上，厂商的需求曲线(　　)。
A. 等于平均收益曲线　　B. 小于平均收益曲线
C. 等于价格线　　D. 小于价格线

27. 垄断竞争厂商实现最大化利润的途径有(　　)。
A. 广告竞争　　B. 品质竞争
C. 调整价格从而确定相应产量　　D. 以上途径都不可能

28. 当成本相同时，垄断和竞争一致的是(　　)。
A. 价格水平　　B. 正常利润
C. 产量水平　　D. 利润最大化目标

29. 在完全竞争条件下，经济利润存在会导致(　　)。
A. 单个厂商的产量增加　　B. 单个厂商的产量减少
C. 行业的产量增加　　D. 行业的产量减少

30. 垄断竞争和寡头垄断之间的主要区别(　　)。
A. 厂商广告开支不同　　B. 厂商之间相互影响的程度不同
C. 非价格竞争的数量不同　　D. 以上都不是

三、判断题

1. 完全竞争市场中的厂商是价格的制定者。(　　)

2. 为使利润最大化，厂商应把产量调整到边际收益等于边际成本，这一原则适用于所有市场结构中的厂商。(　　)

3. 在长期完全竞争市场中，厂商面对的需求曲线是向下倾斜的。(　　)

4. 短期中厂商可以通过产量的调整来实现利润最大化，从而厂商一定可以获得正的利润。(　　)

5. 在完全竞争市场中，厂商产量的变动与价格无关。(　　)

6. 在完全竞争市场中，当厂商的平均收益正好等于平均可变成本时，厂商达到盈亏平衡的短期均衡。(　　)

7. 完全竞争行业在一定程度上存在进入和退出壁垒。(　　)

8. 垄断者面临的需求曲线与行业的需求曲线相同。(　　)

9. 垄断价格小于边际成本。（　　）

10. 垄断厂商只能决定价格而不能决定产量。（　　）

11. 在二级价格歧视下，厂商只是把部分消费者剩余转化成了垄断利润。（　　）

12. 与完全竞争相比，垄断厂商提供更少的商品，并索取更高的价格。（　　）

13. 垄断竞争厂商达到短期均衡时，表明厂商一定能够赚取经济利润。（　　）

14. 在寡头市场中，厂商之间主要采取价格竞争的方法。（　　）

15. 寡头市场最突出的特点是寡头市场的厂商之间没有关系。（　　）

16. 只有一家销售者的行业是垄断。（　　）

17. 卡特尔是一种非正式的串谋行为。（　　）

18. 同一行业的厂商由相互竞争转而联合成卡特尔，能提高各厂商的利润，但是卡特尔往往是不稳定的。（　　）

19. 寡头厂商生产的产品可能是同质的，也可以是有差别的。（　　）

20. 在完全竞争市场上，厂商的边际成本曲线位于平均可变成本曲线最低点以上的部分就是厂商的短期供给曲线。（　　）

四、简答题

1. 为什么在经济理论研究中要区分不同的市场结构？

2. 市场类型划分的标志？

3. 在完全竞争市场中为什么厂商不愿意花钱为产品做广告？

4. 在完全竞争市场中为什么厂商的需求曲线是一条水平线，而行业需求曲线是向右下方倾斜的曲线？

5. 在完全竞争市场中，在市场其他因素不变的情况下，厂商的需求曲线的形状如何？当整个市场消费者收入水平普遍提高与政府减少行业税收同时发生时，厂商的需求曲线的形状又如何？

6. 为什么垄断厂商的需求曲线是一条向右下方倾斜的曲线？

7. 为什么垄断厂商和行业不存在明确的供给曲线？

8. 边际收益与需求价格弹性的关系。

9. 垄断竞争厂商两条需求曲线的形状以及当销售价格下降时对销售量的影响。

10. 为什么卡特尔的各厂商会用同样的价格销售产品，但不会要求生产同样的产量？

五、计算题

1. 在完全竞争市场中，某行业为成本不变行业。该行业中的每个厂商的长期成本函数为 $LC=2q^3-100q^2+1\ 500q$，市场需求曲线为 $Q=3\ 000-3P$，试求：

(1)该成本不变行业的长期供给曲线。

(2)行业达到长期均衡的厂商数目是多少？

2. 完全竞争中某厂商的短期成本函数为 $C=Q^3-6Q^2+15Q+10$，厂商产品的市场价格为51元，试求：

(1)当利润最大时，厂商的均衡产量及利润总额。

(2)厂商停止生产的条件。

3. 在短期内，完全竞争市场的供给函数为 $Q_s=120P-5\ 000$，需求函数为 $Q_d=10\ 000-180P$；若某厂商短期可变成本函数为 $VC=Q^3-18Q^2+110Q$，固定成本 $F=50$，试求：

(1)该厂商利润最大时的产量和价格。

(2)若该厂商固定成本增加到 $F=50+x$，则当 x 为多少时，该厂商的经济利润为零。

4. 在完全竞争市场中，某行业有200家相同的厂商，每家厂商的短期成本函数都是 $C=q^2+2q+20$，试求：

(1)厂商的短期供给曲线和行业的短期供给曲线。

(2)假设行业需求曲线为 $Q_d=4\ 800-800P$，求行业均衡价格。

5. 在完全竞争市场中，若每个厂商成本曲线相同，则当厂商产量为40单位、价格为20元时，可达到厂商长期平均成本最低点。市场需求函数为 $Q_d=3\ 000-100P$，试求：

(1)该行业长期供给曲线。

(2)该行业厂商的数目。

(3)厂商位于长期均衡中的短期成本曲线为 $C=0.5q^2-20q+400$，厂商和行业的短期供给曲线。

6. 垄断厂商的总收益函数 $R=-Q^2+200Q$，总成本函数为 $C=10Q+20$，试求：

(1)当垄断厂商利润最大时的产量与价格。

(2)若政府征收20%的从价销售税，则垄断厂商的均衡产量和市场价格为多少？

7. 某垄断厂商的边际成本为 $\mathrm{MC}=2q$，市场对该厂商产品的需求函数为

$P=600-q$，试求：

(1)该厂商的均衡产量和均衡价格是多少？

(2)如果固定成本 $F=50$，则该厂商达到均衡时的利润是多少？

8. 假定 q 为产量，垄断厂商既可采用成本函数为 $C_1=20+16q$ 的技术Ⅰ进行生产，也可采用成本函数为 $C_2=120+4q$ 的技术Ⅱ进行生产，其相应产品的市场需求函数为 $P=64-2Q$，试求：如果垄断厂商的市场垄断地位始终不受到威胁，则垄断厂商应采取何种生产技术？

9. 某产品的需求函数为 $Q=100-P$，市场上只有两家厂商能生产这种产品。每家厂商的成本函数为 $C_i=50+Q_i^{\ 2}$，$i=1$，2。市场总产出是这两家厂商产出之和。假设两厂商行为遵循古诺模型，试求：

(1)每家厂商的均衡产量和均衡价格。

(2)市场总利润。

10. 某厂商面对的需求曲线如下：当产量 $0\leqslant Q\leqslant 20$ 时，厂商面对的需求曲线为 $P=30-0.4Q$；当产量 $Q\geqslant 20$ 时，厂商面对的需求曲线为 $P=34-0.6Q$。厂商总成本曲线为 $C=180+6Q+0.1Q^2$，试求：

(1)厂商所属行业的市场结构类型。

(2)厂商的最优产量与价格。

11. 假设市场中有大量企业，每家企业生产产量相同，每家企业的长期平均成本函数都相同，即 $LAC=2Q^2-8Q+12$。求：

(1)该市场达到长期均衡的价格。

(2)如果市场需求函数为 $Q=1\ 000-60P$，则当市场达到长期均衡时，市场交易量是多少？市场中容纳了多少家企业？

12. 企业在两个分离的市场上销售产品，它们的需求曲线分别为 $Q_1=150-2P_1$ 和 $Q_2=80-P_2$，企业的边际成本为 MC = 10 元。如果企业实行价格歧视，则试求利润最大化时两个市场上的价格、销售量以及企业的总利润。

13. 假定西瓜的价格在炎热气候下为每 100 公斤 60 元，在多雨气候下为每 100 公斤 40 元。每 100 公斤为一担。某农民生产西瓜的成本为 $C=\frac{1}{2}Q^2+5Q+100$，而他的生产决策总是在未知天气情况下作出的。假定天气好、坏的概率各为 50%，试求为使预期利润最大，该农民应生产多少西瓜，他能得到多少利润？

14. 垄断企业产品的需求函数为 $P=135-\frac{1}{50}Q$，总成本函数为 $C=12\ 000$

$+0.025Q^2$ 求：

(1)当垄断企业利润最大时的产量和价格。

(2)如果政府限定企业以边际成本定价，则试求这一限制价格以及垄断企业提供的产量。(保留一位小数)

15. 设牛奶的市场需求函数 $Q_d=152-20P$，供给函数 $Q_S=-4+188P$，试求：当市场是完全竞争时的均衡价格，消费者剩余和生产者剩余。

16. 设市场需求函数为 $Q_d=500-25P$，企业的长期边际成本与长期平均成本均为 5 元。求：

(1)在完全竞争市场中的均衡价格和均衡交易量。

(2)在垄断市场中的均衡价格和均衡交易量。

17. 某垄断厂商的需求曲线为 $P=1\ 000-2Q$，试求：当市场价格为 600 时，需求弹性是多少？

18. 假设某垄断厂商的同一种产品可以在其两个不同的子市场 X、Y 上销售。X 子市场的需求弹性为 2，Y 子市场的需求弹性为 4。试求：当垄断厂商实现利润最大化时，两子市场的市场价格之比。

19. 假设市场需求函数是 $P=90-Q$，Q_1，Q_2 分别为厂商 A、B 生产的产量，Q 为 A、B 两厂商生产的总产量。又假设厂商的边际成本为零，即 $MC_1=MC_2=0$。试求：古诺均衡。

20. 某垄断厂商的需求函数为 $P=20-Q+A$，成本函数为 $C=Q^2+10Q+5A$。其中，A 为厂商的广告支出费。试求：垄断厂商利润达到最大化时的最优产量、价格和广告支出费。

六、案例分析

案例 5-1：农村春联市场案例

【背景资料】临近春节，我有机会对某农村农贸市场的春联销售进行了调查，该农贸市场主要供应周围 7 个村 5 000 余农户的日用品需求。贴春联是中国民间的一大传统，春节临近，春联市场红红火火，而在农村，此种风味更浓。在该春联市场中，需求者有 5 000 多农户，供给者为 70 多家零售商；供应商的进货渠道大致相同，且产品的差异性很小(春联所用纸张、制作工艺相同，区别仅在于春联所书写内容的不同)；供给者销售春联不要办工商执照，进出市场非常自由；农民购买春联时的习惯是逐个询价，最终决定购买，信息充分；供应商的零售价格水平相近，提价基本上销售量为零，降价会引起利润损失。原来，我国有着丰富文化内涵的春联，其销售市场结构竟是一个高度近似的完全竞争市场。供应商在销售产品的过程中，都不愿意单方面降价。某些供应商为增加销售量，扩大利润而采取的低于同行价格的竞争方法，反而会使消费者认为其所经营的产品存在瑕疵（如上年库存，产品质量存在问题等），反而不愿买。该农村集贸市场条件简陋，春联商品习惯性席地摆放，大部分供应商都将春联放入透明的塑料袋中以防尘保持产品质量。而少部分供应商则更愿意损失少部分产品暴露于阳光下、寒风中，以此展示产品。因此就产生了产品之间的鲜明对照。暴露在阳光下的春联更鲜艳，更能吸引消费者目光、刺激购买欲望，在同等价格下，该供应商销量必定高于其他同行。由此可见，在价格竞争达到极限时，价格外的营销竞争对企业利润的贡献不可小视。在商品种类上，例如，“金鸡满架”一类小条幅，批发价为 0.03 元/副，零售价为 0.3 元/副；小号春联批发价为 0.36 元/副，零售价为 0.50 元/副。因小条幅在春联中最为便宜且为春联中的必需品，统一价格保持五六年不变，因此消费者不对此讨价还价。小条幅春联共 7 类，消费者平均购买量为 3 到 4 类，总利润可达 1.08 元，并且人工成本较低。而小号春联相对价格较高，在春联支出中占比重较大，讨价还价较易发生；由此，价格降低和浪费的时间成本会造成较大利润损失，对小号春联需求量较大的顾客也不过购买 7~8 副，总利润至多 1.12 元。

根据上述背景资料，试分析农村春联市场应属于哪一种类型的市场？

（资料来源：杨晓东．农村春联市场：完全竞争的缩影．经济学消息报（第 599 期），2004-06-25.）

案例 5-2：中国电力市场案例

【背景资料】国家电监会于 2007 年 4 月 5 日发布了长达 3.2 万多字的国内首份《电力监管年度报告（2006）》。《报告》显示，发电环节的特点是投资主体多元化，全国 6000 千瓦及以上各类发电企业有 4 000 余家，其中，国有及国有控股企业占 90%。中国华能集团公司、中国大唐集团公司、中国华电集团公司、中国国电集团公司和中国电力投资集团公司等中央直属 5 大发电集团约占装机总量的 38.79%；国家开发投资公司、中国神华能源股份有限公司、中国长江三峡工程开发总公司、中国核工业集团公司、广东核电集团有限公司、华润电力控股有限公司等其他中央发电企业约占总装机容量的 10%；地方发电企业占总装机容量的 45%；民营和外资发电企业占总装机容量的 6.21%。在输电领域国家电网公司和南方电网公司分别占全国超高压电网的 80%和 20%。报告显示，目前全国从事省级输电业务的企业 31

家，跨省输电业务的企业6家。截至2006年底，两大电网总资产约为15 110亿元。按所有制形式划分，供电企业主要分中央国有和地方国有。中央国有主要为国家电网公司、南方电网公司和新疆生产建设兵团等拥有的供电企业；地方国有主要为内蒙古、陕西、山西等地方电力企业和水利系统管理的供电企业。截至2005年底，全国户通电率为99.20%。全国3 211家地、县级供电企业中，国家电网公司、南方电网公司直供直属的1 196家，控股或代管的1 353家，地方独立的662家。在电网环节，两大电网公司约占县级售电量的89%。普遍服务未完全实现，城乡与地区差异依然存在。在用电环节，用户高度分散。据统计，全国各类电力用户目前已超过2.3亿户。10千伏及以上用户近100万户。

根据上述背景资料，试分析中国电力市场结构。

（资料来源：http：//www.xinhuanet.com，2007-04-06.）

案例5-3：微软的垄断案例

【背景资料】微软公司成立于1974年，其创始人是比尔·盖茨和保罗·艾伦。1980年，微软公司启动主导软件市场的计划，说服IBM公司在MS-DOS操作系统上运行该公司的个人电脑，而该操作系统是微软仅花了5万美元从一名程序设计员手中买来的。由于IBM个人电脑获得的成功及其巨大的影响力，MS-DOS操作系统在计算机行业确立了其标准地位。不久，这种操作系统就被应用在全球80%的个人电脑上。到1991年，微软公司制作的DOS操作系统已占据了个人电脑93%的市场份额。1995年8月，微软公司推出其全新概念的Windows 95操作系统。1995年12月，比尔·盖茨宣布微软公司的战略将转向国际互联网。1997年9月，微软公司推出新一代浏览器Internet Explorer 4.0，开始全面进军互联网，与当时占据浏览器软件三分之二市场份额的网景公司展开浏览器大战。同时，微软公司将浏览器软件与其主导市场的Windows操作系统软件捆绑销售。当然微软公司为了保持其垄断地位，不断地推出Windows 2000操作系统、Windows 2003操作系统、Windows 2007操作系统等。

由于Windows操作系统在全球的推广和普及，微软已成为世界软件业无可争议的领头企业。微软最终的主导地位是由Windows 95确立的，该操作系统使得用户只需点击一下鼠标就可以开始程序的各项操作。微软公司在全世界60多个国家拥有35 000名员工，截至2000年4月3日，该公司的股票市场资本额高达4 730亿美元，其股票发行量多达51.4亿股。

根据上述背景资料，试分析微软的市场地位是创新还是垄断的结果。

（资料来源：由“上海财经大学干春晖 MBA 教学课堂讨论案例《微软垄断案》”和“世界经理人情报网《微软公司反垄断案案例分析》. 2007-02-07”相关内容综合而成。）

第五章　习题参考答案

一、名词解释

1. 总收益：是厂商按既定的市场价格销售一定数量的产品所取得的全部收入。

2. 平均收益：是厂商销售一定数量的产品时平均每单位产品所取得的收入。

3. 边际收益：是厂商最后增加一单位产品销售所引起的总收益增加的部分。

4. 成本不变行业：是行业的产量减少或增加所造成的生产要素需求的减少或增加，不会使生产要素的价格降低或上升。

5. 成本递减行业：是行业产量的增加所造成的生产要素需求的增加，却使生产要素的价格下降。

6. 成本递增行业：是行业产量的增加所造成的生产要素需求的增加，会使生产要素的价格上升。

7. 一级价格歧视：是指垄断厂商对其出售的每一单位产品都向消费者索取最高的可能价格。

8. 二级价格歧视：是指垄断厂商对消费者的不同购买商品的数量实行的不同价格。

9. 三级价格歧视：是指垄断厂商把市场划分成两个及以上的不同子市场，并将同一种产品在不同的子市场上按不同的价格进行销售。

10. 垄断竞争市场：是一种厂商数目很多，规模不大，市场进出很容易，但产品质量之间有差异的市场结构。竞争程度介于完全竞争市场和寡头市场之间。

11. 寡头市场：整个市场或市场的绝大部分业务是由少数几家势力比较均等的厂商控制着，这些厂商就是寡头厂商，它们既相互依存，又相互竞争。

12. 卡特尔：是指生产或销售同类产品的厂商，为获取高额利润，通过对产品价格、产量、销售、技术等方面所采取订立正式的协议来确定其分配事项而形成的联盟。它是一种正式的串谋。

二、选择题

A；ABC；C；C；A　A；B；A；B；B　C；D；D；BCD；D

B；B；D；D；D　B；D；C；ABC；AD　AC；ABC；D；BC；B

三、判断题

×　√　×　×　√　×　×　√　×　×　√　√　×　×　×

√　×　√　√　√

四、简答题

1. 为什么在经济理论研究中要区分不同的市场结构？

答：(1) 由于市场的均衡产量及其均衡价格是由市场供需曲线决定的，而供给曲线是由厂商追求最大化利润的行为所决定的，需求曲线是由消费者追求最大化效用的行为所决定的。

(2) 成本和收益决定厂商的利润。其中，成本主要是由厂商生产技术方面的因素所决定的，收益是由市场对厂商产品的需求状况所决定的。

(3) 在不同类型的市场条件下，厂商产品面临的需求状况是不同的，这就要求我们在进行厂商最大化利润决策时，必须区分不同的市场结构。

2. 市场类型划分的标志是什么？

答：(1) 市场上厂商数目的多少。

(2) 厂商生产产品的差异程度大小。

(3) 单个厂商对市场价格控制程度的不同。

(4) 厂商进退某行业的壁垒高低。

(5) 市场上厂商数目的多少，厂商生产产品的差异程度大小是最基本和起决定作用的标志。

3. 在完全竞争市场中为什么厂商不愿意花钱为产品做广告？

答：(1) 因为完全竞争市场的特征之一就是生产者与消费者双方都拥有与自己的经济决策有关的完全信息，所以对厂商而言无须做广告。

(2) 厂商做广告只会增加其产品的成本，在市场价格不变的情况下，只会使厂商获得的利润减少，甚至使厂商发生亏损。

(3) 由于完全竞争市场中的厂商仅仅只是市场价格的接受者，厂商能按照市场价格卖出其愿意生产的任何数量的产品，所以厂商不愿意花钱为产品做广告。

4. 在完全竞争市场中为什么厂商的需求曲线是一条水平线，而行业需求曲线是向右下方倾斜的曲线？

答：(1)由于在完全竞争市场中有大量相同的厂商，单个厂商生产的产量在整个行业总产量中所占的比重很微小，单个厂商很难影响产品市场价格的变动，只是市场价格的接受者，所以它面对的需求曲线是一条水平线。

(2)一个行业存在众多消费者，行业的需求曲线应该反应所有这些消费者行为，所以行业的需求曲线是每一个消费者对该行业生产的产品的需求曲线按水平方向叠加起来的。在其他因素不变的条件下，需求量的变动与价格的变动方向是相反的。即需求量是随着价格的降低而增加，或随着价格的上升而减少。行业需求曲线向右下方倾斜。

5. 在完全竞争市场中，在市场其他因素不变的情况下，厂商的需求曲线的形状如何？当整个市场消费者收入水平普遍提高与政府减少行业税收同时发生时，厂商的需求曲线的形状又如何？

答：(1)在市场其他因素不变的情况下，由于在完全竞争市场中有大量相同的厂商，单个厂商生产的产量在整个行业总产量中所占的比重很微小，单个厂商很难影响产品市场价格的变动，只是市场价格的接受者，所以它面对的需求曲线是一条水平线。

(2)当整个市场消费者收入水平普遍提高与政府减少行业税收同时发生时，此时行业中的需求曲线向右移动，供给曲线也向右移动，此时行业达到新的均衡。由于在完全竞争条件下，厂商面对的需求曲线同样是一条水平线。只是位置发生了变动，形状没有发生改变。

6. 为什么垄断厂商的需求曲线是一条向右下方倾斜的曲线？

答：(1)由于垄断市场上只有一家厂商，因此这家垄断厂商所面对的需求曲线也就是整个市场的需求曲线。在垄断市场中，垄断厂商是产品市场价格的制定者，它可以通过对产品销售量的调控来控制产品市场价格。

(2)垄断厂商根据自身的需要既可以采取增加市场产品销售量的手段来调低产品市场价格，又可以采取减少市场产品销售量的手段来调高产品市场价格。

(3)垄断厂商的产品销售量与产品市场价格呈现负相关关系。所以垄断厂商的需求曲线是一条向右下方倾斜的曲线。

7. 为什么垄断厂商和行业不存在明确的供给曲线？

答：(1)在垄断市场中，由于垄断厂商是产品市场价格的制定者，垄断厂商不再像完全竞争市场中的厂商只能通过调整产量来实现利润最大化(即

实现 $P=MR=MC$)，而是同时通过调整产量和价格来实现利润最大化(即实现 $MC=MR<P$)。

(2)在实际中会出现这样的情况，在同一价格水平下，对应的垄断厂商的产量可以有两个或两个以上的不同产量；在同一产量水平下，对应的垄断厂商的价格可以有两个或两个以上的不同价格。

(3)在垄断市场中，产量和价格之间不存在一一的对应关系，所以垄断厂商和行业不存在明确的供给曲线。

8. 边际收益与需求价格弹性的关系。

答：由 $MR=P-\frac{P}{|E_d|}=P\left(1-\frac{1}{|E_d|}\right)$ 可知

(1)当需求为单元弹性时($|E_d|=1$)，$MR=0$。

(2)当需求富于弹性时($|E_d|>1$)，$MR>0$。

(3)当需求缺乏弹性时($|E_d|<1$)，$MR<0$。

9. 垄断竞争厂商两条需求曲线的形状以及当销售价格下降时对销售量的影响。

答：(1)在垄断竞争市场上，当某一厂商想通过采取降价的行动来增加其产品的销售量时，可以设想厂商面对两条需求曲线。

(2)一条是厂商采取降价行动，其他厂商不采取降价，维持原来价格不变时，则降价厂商面对的需求曲线是一条比较平坦的线。

(3)另一条是厂商采取降价行动，其他厂商也采取降价行动，则降价厂商面对的需求曲线是一条相对陡峭的线。

(4)当该厂商采取降价行动，而其他厂商维持原价不变时，则因降价不仅使自己原来拥有的消费者增加对其产品的消费，而且还能吸引不少原来在其他厂商消费的消费者到它这里来消费，从而使其销售量发生显著的增加。

(5)当该厂商采取降价行动，但其他厂商也跟着降价时，则该厂商的降价不会将其他厂商的消费者吸引过来，其降价不会对原有销售量产生多大影响。

10. 为什么卡特尔的各厂商会用同样的价格销售产品，但不会要求生产同样的产量？

答：(1)各厂商之所以能结成一个卡特尔，就是因为他们愿意根据全行业产品需求及各厂商成本状况，按利润最大化原则确定产品销售价格及全行业的产销量。此时，价格和产量的决定就与垄断一样。

(2)为了使全行业利润最大，卡特尔所有厂商协商一致决定，根据全行业产品需求曲线所产生的边际收益曲线和全行业的边际成本曲线的交点来决定全行业的价格和产量。再按照等边际成本原理分配各厂商的产量。

(3)因为各厂商成本状况不同，所以各厂商的产量也是不同的。

五、计算题

1. 在完全竞争市场中，某行业为成本不变行业。该行业中的每个厂商的长期成本函数为

$LC=2q^3-100q^2+1\ 500q$，市场需求曲线为 $Q=3\ 000-3P$，试求：

(1)该成本不变行业的长期供给曲线。

(2)行业达到长期均衡的厂商数目是多少?

解：(1)由于在完全竞争市场中行业为成本不变行业，因此行业的长期供给曲线为一条水平直线，并且该水平直线与 LAC 曲线的最低点相切。

又由 $LC=2q^3-100q^2+1\ 500q$

可得 $LAC=\frac{LC}{q}=2q^2-100q+1\ 500$

在最低点处有：$\frac{d_{LAC}}{d_q}=4q-100=0$

即 $q=25$

从而 $P=LAC=2\times25^2-100\times25+1\ 500=250$

故该成本不变行业的长期供给曲线为 $P=250$

(2)当行业达到长期均衡时，均衡产量 $Q=3\ 000-3\times25=2\ 250$

此时厂商的数目为：$\frac{2\ 250}{25}=90$

2. 完全竞争中某厂商的短期成本函数为 $C=Q^3-6Q^2+15Q+10$，厂商产品的市场价格为 51 元，试求：

(1)当利润最大时，厂商的均衡产量及利润总额。

(2)厂商停止生产的条件。

解：(1)由 $C=Q^3-6Q^2+15Q+10$

有 $MC=\frac{d_C}{d_Q}=3Q^2-12Q+15$

又 $P=51$

在完全竞争条件下，当利润最大时有：$P=MC$

即：$3Q^2-12Q+15=51$

解得 $Q=6$，即为均衡产量。

此时利润总额为：$\pi=PQ-(Q^3-6Q^2+15Q+10)$
$=51\times6-(6^3-6\times6^2+15\times6+10)=206$(元)

(2)厂商停止生产应满足：$P<AVC$

在完全竞争条件下，当 P 与 AVC 的最低点相切时的 AVC 值就是厂商停止生产的临界值。

由于 $C=Q^3-6Q^2+15Q+10$

则 $VC=C-F=Q^3-6Q^2+15Q$

从而 $AVC=\frac{VC}{Q}=Q^2-6Q+15$

要求 AVC 的最低值，则有：

$$\frac{d_{AVC}}{d_Q}=2Q-6=0$$

即 $Q=3$

此时 $AVC=3^2-6\times3+15=6$

所以厂商停止生产的条件是 $P<6$

3. 在短期内，完全竞争市场的供给函数为 $Q_s=120P-5\ 000$，需求函数为

$Q_d=10\ 000-180P$；若某厂商短期可变成本函数为 $VC=Q^3-18Q^2+110Q$，固定成本 $F=50$，试求：

(1)该厂商利润最大时的产量和价格。

(2)若该厂商固定成本增加到 $F=50+x$，则当 x 为多少时，该厂商的经济利润为零。

解：(1)厂商利润最大，则满足 MR=MC，又由于是完全竞争市场，所以在利润最大时即达到均衡有 $P=MC$

此均衡价格由 $Q_d=Q_s$ 决定

即，$120P-5\ 000=10\ 000-180P$

$P=50$，即为均衡价格

从而有：$3Q^2-36Q+110=50$

$Q=10$，即为均衡产量，$Q=2$，不符合要求，舍去

(2)在完全竞争条件下，固定成本的变化不影响 MC 的大小，从而不影响均衡产量和均衡价格，即 $Q=10$，$P=50$

又在完全竞争中厂商的经济利润为零时，满足价格线与平均成本线的最低点相切，在切点处价格线与平均成本线对应的产量即为均衡产量 $Q=10$

从而有 $\frac{Q^3-18Q^2+110Q+50+x}{Q}=50$

将 $Q=10$ 代入可解得 $x=150$

4. 在完全竞争市场中，某行业有200家相同的厂商，每家厂商的短期成本函数都是 $C=q^2+2q+20$，试求：

(1)厂商的短期供给曲线和行业的短期供给曲线。

(2)假设行业需求曲线为 $Q_d=4\ 800-800P$，求行业均衡价格。

解：(1)由 $C=q^2+2q+20$

可得 $\mathrm{MC}=\dfrac{d_c}{d_q}=2q+2$

因此厂商的短期供给曲线为 $p=2q+2$，$p\geqslant 2$，即 $q=\dfrac{p}{2}-1$，从而 $Q_s=$

$200q=200-\left(\dfrac{p}{2}-1\right)=100P-200$

从而行业的短期供给曲线为 $P=\dfrac{1}{2}+\dfrac{1}{100}Q_s$

(2)当 $Q_d=Q_s$ 时，行业达到均衡

即 $4\ 800-800P=100P-200$

$P=5$

5. 在完全竞争市场中，若每个厂商成本曲线相同，当厂商产量为40单位、价格为20元时，达到厂商长期平均成本最低点。市场需求函数为 $Q_d=3\ 000-100P$，试求：

(1)该行业长期供给曲线。

(2)该行业厂商的数目。

(3)厂商位于长期均衡中的短期成本曲线为 $C=0.5q^2-20q+400$，厂商和行业的短期供给曲线。

解：(1)由于每个厂商的成本曲线相同，在长期中，厂商的均衡价格与产量是由其长期平均成本最低点决定。行业长期供给曲线由与长期平均成本最低点相等的价格线给出，即 $S=LMC=LAC=P=20$

(2)由于 $Q_d=3\ 000-100P$

在长期均衡时 $P=20$，$Q_d=3\ 000-100\times 20=1\ 000$

从而在均衡点时行业的供给量为：$Q_s=Q_d=1\ 000$

又由于每个厂商的均衡产量为40，则厂商个数为：$\dfrac{1\ 000}{40}=25$

(3)由于厂商短期成本曲线为 $C=0.5q^2-20q+400$

所以 $\mathrm{MC}=\dfrac{d_c}{d_q}=q-20$

厂商的短期供给曲线：$q=p+20\qquad(p\geqslant 20)$

行业的短期供给曲线：$Q=25P+500$

6. 垄断厂商的总收益函数 $R=-Q^2+200Q$，总成本函数为 $C=10Q+20$，试求：

(1)当垄断厂商利润最大时的产量与价格。

(2)若政府征收20%的从价销售税，则垄断厂商的均衡产量和市场价格为多少？

解：(1)由 $R=-Q^2+200Q$

有 $MR=-2Q+200$

又由 $C=10Q+20$

有 $MC=10$

当利润最大时，有 $MR=MC$

即：$-2Q+200=10$，$Q=95$

又由于垄断厂商的定价原则 $P=AR$

从而有：$P=-Q+200=105$

(2)征收20%的从价销售税，当厂商价格为 P 时，则市场价格为$(1+20\%)P$，此时厂商的边际收益曲线由 $MR=-2Q+200$ 变为 $1.2MR=-2Q+200$

即 $MR=\frac{-2Q+200}{1.2}$

当厂商利润最大时，$MR=MC$

有$\frac{-2Q+200}{1.2}=10$，$Q=94$

又由于垄断厂商的定价原则 $P=AR$

从而有：$P=-Q+200=106$

7. 某垄断厂商的边际成本为 $MC=2q$，市场对该厂商产品的需求函数为 $P=600-q$，试求：

(1)该厂商的均衡产量和均衡价格是多少？

(2)如果固定成本 $F=50$，则该厂商达到均衡时的利润是多少？

解：(1)由于 $P=600-q$

则 $R=pq=600q-q^2$

从而有 $MR=600-2q$

又垄断厂商达到均衡的条件为：$MR=MC$

即 $600-2q=2q$，从而均衡产量为 $q=150$

均衡价格为 $P=600-150=450$

(2)由于固定成本为 $F=50$，边际成本为 $MC=2q$

则成本函数为 $C=q^2+50$

从而达到均衡时的利润为：$\pi=pq-C=600\times150-2\times150^2-50=44\ 950$

8. 假定 q 为产量，垄断厂商既可采用成本函数为 $C_1=20+16q$ 的技术 I 进行生产，也可采用成本函数为 $C_2=120+4q$ 的技术 II 进行生产，其相应产品的市场需求函数为 $P=64-2Q$，试求：如果垄断厂商的市场垄断地位始终不受到威胁，则垄断厂商应采取何种生产技术？

解：由于 $P=64-2Q$

则 $R=PQ=64Q-2Q^2$

从而 $\text{MR}=64-4Q$

现要使厂商的市场垄断地位始终不受到威胁，则要满足利润最大化条件：MR＝MC，并且总利润为正。

若垄断厂商采用技术 I 进行生产：

由于 $C_1=20+16q$

$\text{MC}_1=16$

由 $\text{MR}=\text{MC}_1$ 有 $64-4Q=16$ 得 $Q=12$

总利润 $\pi_1=64\times12-2\times12^2-20-16\times12=268$

若垄断厂商采用技术 II 进行生产：

由于 $C_2=120+4q$

$\text{MC}_2=4$

由 $\text{MR}=\text{MC}_2$ 有 $64-4Q=4$ 得 $Q=15$

总利润 $\pi_2=64\times15-2\times15^2-120-4\times15=330$

由计算结果可以看出，采用技术 II 比采用技术 I 获利更多。所以垄断厂商应采用技术 II 进行生产。

9. 某产品的需求函数为 $Q=100-P$，市场上只有两家厂商能生产这种产品。每家厂商的成本函数为 $C_i=50+Q_i^{\ 2}$，$i=1$，2。市场总产出是这两家厂商产出之和。假设两厂商行为遵循古诺模型，试求：

(1) 每家厂商的均衡产量和均衡价格。

(2) 市场总利润。

解：(1) 厂商 1 的利润函数为：$\pi_1=(100-Q_1-Q_2)Q_1-50-Q_1^{\ 2}$

利润最大化的条件为：$\dfrac{\partial\ \pi_1}{\partial\ Q_1}=100-4Q_1-Q_2=0$

则厂商 1 的反应函数为：$Q_1=\dfrac{100-Q_2}{4}$

厂商 2 的利润函数为：$\pi_2=(100-Q_1-Q_2)Q_2-50-Q_2^{\ 2}$

利润最大化的条件为：$\frac{\partial \pi_2}{\partial Q_2}=100-4Q_2-Q_1=0$

则厂商 2 的反应函数为：$Q_2=\frac{100-Q_1}{4}$

联立解得均衡产量：$Q_1=20$，$Q_2=20$

均衡价格为：$P=100-Q_1-Q_2=60$

(2)厂商 1 的利润为：$\pi_1=PQ_1-C_1=1\ 200-50-400=750$

厂商 2 的利润为：$\pi_2=PQ_2-C_2=1\ 200-50-400=750$

总利润为：$\pi=\pi_1+\pi_2=1\ 500$

10. 某厂商面对的需求曲线如下：当产量 $0\leqslant Q\leqslant 20$ 时，厂商面对的需求曲线为 $P=30-0.4Q$；当产量 $Q\geqslant 20$ 时，厂商面对的需求曲线为 $P=34-0.6Q$。厂商总成本曲线为 $C=180+6Q+0.1Q^2$，试求：

(1)厂商所属行业的市场结构类型。

(2)厂商的最优产量与价格。

解：(1)由于厂商在产量 $0\leqslant Q\leqslant 20$ 时，厂商面对的需求曲线为 $P=30-0.4Q$；当产量 $Q\geqslant 20$ 时，厂商面对的需求曲线为 $P=34-0.6Q$，两需求曲线的斜率不相等，并且在 $Q=20$ 时出现拐折，所以该行业的市场结构为拐折需求曲线模型。

(2)当 $Q=20$ 时，$P=30-0.4\times 20=22$(或 $P=34-0.6\times 20=22$)

但是，当 $P=22$，$Q=20$ 时，

对 $P=30-0.4Q$ 而言，$R_1=30Q-0.4Q^2$

$MR_1=30-0.8Q=30-0.8\times 20=14$

对 $P=34-0.6Q$ 而言，$R_2=34Q-0.6Q^2$

$MR_2=34-1.2Q=34-1.2\times 20=10$

即在 $Q=20$ 时，MR 在 10～14 之间出现间断，边际成本在 10～14 之间都可以达到均衡。

又由 $C=180+6Q+0.1Q^2$ 可得 $MC=\frac{d_c}{d_Q}=6+0.2Q$

当 $MR_1=MC$ 时，$30-0.8Q_1=6+0.2Q_1$ 得 $Q_1=24$

当 $MR_2=MC$ 时，$34-1.2Q_2=6+0.2Q_2$ 得 $Q_2=20$

所以，只有 $Q_2=20$，才符合均衡条件。

而 $Q_1=24>20$，不符合条件，只有当 $0\leqslant Q_1\leqslant 20$ 时，$P=30-0.4Q$ 才成立。

因此厂商的最优产量为 $Q=20$，价格为 $P=22$

11. 假设市场中有大量企业，每家企业生产产量相同，每家企业的长期平均成本函数都相同，

即 $LAC=2Q^2-8Q+12$。求：

(1)该市场达到长期均衡的价格。

(2)如果市场需求函数为 $Q=1\ 000-60P$，则当市场达到长期均衡时，市场交易量是多少？市场中容纳了多少家企业？

解：(1)因为 $LAC=2Q^2-8Q+12$

又由于 $LAC=\dfrac{LC}{Q}$

从而有 $LC=LAC\times Q=2Q^3-8Q^2+12Q$

$LMC=6Q^2-16Q+12$

市场达到长期均衡，则有 $P=LMC=LAC$

从而有：$6Q^2-16Q+12=2Q^2-8Q+12$

$Q=2$

$P=2Q^2-8Q+12=2\times2^2-8\times2+12=4$

(2)当市场达到长期均衡时

市场交易量 $Q^*=1\ 000-60P=1\ 000-60\times4=760$

市场中容纳企业数为：$\dfrac{760}{2}=380$(家)

12. 企业在两个分离的市场上销售产品，它们的需求曲线分别为 $Q_1=150-2P_1$ 和 $Q_2=80-P_2$，企业的边际成本为 MC=10 元。如果企业实行价格歧视，则试求利润最大化时两个市场上的价格、销售量以及企业的总利润。

解：由于实行的是三级价格歧视，则两个市场上产品的边际成本均为 MC=10 元

对市场 1：$P_1=75-\dfrac{Q_1}{2}$；$R_1=P_1\times Q_1=75Q_1-\dfrac{{Q_1}^2}{2}$

$MR_1=75-Q_1$

当 $MR_1=MC$ 时利润最大，即 $75-Q_1=10$

$Q_1=65$；$P_1=42.5$

市场 2：$P_2=80-Q_2$；$R_2=P_2\times Q_2=80Q_2-{Q_2}^2$

$MR_2=80-2Q_2$

当 $MR_2=MC$ 时利润最大，即 $80-2Q_2=10$

$Q_2=35$；$P_2=45$

总利润 $\pi=Q_1\times(P_1-MC)+Q_2\times(P_2-MC)$

$= 65(42.5-10)+35(45-10)= 3\ 337.5$

13. 假定西瓜的价格在炎热气候下为每 100 公斤 60 元，在多雨气候下为每 100 公斤 40 元。每 100 公斤为一担。某农民生产西瓜的成本为 $C=\frac{1}{2}Q^2+5Q+100$，而他的生产决策总是在未知天气情况下作出的。假定天气好、坏的概率各为 50%，试求为使预期利润最大，该农民应生产多少西瓜，他能得到多少利润？

解：设生产量为 Q 担，则农民生产西瓜的预期收益为：

$R=60Q\times0.5+40Q\times0.5=50Q$

从而有：$MR=50$

又由于 $C=\frac{1}{2}Q^2+5Q+100$

从而有：$MC=Q+5$

要预期利润最大，则 $MR=MC$

即 $50=Q+5$，$Q=45$（担）

此时利润为：$\pi=R-C=50\times45-\left(\frac{1}{2}\times45^2+5\times45+100\right)=1\ 912.5$（元）

14. 垄断企业产品的需求函数为 $P=135-\frac{1}{50}Q$，总成本函数为 $C=12\ 000+0.025Q^2$ 求：

（1）当垄断企业利润最大时的产量和价格。

（2）如果政府限定企业以边际成本定价，则试求这一限制价格以及垄断企业提供的产量。（保留一位小数）

解：（1）由于 $R=PQ=\left[135-\frac{1}{50}Q\right]Q=135Q-\frac{1}{50}Q^2$

从而有：$MR=135-\frac{1}{25}Q$

又有 $C=12\ 000+0.025Q^2$

从而有：$MC=0.05Q$

垄断企业利润最大时有 $MR=MC$

即 $135-\frac{1}{25}Q=0.05Q$

$Q=1\ 500$　　　　　　　$P=105$

（2）限定以边际成本定价，则有 $P=MC$

$135-\frac{1}{50}Q=0.05Q$

则 $Q=1928.6$ $P=96.4$

15. 设牛奶的市场需求函数 $Q_d=152-20P$，供给函数 $Q_S=-4+188P$，试求：当市场是完全竞争时的均衡价格，消费者剩余和生产者剩余。

解：由 $Q_d=152-20P$ 和 $Q_S=-4+188P$

可得均衡价格为：$152-20P=-4+188P$，$P=0.75$，均衡量 $Q=137$

当 $Q=0$ 时，由 $Q_d=152-20P$ 得 $P=7.6$

故消费者剩余：$137\times(7.6-0.75)\div 2=469.2$

当 $Q=0$ 时，由 $Q_S=-4+188P$ 得 $P=0.021$

则生产者剩余：$(0.75-0.021)\times 137\div 2=49.9$

16. 设市场需求函数为 $Q_d=500-25P$，企业的长期边际成本与长期平均成本均为 5 元。求：

(1)在完全竞争市场中的均衡价格和均衡交易量。

(2)在垄断市场中的均衡价格和均衡交易量。

解：(1)在完全竞争市场中

由于 $LMC=LAC=5$

达到均衡有 $P=LMC=LAC$

则均衡价格为：$P=5$

均衡交易量为：$Q=500-25\times 5=375$

(2)在垄断市场中

由于 $P>LMR$

达到均衡的条件为：$LMR=LMC$

又有 $R=PQ=\dfrac{500-Q}{25}\times Q=20Q-\dfrac{Q^2}{25}$

则 $LMR=20-\dfrac{2Q}{25}$

从而有：$20-\dfrac{2Q}{25}=5$

$Q=187.5$ $P=12.5$

17. 某垄断厂商的需求曲线为 $P=1\,000-2Q$，试求当市场价格为 600 时，需求弹性是多少？

解：由 $P=1\,000-2Q$

有 $R=PQ=1\,000Q-2Q^2$

从而有 $MR=1\,000-4Q$

又由于 $MR=P\left(1-\dfrac{1}{|E_P|}\right)$

则 $1\ 000-4Q=P\left(1-\frac{1}{|E_P|}\right)$

所以当 $P=600$，$Q=200$ 时

有 $1\ 000-4\times200=600\left(1-\frac{1}{|E_P|}\right)$

得 $|E_P|=1.5$

18. 假设某垄断厂商的同一种产品可以在其两个不同的子市场 X、Y 上销售。X 子市场的需求弹性为 2，Y 子市场的需求弹性为 4。试求当垄断厂商实现利润最大化时，两子市场的市场价格之比。

解：在 X 子市场有：$MR_X=P_X\left(1-\frac{1}{|E_{d_X}|}\right)$

在 Y 子市场有：$MR_Y=P_Y\left(1-\frac{1}{|E_{d_Y}|}\right)$

当垄断厂商实现利润最大化时，有 $MR_X=MR_Y$

从而有：$\frac{P_X}{P_Y}=\frac{1-\frac{1}{|E_{d_Y}|}}{1-\frac{1}{|E_{d_X}|}}=\frac{1-\frac{1}{4}}{1-\frac{1}{2}}=\frac{3}{2}$

19. 假设市场需求函数是 $P=90-Q$，Q_1，Q_2 分别为厂商 A、B 生产的产量，Q 为 A、B 两厂商生产的总产量。又假设厂商的边际成本为零，即 $MC_1=MC_2=0$。试求古诺均衡。

解：由于 $Q=Q1+Q_2$

厂商 A 的决策为：

$R_1=PQ_1=(90-Q)Q_1=90Q_1-(Q_1+Q_2)Q_1$

$\quad=90Q_1-Q_1{}^2-Q_1Q_2$

$MR_1=\frac{d_{R_1}}{d_{Q_1}}=90-2Q_1-Q_2$

厂商为了实现利润最大化，有 $MR_1=MC_1=0$

厂商 A 的反应函数：$Q_1=45-\frac{Q_2}{2}$

Q1 即为在给定对方产量的情况下，A 厂商利润最大化的产量。

厂商 B 的决策：

同理，得厂商 B 的反应函数：$Q_2=45-\frac{Q_1}{2}$

联立求解两个反应函数，得：$Q_1=30$；$Q_2=30$；此时价格 $P=30$

这就是古诺均衡。

20. 某垄断厂商的需求函数为 $P=20-Q+A$，成本函数为 $C=Q^2+10Q+5A$。其中，A 为厂商的广告支出费。试求垄断厂商利润达到最大化时的最优产量、价格和广告支出费。

解：垄断厂商利润为：$\pi=PQ-C=(20-Q+A)Q-(Q^2+10Q+5A)$

$$=-2Q^2+10Q+AQ-5A$$

要实现垄断厂商利润最大化

则有：$\frac{\partial \pi}{\partial A}=Q-5=0$

$$\frac{\partial \pi}{\partial Q}=-4Q+10+A=0$$

从而解得：$Q=5$，　　$A=10$，　　$P=25$

六、案例分析

案例 5-1：农村春联市场案例

【背景资料】临近春节，我有机会对某农村农贸市场的春联销售进行了调查，该农贸市场主要供应周围 7 个村 5 000 余农户的日用品需求。贴春联是中国民间的一大传统，春节临近，春联市场红红火火，而在农村，此种风味更浓。在该春联市场中，需求者有 5 000 多农户，供给者为 70 多家零售商；供应商的进货渠道大致相同，且产品的差异性很小(春联所用纸张、制作工艺相同，区别仅在于春联所书写内容的不同)；供给者销售春联不要办工商执照，进出市场非常自由；农民购买春联时的习惯是逐个询价，最终决定购买，信息充分；供应商的零售价格水平相近，提价基本上销售量为零，降价会引起利润损失。原来，我国有着丰富文化内涵的春联，其销售市场结构竟是一个高度近似的完全竞争市场。供应商在销售产品的过程中，都不愿意单方面降价。某些供应商为增加销售量，扩大利润而采取的低于同行价格的竞争方法，反而会使消费者认为其所经营的产品存在瑕疵(如上年库存，产品质量存在问题等)，反而不愿买。该农村集贸市场条件简陋，春联商品习惯性席地摆放，大部分供应商都将春联放入透明的塑料袋中以防尘保持产品质量。而少部分供应商则更愿意损失少部分产品暴露于阳光下、寒风中，以此展示产品。因此就产生了产品之间的鲜明对照。暴露在阳光下的春联更鲜艳，更能吸引消费者目光、刺激购买欲望，在同等价格下，该供应商销量必定高于其他同行。由此可见，在价格竞争达到极限时，价格外的营销竞争对企业利润的贡献不可小视。在商品种类上，例如，“金鸡满架”一类小条幅，批发价为 0.03 元/副，零售价为 0.3 元/副；小号春联批发价为 0.36 元/副，零售价为 0.50 元/副。因小条幅在春联中最为便宜且为春联中的必需品，统一价格保持 5、6 年不变，因此消费者不对此讨价还价。小条幅春联共 7 类，消费者平均购买量为 3 到 4 类，总利润可达 1.08 元，并且人工成本较低。而小号春联相对价格较高，在春联支出中占比重较大，讨价还价较易发生；由此，价格降低和浪费的时间成本会造成较大利润损失，对小号春联需求量较大的顾客也不过购买 7 到 8 副，总利润至多 1.12 元。

根据上述背景资料，试分析农村春联市场应属于哪一种类型的市场？

（资料来源：杨晓东．农村春联市场：完全竞争的缩影．经济学消息报(第 599 期)，2004-06-25.）

【评析】

从农村春联市场来看，有下列特征：

(1)在该春联市场中，需求者有 5 000 多农户，供给者为 70 多家零售商，表明市场中有大量的买者和卖者参与。

(2)供应商的进货渠道大致相同，且产品的差异性很小(春联所用纸张、制作工艺相同，区别仅在于春联所书写内容的不同)，表明提供的春联产品是同质的或近似同质的。

(3)销售春联不要办工商执照，进出市场非常自由，表明春联出售者进入与退出市场几乎没有壁垒。

(4)农民购买春联时的习惯是逐个询价，最终决定购买，表明春联市场有完全的信息。

(5)供应商的零售价格水平相近，是市场价格的接受者。表明在该春联市场中存在边际收益等于价格。

所以说明农村春联市场接近于一个完全竞争的市场。

案例 5-2：中国电力市场案例

【背景资料】国家电监会于 2007 年 4 月 5 日发布了长达 3.2 万多字的国内首份《电力监管年度报告(2006)》。《报告》显示，发电环节的特点是投资主体多元化，全国 6 000 千瓦及以上各类发电企业有 4 000 余家，其中国有及国有控股企业占 90%。中国华能集团公司、中国大唐集团公司、中国华电集团公司、中国国电集团公司和中国电力投资集团公司等中央直属 5 大发电集团约占装机总量的 38.79%；国家开发投资公司、中国神华能源股份有限公司、中国长江三峡工程开发总公司、中国核工业集团公司、广东核电集团有限公司、华润电力控股有限公司等其他中央发电企业约占总装机容量的

10%；地方发电企业占总装机容量的45%；民营和外资发电企业占总装机容量的6.21%。在输电领域国家电网公司和南方电网公司分别占全国超高压电网的80%和20%。报告显示，目前全国从事省级输电业务的企业31家，跨省输电业务的企业6家。截至2006年底，两大电网总资产约为15 110亿元。按所有制形式划分，供电企业主要分中央国有和地方国有。中央国有主要为国家电网公司、南方电网公司和新疆生产建设兵团等拥有的供电企业；地方国有主要为内蒙古、陕西、山西等地方电力企业和水利系统管理的供电企业。截至2005年底，全国户通电率为99.20%。全国3 211家地、县级供电企业中，国家电网公司、南方电网公司直供直属的1 196家，控股或代管的1 353家，地方独立的662家。在电网环节，两大电网公司约占县级售电量的89%。普遍服务未完全实现，城乡与地区差异依然存在。在用电环节，用户高度分散。据统计，全国各类电力用户目前已超过2.3亿户。10千伏及以上用户近100万户。

根据上述背景资料，试分析中国电力市场结构。

（资料来源：http：//www.xinhuanet.com. 2007-04-06）

【评析】

（1）电力工业正由传统的垂直一体化垄断结构向竞争性市场结构转变，电力市场正在发育之中。

（2）发电环节的特点是投资主体多元化，并且初步形成了竞争格局。

（3）输电领域仍处于自然垄断状态，由两大电网公司垄断，属于双寡头垄断。

案例5-3：微软的垄断案例

【背景资料】微软公司成立于1974年，其创始人是比尔·盖茨和保罗·艾伦。1980年，微软公司启动主导软件市场的计划，说服IBM公司在MS-DOS操作系统上运行该公司的个人电脑，而该操作系统是微软仅花了5万美元从一名程序设计员手中买来的。由于IBM个人电脑获得的成功及其巨大的影响力，MS-DOS操作系统在计算机行业确立了其标准地位。不久，这种操作系统就被应用在全球80%的个人电脑上。到1991年，微软公司制作的DOS操作系统已占据了个人电脑93%的市场份额。1995年8月，微软公司推出其全新概念的Windows 95操作系统。1995年12月，比尔·盖茨宣布微软公司的战略将转向国际互联网。1997年9月，微软公司推出新一代浏览器Internet Explorer 4.0，开始全面进军互联网，与当时占据浏览器软件三分之二市场份额的网景公司展开浏览器大战。同时，微软公司将浏览器软件与其主导市场的 Windows 操作系统软件捆绑销售。当然微软公司为了保持其垄断地位，不断地推出 Windows 2000 操作系统、Windows 2003 操作系统、Windows 2007 操作系统等。

由于 Windows 操作系统在全球的推广和普及，微软已成为世界软件业无可争议的领头企业。微软最终的主导地位是由 Windows 95 确立的，该操作系统使得用户只需点击一下鼠标就可以开始程序的各项操作。微软公司在全世界 60 多个国家拥有 35 000 名员工，截至 2000 年 4 月 3 日，该公司的股票市场资本额高达 4 730 亿美元，其股票发行量多达 51.4 亿股。

根据上述背景资料，试分析微软的市场地位是创新还是垄断的结果。

（资料来源：由“上海财经大学干春晖 MBA 教学课堂讨论案例《微软垄断案》”和“世界经理人情报网《微软公司反垄断案案例分析》. 2007-02-07”相关内容综合而成。）

【评析】

(1) 微软由于掌握了个人操作系统上的核心技术，在操作系统领域采取垄断行为，并将这一垄断地位扩大至浏览器市场，将其浏览器软件与其主导市场的 Windows 操作系统软件捆绑销售，在市场上居于垄断地位。因此，微软的市场地位是垄断的结果。

(2) 微软公司凭借其掌握个人操作系统上的核心技术，不断地推出新的 Windows 操作系统。因此，这一垄断地位又是靠其技术创新来不断维持的。

第六章　要素市场

一、名词解释题

1. 派生需求　2. 要素的边际收益　3. 双边垄断　4. 买方垄断　5. 卖方垄断　6. 边际要素成本　7. 经济租金　8. 最初的生产要素　9. 厂商的边际收益产品曲线　10. 工资率变动的替代效应　11. 工资率变动的收入效应　12. 人力资本　13. 资本总量　14. 投资　15. 储蓄　16. 利息率　17. 禀赋点　18. 资源的稀缺性成本

二、单项选择题

1. 作为一个基本假设，厂商的目标是(　　)。

A. 利润极大化　　B. 收益极大化

C. 成本最小化　　D. 规模最大化

2. 在完全竞争的要素市场，生产要素的边际成本就是(　　)。

A. 要素的收益　　B. 要素的价格

C. 要素的利润　　D. 要素的成本

3. 对每一种要素厂商的利润要达到最大，厂商雇用的该要素应(　　)。

A. 边际收益>边际成本　　B. 边际收益<边际成本

C. 边际收益=边际成本　　D. 以上均不对

4. 下面的提法，不正确的是(　　)。

A. 对生产要素的需求是消费者对产品需求的派生需求

B. 对生产要素的需求是消费者对产品需求的引致需求

C. 对生产要素的需求也就是消费者对产品的需求

D. 对生产要素的需求不是消费者对产品的需求

5. 要素的边际收益曲线(　　)。

A. 都是向右下倾斜的　　B. 有些向右下倾斜

C. 都是向右上倾斜的　　D. 有些是水平的

6. 在下列各项中，不属于生产要素的是(　　)。

A. 土地　　　　　　　　　　B. 企业家才能
C. 商品里的商品——服装　　　D. 煤矿工人付出的劳动

7. 厂商的要素需求曲线向右下倾斜的原因在于(　　)。
A. 边际成本递减　　　　　　B. 边际生产力递减
C. 边际效用递减　　　　　　D. 规模报酬递减

8. 生产要素 a 和 b 的价格分别为 8 元、10 元，产品边际收益为 2 元。a 和 b 边际产量为(　　)时，该厂商利润最大。
A. 8、10　　　　　　　　　B. 16、20
C. 4、5　　　　　　　　　 D. 2、2.5

9. 市场中单个厂商对某种要素的需求曲线同全体厂商对该种要素需求曲线之间的关系表现为(　　)。
A. 二者重合　　　　　　　　B. 前者比后者平坦
C. 前者较后者陡峭　　　　　D. 无法确定

10. 市场需求曲线由名单个厂商需求曲线横向加总而得，当每个厂商要素使用量都增加时，市场需求曲线为(　　)。
A. 下部向里偏转　　　　　　B. 下部向外偏转
C. 不转　　　　　　　　　　D. 平行右移

11. 在完全竞争市场条件下，厂商生产某产品投入要素价格为 20 元，其边际产量为 5，要使利润最大，出售该产品的边际收益应是(　　)。
A. 20 元　　　　　　　　　B. 10 元
C. 5 元　　　　　　　　　 D. 4 元

12. 当要素的边际收益产品高于要素价格时，(　　)。
A. 厂商会增加要素的雇佣　　B. 厂商减少要素的雇佣
C. 厂商保持现有要素的雇佣量 D. 看产品价格而确定要素的雇佣

13. 产品市场上产品价格的提高会使厂商对要素的需求曲线(　　)。
A. 左移　　　　　　　　　　B. 右移
C. 下部右摆　　　　　　　　D. 以上都不对

14. 长期内厂商对劳动的需求曲线比短期厂商对劳动的需求曲线(　　)。
A. 斜率要大　　　　　　　　B. 斜率要小
C. 斜率相等　　　　　　　　D. 说不清楚

15. 在双边垄断要素市场上，市场的均衡(　　)。
A. 由政府干预形成　　　　　B. 双方讨价还价形成
C. 势力大的一方说了算　　　D. 根本不能形成

16. 在买方垄断要素市场上，买方垄断都往往人为地(　　)。

A. 抬高购买价格减少购买数量　B. 压低购买价格减少购买数量

C. 压低买价增加购买数量　　D. 抬高买价增加购买数量

17. 就单个劳动者而言，一般情况下，在工资率较低阶段，劳动供给量随工资率上升而(　　)。

A. 上升　　B. 下降

C. 不变　　D. 不能确定

18. 随着单个劳动者的劳动供给曲线向后弯曲变化，市场的劳动供给曲线将会(　　)。

A. 向前弯曲　　B. 向后弯曲

C. 仍保持向右上方倾斜　　D. 以上均不对

19. 关于工资率变动的收入效应，不正确的描述是(　　)。

A. 指工资率对劳动者的收入和对劳动时间产生影响

B. 劳动时间不变，工资率的提高使劳动者收入提高

C. 劳动时间不变，工资率的提高使劳动者有能力消费更多的闲暇

D. 工资率的提高的收入效应使劳动供给量增加

20. 下列描述正确的是(　　)。

A. 市场均衡工资率是劳动市场需求与劳动市场供给相互作用的结果

B. 当市场工资率高于均衡工资时，市场劳动供给量小于需求量

C. 当市场工资率低于均衡工资时，市场劳动供给量大于需求量

D. 以上均不是

21. 我国越来越多的青少年成长为劳动力，这使劳动供给曲线(　　)。

A. 左移　　B. 右移

C. 不动　　D. 以上都不对

22. 影响劳动力供给的因素，不正确的是(　　)。

A. 劳动供给数量　　B. 劳动市场上劳动力人口参与率

C. 法律规定的劳动时间　　D. 以上都不对

23. 不同国家间工资差别较大的主要原因不在于(　　)。

A. 社会性质、意识形态不同

B. 不同国家劳动者得到的资本数量不同

C. 劳动供给量不同而且劳动在国际间流动有障碍

D. 劳动者接受训练和受教育不同

24. 资本劳动的替代性是影响劳动市场的需求弹性的重要因素，资本对劳动的(　　)。

A. 替代性越强，长期劳动需求弹性越大

B. 替代性越强，短期劳动需求弹性越小

C. 替代性越弱，长期劳动需求弹性越大

D. 替代性越弱，短期劳动需求弹性越大

25. 劳动的边际产量下降的速度对劳动的需求弹性影响是(　　)。

A. 劳动边际产量下降越快，劳动需求弹性越大

B. 劳动边际产量下降越快，劳动需求弹性越小

C. 劳动边际产量下降越慢，劳动需求弹性越小

D. A、C 正确

26. 工资率上升，工资率变动的替代效应使劳动供给量(　　)。

A. 增加　　B. 减少

C. 不变　　D. 以上都不对

27. 当工资率变动的收入效应大于替代效应时，(　　)。

A. 劳动供给曲线向后弯曲　　B. 劳动供给曲线向右弯曲

C. 劳动供给曲线向右下倾斜　　D. 劳动供给曲线向左下倾斜

28. 在劳动市场中，(　　)是弱信号。

A. 受教育程度　　B. 家庭住址

C. 面试成绩　　D. 仪表

29. 对资本供给曲线与均衡利息率的描述，正确的是(　　)。

A. 当产品市场上价格提高时，资本需求曲线左移

B. 当资本的边际产量提高时，市场均衡利息率降低

C. 当资本的供给大于资本的需求时，均衡利率会降低

D. 当资本的供给大于资本的需求时，均衡利率会提高

30. 长期资本供给曲线(　　)。

A. 富于弹性　　B. 缺乏弹性

C. 弹性为零　　D. 为单元弹性

31. 短期资本供给曲线(　　)。

A. 富于弹性　　B. 缺乏弹性

C. 为单元弹性　　D. 弹性较大

32. 在为期只有两期的跨期消费者选择模型中，“禀赋点”是(　　)。

A. 两期的收入全部用在第一期消费

B. 两期的收入全用于第二期消费

C. 第一期收入全用于第一期消费，第二期收入全用于第二期消费

D. 暂不消费，全部储蓄

33. 在为期只有两期的跨期消费者选择模型中，消费者预算的约束线的斜率为(　　)。

A. 1　　B. $1+r$

C. r　　D. $\frac{1}{1+r}$

34. 利率变化的替代效应是，当利率上升时，(　　)。

A. 人们多消费少储蓄　　B. 人们多储蓄少消费

C. 人们不消费只储蓄　　D. 人们不储蓄只消费

35. 当利率变动的收入效应是利率上升时，(　　)。

A. 人们只储蓄不消费　　B. 人们增加消费，减少储蓄

C. 人们不消费，只储蓄　　D. 人们增加储蓄，减少消费

36. 当利率变动的价格效应是利率上升时，(　　)。

A. 人们增加储蓄减少消费　　B. 人们增加消费减少储蓄

C. 人们不储蓄，只消费　　D. 说不定

37. 利率水平的上升有可能使一个借款者(　　)。

A. 变为一个储蓄者　　B. 继续借钱

C. 变成一个投资者　　D. 说不清楚

38. 对于一个给他人借钱者，利率上升(　　)。

A. 降低了他的真实收入，收入效应为负

B. 提高了他的真实收入，收入效应为负

C. 提高了他的真实收入，收入效应为正

D. 降低了他的真实收入，收入效应为正

39. 就整个经济来说利率变化(　　)。

A. 替代效应强于收入效应　　B. 收入效应强于替代效应

C. 替代效应大于价格效应　　D. 替代效应小于价格效应

40. 个人和厂商对资本的需求曲线始终(　　)。

A. 向左下倾斜　　B. 向右下倾斜

C. 向右上倾斜　　D. 依情况而定倾斜方向

41. 从整个社会角度、土地的供给曲线是一条(　　)。

A. 垂线　　B. 水平线

C. 向右上倾斜的曲线　　D. 依价格变化而变化的线

42. 地租的大小取决于(　　)。

A. 土地供给量的大小

B. 土地价格的高低和位置

C. 土地的边际生产力和现有土地数量

D. 人们的意愿

43. 若某歌星年收入 100 万元，而从事其他工作最多收入 20 万元，则其经济租金为(　　)。

A. 100 万元　　B. 20 万元

C. 80 万元　　D. 120 万元

三、判断题

1. 要素的边际收益产品是要素的产品边际收益与要素的边际产量的乘积。即 MRP = MR · MP (　　)

2. 从利润最大化的目标出发，厂商雇用最后那个单位的要素得到的收益要大于要素的价格。(　　)

3. 要素的边际收益恰好等于边际成本，这时厂商能获得最大利润。(　　)

4. 从长期来看，厂商对要素的需求曲线比较短期的需求曲线较为平坦。(　　)

5. 当厂商所在行业是垄断行业时，加总各厂商对生产要素的需求曲线就是该行业的要素需求曲线。(　　)

6. 当行业内有许多厂商时，单个厂商要素需求曲线简单水平相加就是行业要素需求曲线。(　　)

7. 无论何种情况，厂商的要素边际收益产品曲线都是向右下倾斜的，只是斜率不同。(　　)

8. 对最终产品需求弹性越大，对生产该产品的要素的需求弹性也越大。(　　)

9. 若某种要素很容易被替代，则其需求弹性越小。(　　)

10. 其他要素供给弹性越大，对该种要素的需求弹性越大。(　　)

11. 时间越长，要素需求弹性越大。(　　)

12. 一般而言，家庭或消费者是要素的供给者。(　　)

13. 社会面临的要素供给曲线的斜率小于某个行业面临的要素供给曲线的斜率。(　　)

14. 买方垄断厂商可以通过人为地减少对要素的购买量而提高要素价格。(　　)

15. 卖方垄断可以控制要素的供给量来决定要素价格。(　　)

16. 双边垄断情况下，市场的均衡可以通过双方讨价还价形成。(　　)

17. 最终产品需求也就是生产要素需求。 ( )
18. 在完全竞争的要素市场，生产要素的边际成本就是要素的价格。 ( )
19. 劳动使用的密集程度越大，劳动的需求弹性越小。 ( )
20. 劳动边际产量下降得越快，劳动的需求弹性越大。 ( )
21. 劳动产品的需求弹性越大，劳动的需求弹性越大。 ( )
22. 资本对劳动的替代性越强，长期劳动需求弹性越大。 ( )
23. 工资变化的替代效应使人们在工资水平上升后多工作少休息。 ( )
24. 工资变化的收入效应使人们在工资水平上升后多休息少工作。 ( )
25. 工资变化的价格效应使人们在工资水平上升后多工作少休息。 ( )
26. 工资上升的价格效应由正到负反映在劳动供给曲线就是一条向右上倾斜的曲线。 ( )
27. 劳动供给曲线向外移动，总体工资水平呈上升趋势是世界上绝大多数国家的历史发展轨迹。 ( )
28. 教育是劳动市场中的一个强信息。 ( )
29. 劳动的边际生产力是决定工资水平的关键因素。 ( )
30. 劳动的需求曲线是向右下倾斜的。 ( )
31. 资本总量是个存量概念。 ( )
32. 一个家庭的预期收入比当前收入要低，其储蓄愿望较高。 ( )
33. 资本的供给来源于居民储蓄。 ( )
34. 长期资本供给曲线富于弹性而短期资本供给曲线缺乏弹性。( )
35. 长期资本供给曲线缺乏弹性而短期资本供给曲线富于弹性。( )
36. 在跨期消费者选择模型中预算约束线的斜率是 r。 ( )
37. 利率变化的替代效应使利率上升时人们当前多储蓄少消费。( )
38. 利率变化的收入效应使利率上升时人们当前多储蓄少消费。( )
39. 利率变化的价格效应使利率上升时人们当前多储蓄少消费。( )
40. 利率上升有可能使一个借钱者变为储蓄者。 ( )
41. 利率下降有可能使一个借钱者变为储蓄者。 ( )
42. 当资本需求小于资本供给时，竞争会导致利率下降。 ( )
43. 就社会而言，土地的供给曲线是一条垂直于横轴的直线。 ( )
44. 某些高收入的职业主要是由于其收入中租金成分很高。 ( )

45. 就某个行业而言，面对的土地供给曲线也是一条几乎垂直于横轴的直线。　　(　)

四、简答题

1. 为什么要素的边际收益产品曲线向右下倾斜？
2. 简介行业对要素的需求曲线。
3. 影响要素需求弹性的因素。
4. 简介要素市场的供给曲线。
5. 买方垄断的要素市场均衡。
6. 卖方垄断的要素市场均衡。
7. 长期内厂商对要素的需求曲线。
8. 影响劳动需求弹性的因素。
9. 工资变动的价格效应。
10. 劳动市场的供给曲线。
11. 教育与信号显示。
12. 决定劳动边际生产力的主要因素。
13. 储蓄及其影响因素。
14. 跨期选择的价格效应。
15. 资本市场的需求。
16. 资本市场的供给。
17. 资本市场的均衡。
18. 稀缺性成本。
19. 经济租金。

五、计算题

1. 完全竞争厂商生产函数是 $Q=12L-L^2(0\leqslant L\leqslant 6)$。$L$ 是每天劳动投入，Q 是每天产出。若产品市场价格为 10 元，当工资率为每天 25 元时，则厂商将雇用多少工人？

2. 劳动市场的需求曲线为 $D_L=-2W+30$，供给曲线 $SL=4W$，S_L 为劳动市场供给，D_L 为劳动市场需求，W 为每日工资。求：

(1) 该市场中劳动与工资均衡水平。

(2) 如政府希望提高均衡工资 1 元/日，把钱补给企业，由企业增发给职工，政府需补给企业多少？企业补给职工多少？

3. 某行业对劳动的需求曲线为 $L=600-5w$，供给曲线为 $10w$。L：劳动供给(需求量)，w：工资率。求：

(1)均衡工资率和每天劳动雇用量。

(2)如果劳动由一垄断组织控制，它希望劳动就业收入达到最大化，求此时的劳动量和工资率。

4. 市场利率为10%并预期长期维持这一水平，消费者能按此利率水平借入或贷出资金。计算：

(1)你是要今天的500元礼金还是要一年后的540元礼金？

(2)你是要现在的2 000元赠款还是要连续四年每年750元的赠款？

(3)你得到奖励，可有两种方法，第一，一次性领取100万元；第二，每年领取9万元直到永远，甚至可以遗传继承，你要哪一种？

5. 假定在国民经济中不熟练工人的需求和供给函数为：

需求：$L_d = 10 - 0.5w$

供给：$L_s = 6 + 0.9w$

这里，L 为工人人数，以百万计；w 为小时工资率。

(1)请确定均衡的工资率和工人就业人数。

(2)如果国家规定最低工资为每小时4.25元，则工人的工资率和就业人数应是多少？与题(1)比较，有多少工人会失去工作？

(3)如果最低工资规定为每小时5元，则工人的工资率和就业人数将是多少？请与题(1)的习题参考答案作比较。

6. 假定对美国篮球协会(NBA)篮球队中锋的需求方程为：

$L_d = 400\ 000 - 2W$

中锋的供给函数为：

$$L_s = \begin{cases} 32 & \text{如果 } W \geq 40\ 000 \text{ 美元} \\ 0 & \text{如果 } W < 40\ 000 \text{ 美元} \end{cases}$$

这里，L 为运动员数；W 为年薪。

(1)请画出需求和供给曲线。

(2)请确定NBA中锋的均衡工资率。

(3)假定现场观众和电视观众的人数突然下降，使需求函数变为：

$L_d = 300\ 000 - 3W$

请问年薪会发生什么变化？职业篮球运动员的数目与需求曲线变化前相比有什么区别？

(4)根据供给函数，你对在NBA中担任中锋的机会成本的最佳估计是多少？

7. 假定在一个完全竞争的产品市场里，企业的产品价格为每单位10

元。已知劳动力的总产量函数如表 1 中的前两列，请把表 1 填满，求出企业对劳动力的需求表。

表 1

劳动力数量	总产量	边际产量	边际产量收入(元)
0	0		
1	21		
2	30		
3	38		
4	42		
5	43		
6	40		

假定这一企业是买主垄断企业，面临的是下面的劳动力供给表 2。请用这些数据，算出企业在劳动力上的总费用和边际费用。

表 2

工资率	劳动力供给	劳动力总费用	劳动力边际费用(元)
20	0		
22	1		
25	2		
30	3		
35	4		
40	5		
50	6		

请用这些数据确定企业应雇用多少劳动力？工资率是多少？请解释之。

8. 代表自动化设备行业的所有企业管理当局的一方正在与该行业的工会领袖为一方，就一项三年期的新合同进行谈判。劳动力的需求函数为(即劳动力的边际产量收入)：

$$MRP_L = 20-2L$$

与需求曲线相对应的边际收入函数为：

$$\mathrm{MR}=20-4L$$

和行业的劳动力供给函数和边际费用函数分别为：

$$w=5+2L$$

$$\mathrm{MFC}=5+4L$$

这里，L 是工人人数(以千人计)，w 是小时工资率。

(1)如果管理当局一方能支配谈判并决定协议条件，则工资率和雇用量应定为多少？

(2)如果工会一方能支配谈判并决定协议条件，则工资率和雇用量应定为多少？

9. 某城市公寓房的供给是固定的，为 2 000 单元；不盖新房是因为缺水。对这些单元的需求方程已知为 $Q_d=5\ 000-5P$。这里，P 是月度单元价格；Q 是单元数。每个单元的保留价格是每月 300 元。

(1)请确定公寓房每个单元的均衡月度价格。

(2)每单元的经济租金和总经济租金各为多少？

(3)政府通过一个租金管制条例，规定每月的价格不得超过 400 元。请确定在这一价格水平上的单元需求量。如果需求量超过供给量，而租金又不能增加，则公寓房的房主会作出什么反映？

10. 某种玩具的市场需求函数和供给函数分别为：

$Q_D=2\ 000-250P$

$Q_S=600+100P$

这里，Q_D为需求量；Q_S为供给量；P 为价格。

A 公司生产这种玩具的生产函数为：

$Q=K^{0.5}L^{0.5}$

这里，Q 为产量；K 是资本投入量；L 是劳动力投入量。A 公司在一个小镇上是最大的劳动力雇主，它面临的劳动力供给函数为：

$$w=0.5L$$

这里，w 为工资率。

如果资本的投入是固定的且为 225，则请确定利润最大化的劳动力投入量、产量和工资率。

六、案例分析题

案例 6-1：大学生遭遇就业寒冬

案例适用：劳动力市场均衡

案例来源：根据网易教育频道：就业歧视无法无天，中国大学生遭遇就业寒冬、经济观察网：全球金融危机，大学生遭遇就业寒冬、搜狐财经：评论“美国大学生就业遭遇寒冬了吗”、CCTV-2 今日观察栏目：大学生就业遭遇寒冬等，2009 年 6 月 1 日编写。

案例内容：

当今中国大学生就业难已经成为一个社会性的难题。从 1999 年开始高校扩招，我国高等教育进入新的发展阶段，毕业生人数以每年超 50 万的规模增加，今年毕业生人数超过 600 万。与此同时，企业纷纷减员增效、政府精简机构、事业单位实行下岗分流，造成人才需求下降。逐年增加的数以百万计的高校毕业生与经济增速放缓的局面形成鲜明的对比，直接导致了大学生就业竞争的加剧。时至 2008 年，大学生就业更是遭遇最冷的寒冬。

2008 年是非常特殊的一年，不仅是我国劳动力市场管制逐渐强化的一年，也是雪灾、地震、奥运会、全球金融危机等一系列重大事件交织发生的一年。这些重大事件或直接或间接地影响了我国社会经济发展的格局，并构成了当前就业面临的基本形势。这些重大事件不仅影响到总体就业状况，也必然会对大学生就业产生影响。为抵御金融海啸给大学生就业带来的严峻压力，中央和地方各相关部门出台多项措施帮助大学生就业，各高校积极出招应对严峻的就业形势，高校毕业生也顺应形势发展，降低期望值，先就业再择业，或加入到“考研”和“考公”的队伍中以避过“就业寒冬”。

试分析该现象。

附：资料来源

1. 就业歧视无法无天　中国大学生遭遇就业寒冬

作者：魏雅华 文章来源：网易—教育频道—观察与思考　时间：2006-03-11

这两年，在中国应届大学毕业生的招聘会上，几乎所有的招聘单位，都要求应聘者有“两年以上工作经验”。刚毕业的大学生哪来的“两年以上工作经验”？中国的就业歧视竟然如此荒唐，如此离谱。在中国，35 岁，如此年富力强，便已无法找到工作，更不用说 40 岁、50 岁了。我们该不该制定中国的《雇佣年龄歧视法》？

2006 年的中国大学毕业生就业形势

轰轰烈烈的 2006 年的中国大学毕业生就业大幕，在 2005 年的冬天，便已早早拉开序幕，总数再创新高的 413 万大学毕业生开始涌入人才市场。

当前中国大学毕业生就业难已经成了一个社会性的难题。从 1999 年开始高校扩招，我国高等教育进入新的发展阶段，毕业生人数每年以 60 万~70 万增加，如 2002 年 145 万、2003 年 212 万、2004 年 280 万、2005 年达到 338 万。与此同时，企业纷纷减员增效、政府提倡精简机构、事业单位实行下岗分流、造成人才需求下降。可以预计大学生就业竞争将会更加激烈。2006 年，大学生将遭遇就业寒冬。

日前，教育部宣布，2006 年，中国的大学将继续扩招，招生总数将创出天量，达到创纪录的 800 万。然而，近年来的大学生就业率却持续下降。据教育部统计，从 2002 年开始高校扩招的大学生陆续毕业。当年全国普通高校毕业生 145 万，6 月初次就业率为 64.7%，与 2001 年同期相比下降 5 个百分点。到 2002 年底，又有约 22 万人实现就业，就业率上升到 80%。2003 年，大学毕业生为 212 万，时值“非典”期间，企业减缩就业指标，学生就业心理受到创伤。后经党中央、国务院统筹、多方协调、各级政府高度重视下，最后的就业率：本科院校 70%、高职院校就业率为 55%。2004 年，大学毕业生为 280 万，初次就业率：本科院校 61.3%、高职院校就业率不到 40%。2005 年，大学毕业生为 338 万，就业率本科院校为 70%、大专生为 40%(专家认为有水分)。

中国的大学生一次就业率一跌再跌。是因为中国的人才资源过于旺盛，钵满盆盈了吗？不是，2005 年之春，中国爆发了史无前例的民工荒，民工荒的规模之大，情况之严重让中国措手不及。可就是在这样的情况下，中国大学生的就业率还是一跌再跌。那么，是因为中国的大学生太多了吗？在美国和日本，接受过高等教育的人数，占全国总人数的比重，分别为 35% 和 23%，而我国仅为 5%。显然，我国的大学毕业生不是太多，而是太少。

在劳动力这座金字塔上，农民工处在最下层，对于中国来说，他们的计数是以亿为单位的。而大学毕业生处在这座金字塔的塔尖上，他们的计数是以百万为单位的，两者之差为上百倍。

就业歧视已成为严重的社会问题

2005 年 12 月，CCTV 对就业歧视进行了一个网上调查，结果显示，有 74%的求职者遭遇过就业歧视。可见就业歧视已不是个案，已不是小概率事件，已不是依靠道德或舆论就能解决的问题了。

长期从事社会保障领域研究的专家学者、中国人民大学劳动人事学院副院长、十届全国人大常委会委员郑功成认为：在中国的就业市场上，90%以上的招聘广告均含有歧视性条款，包括年龄歧视、性别歧视、学历歧视、户籍歧视、地域歧视乃至身体歧视如身高、相貌等，就业歧视正在愈演愈烈。不立法明令禁止，便会损害劳动力市场的正常发育与成长，进而带来更为严重的经济社会后果。同时也会严重扭曲人力资本投资的正常行为。如片面追求高学历等，破坏就业市场的公平竞争环境，导致人力资本的巨大浪费。如果任其发展下去，则劳动力市场就不可能正常地发育成长，最终必然损害政府促进就业的战略和整个经济社会的健康发展。

当就业歧视涵盖中国90%以上的招聘要求的时候，我们还可以对此安之若素吗？

形形色色的就业歧视

2003年3月，一起重大凶杀案震动了全中国。浙江大学应届毕业生周一超参加嘉兴市秀洲区公务员考试，因在体检时被查出乙肝“小三阳”未被录取，愤怒的周一超情绪失控，杀死在场的区人事劳动局一名工作人员，刺伤一人。最终周一超被法院判处死刑。周一超之死之所以震动了全中国，是因为周一超之死拨动了大学生在报考公务员中所遭遇的就业歧视这根敏感的神经。

目前，我国乙肝病毒携带者已有1.2亿之多，也就是说，每10个人中就有一名。2004年，在周一超之后，又有人因此将招聘单位告上了法庭，并有了收获。2004年后，中国公务员录取体检卫生标准作出修订，明确规定，乙肝病毒携带者可以录用。

就业歧视不只发生在招聘中，还发生在已就业的人群中。

2004年，某地水电工程局10名女工，集体向当地人民法院提出离婚诉讼。因为水电局规定，合同制工人无配偶的，才可与企业续签劳动合同。为取得劳动资格，已婚的女工们，只好集体以提出离婚诉讼的方式，抗议“就业婚姻歧视”。

其实在我们的社会中，就业歧视又何止一个“婚姻状况”，歧视可谓五花八门，无奇不有。公开的、见诸文字的就业歧视比比皆是：如年龄歧视、学历歧视、性别歧视、户籍歧视、生理歧视、健康歧视、婚育歧视，甚至方言歧视、血型歧视。

2005年，一位大学毕业生在网上所发的帖子中说道，他们学校举办的专场招聘会上，有一家公司的招聘要求里竟然有这样的规定，属狗的不要，因为老板算命说，今年和属狗的相克。而最让人不能容忍的是，在国家公务员的考试中，竟然所含的公开的露骨的就业歧视条款最多。在国家公务员的考试中，明文规定年龄不能超过35周岁、身高不得低于1.6米、当地户籍、不能是乙肝携菌者，等等。

据厦门大学调查显示，在相同条件下，女性毕业生就业机会只有男性毕业生的87.7%。许多招聘会上，不少用人单位打出“只限男生”、“男生优先”的招聘条件。

反就业歧视究竟有法无法

近几年，因就业歧视所导致的诉讼，渐渐地多了起来。著名的、在社会上引起轩然大波的，如四川大学毕业生状告中国人民银行成都分行招聘中的“身高歧视”案。以四川大学毕业生状告中国人民银行成都分行招聘中的“身高歧视”一案，来解剖中国反就业歧视究竟有法无法？该银行规定，男性身高要在 1.68 米以上，而该大学毕业生只有 1.65 米。因为矮了 3 厘米，便失去了报名资格。因此，该大学毕业生将中国人民银行成都分行告上了法庭。

可问题是，该大学毕业生的侵权起诉，在中国的法典中居然找不到直接的、明确的法律依据。如果他的诉讼真的找不到法律依据，那么，结果只有一个：他将因“无法可依”而败诉。

原告最终选择援引《宪法》进行诉讼。原告的依据是《宪法》第 33 条第 2 款规定：公民在法律面前人人平等。《宪法》第 42 条还规定，公民享有劳动权。法院受理了该案。如此看来，在中国反就业歧视似乎有法可依。可这样的法律依据对于这桩诉讼案是不充分的。因为在一般情况下，在中国的司法实践中，《宪法》很难进入民事侵权的诉讼案件，因为它的规定过于原则，过于笼统，而且没有可供操作实施的细则。如法院认定侵权成立，随后的问题是，如何处罚被告？该法中没有相对应的规定，因之没有可操作性。由于该案在起诉时引用的是《宪法》，这起案件被誉为“宪法平等权”第一案。

于是，在中国，“反就业歧视究竟有法无法？”一问，似乎面对的是这样一种困境：说反就业歧视无法可依，似乎不对。在中国的《宪法》和《劳动法》中，都有公民享有平等的就业权的规定。《劳动法》第 3 条规定“劳动者享有平等就业和选择职业的权利”，第 12 条规定“劳动者就业，不因民族、种族、性别、宗教信仰不同而受歧视”；说反就业歧视有法可依，似乎也不对。因为这些法律规定仅有理论上的意义，无法进入司法审判程序。既不能使被侵权的原告受益，也不能使侵权的被告因违法而受到处罚。

反就业歧视急需立法

关于反就业歧视立法，连续三年，全国人大、政协会议上都有代表和委员提出建议。但至今尚未纳入立法范畴。积弊已久的就业歧视不但违背了市场经济发展的基本规律，是社会和谐发展中的一股逆流，也与我国经济融入全球一体化不协调。从立法上铲除就业歧视，已是中国的当务之急。应在《宪法》中增加反就业歧视的内容，并制定独立的《反就业歧视法》。

从司法层面上应建立相应机构，如“公平就业委员会”，以保障劳动者就业平等合法权益的实现。平等就业委员会，将承担以下职责：对就业歧视作出认定，对就业歧视申诉案件进行调查、协商、调解，研究公平就业政策并提出建议，提供有关就业歧视的咨询服务等，并可为受害人准备起诉书，代表参加诉讼。

劳动者的平等就业权是受《中华人民共和国宪法》所保护的、公民最重要的基本权利，是基本的人权构成的核心构件之一。如果这样的权利都得不到保障，那么又何言法制中国，中国法制？所以，应尽快出台《反就业歧视法》。

美国的反就业歧视

在美国，如果政府在招收公务员，或者企业在招收员工时，规定35岁以上的公民不准报考，那么会有什么后果呢？

在美国，我们无法找到这种公开的就业歧视的案例。因为在美国任何政府部门招收公务员，或者企业招收员工时，不敢如此露骨地挑战法律。

目前，美国、英国等国家都设有公平就业委员会此类专门针对就业歧视的机构，美国平等就业机会委员会平均每年处理超过70万件就业歧视控诉案件。

2000年6月，就职于巴博汽车销售公司的7名阿富汗籍员工，被许多同事称为“恐怖分子”。公平就业委员会经调查认定，巴博汽车销售公司伤害他人自尊，违反《民权法案》，必须赔偿7名穆斯林员工55万美元。祖布雷克女士曾是华尔街瑞士银行的一名雇员，三年前因被男上司认为“又老又丑不能胜任工作”而遭解雇。祖布雷克女士提起“性别歧视”诉讼，目前，这场长达三年的诉讼终于结束，法院判决瑞士银行付给祖布雷克女士2 900万美元赔偿金。瑞士银行被判付给祖布雷克女士2 900万美元是一种惩罚性赔偿，这样的惩罚足以让任何企业都要分外小心就业歧视这根高压线。

美国的法律惩罚性赔偿，基于如下原则：权利歧视是最严重的侵权。而法律的制定总是以普世的价值观为基础，在美国，就业歧视首先为主流价值观所不容，被看成与种族歧视一样的罪恶。

而因为性别，因为怀孕，就被用人单位拒之门外，或扫地出门，这在美国几乎是不可能发生的。美国报纸上的招聘广告，大都只写明职位、报酬等，至于年龄、性别、种族、身体健康、宗教信仰、国籍、家庭状况等方面的要求，则很少看到。即使在面试时，这些问题也都被排除在外，雇主们很清楚，一不小心，就有可能涉嫌就业歧视，成为被告。成为被告并不可怕，即使被判赔偿也不可怕，可怕的是惩罚性赔偿。惩罚性赔偿动辄天文数字，公司越大赔得越多。

在西方国家，用人自主权不是一个无限的权力，它要受到法律的限制。

在美国，按照法律，雇主招聘时不可以对年龄、肤色、性别、种族、宗教信仰、国籍、个人身体素质、家庭状况等提出问题，甚至在面试时所提问题，也不能涉及这些内容。

美国于1967年颁布的《雇佣年龄歧视法》明文规定，歧视40~65岁求职者是违法行为。在招募广告上指明招聘“成熟的”求职者，也是违法行为。

2. 全球金融危机，大学生遭遇就业寒冬

经济观察网 2008年12月8日

2008年是非常特殊的一年，不仅是我国劳动力市场管制逐渐强化的一年，也是雪灾、地震、奥运会、全球金融危机等一系列重大事件交织发生的一年。这些重大事件或直接或间接地影响了我国社会经济发展的格局，并构成了当前就业面临的基本形势。

当前就业面临怎样的形势?

首先，经济增长速度下降会影响就业的增长空间。今年第三季度我国GDP同比增长9%，这是中国经济增速自2006年以来首次降至个位数，并有可能全年的GDP增长不超过10%，这必然会不利于就业需求的增长。尽管如此，由于我国仍然保持着GDP的高增长水平，就业需求增长的基本环境并没有受到太大影响，关键问题在于经济增长的结构变化对就业需求的结构有很大影响。

金融危机直接影响行业就业，并可能引发更大规模的就业冲击。因美国次贷危机而引发的国际社会金融海啸导致了金融机构的连锁性破产，引发了金融行业的裁员风潮。金融危机渗透到实体经济领域，会对整个经济增长带来巨大的负面影响。就中国而言，作为国际金融体系的组成部分，行业性的冲击不可避免，尽管由于资本市场“防火墙”的存在而在程度上有所减缓。此外，与国际贸易相关的行业就业会受到最为明显的冲击。如果这个过程继续影响到经济增长，那么这对就业增长将是一个非常不利的信息。

劳动力市场管制增加了劳动力成本，短期内会减少劳动力需求。长期以来，我国劳动力权益没有得到较好的保护，并引发了诸多影响社会稳定的劳动事件。自2008年起，我国颁布的《劳动合同法》、《就业促进法》、《劳动争议调解仲裁法》、《劳动合同法实施条例》等劳动法律法规相继实施，为劳动就业权利保护提供了更好的法律环境。与此同时，作为劳动力市场管制措施的就业保护法规的集中出台，必然会导致劳动力成本在短期内迅速增加。不管增加的是合法的管理成本，还是劳动法专家所说的“主要是违法成本”，其结果都会带来对劳动力需求的减少。由于我国的就业立法并没有雇员规模的限定，特别是中小企业与个体经济组织受到立法的影响最大，导致了国际通行的中小企业“管制豁免”优势的丧失，不利于创业激励。

国内重大自然与社会事件对就业的影响是喜忧参半。年初的雪灾与年中的地震在短期内对就业是不利的，但是国家与地方对灾后重建的投入必然会导致对劳动力需求的增长，特别是基础设施的建设将会是一个比较长的过程。与此相反，2008年的北京奥运会在开幕之前由于场馆建设等方面的原因，对就业实际上是利好的。奥运会之后，与奥运相关的领域就业自然会下降。

当前大学生就业形势及就业前景如何？

毫无疑问，这些事件不仅影响到总体就业状况，也必然会对大学生就业产生影响。然而，对于大学生就业而言，最关键的影响因素还是“结构性的”。这些因素包括短期供给超量、区域选择偏好、就业能力不足等方面，其中解决就业能力不足问题将是有效解决大学生就业的根本所在。

在时间结构上，大学毕业生供给超量增长在短期内超出了需求的增长，劳动力市场还需要时间逐步调整。近年来，我国经济一直快速增长，特别是经济结构的升级速度加快，带动了对高人力资本存量的高校毕业生的强劲需求，从而促动了高等教育迅速发展。我国从业人口中具有各类大专以上学历的人员仅占5%，而工业发达国家则为25%~30%，因此，加快提升国民素质的需要也极大地推动了高等教育的迅速发展。问题是，大学毕业生供给增长的速度远高于经济增长，越来越多的大学生在寻找工作。劳动力市场需要一定的时间逐步消化大学毕业生在短期内的超量供给。

但是，必须说明的是，不能仅仅以大学生暂时的就业困难就去否定高等教育政策，这是两个不同的问题。严格地说，高等教育招生规模的扩大，为更多的青年人提供了接受高等教育的机会，不仅促进了教育公平，改进了个人职业发展潜力，还从整体上促进了我国人力资源开发水平的提升。

在区域结构上，大学毕业生就业区域选择偏好差异与政府政策激励上的错位导致实际有效需求不足。由于我国经济发展的地区间与城乡间差异，经济欠发达地区特别是西部地区很难对大学生形成有效需求，而且在较长的时期内，地区性的有效需求不足的局面都将难以改变，从而对扩大高校毕业生的市场需求是一个不利因素。

虽然国家实施西部大开发计划而产生大量需求，但由于欠发达地区所能支付的价格(工资收入、发展机会、流动性等)不足以补偿大学生的人力资本投资，因此，按照劳动力市场机制，无法实现供求结合。在我国，由于人才流动的单向性特点导致的流动成本过高进一步恶化了欠发达地区的有效需求不足。尽管国家也采取了“西部志愿者计划”等政策措施，但是无论从需求量扩大还是人力资本补偿来说，都难以有效改变这种状况。

与此相反，由于大城市是中国的经济中心，对大学生就业的吸引力很大，而且这些中心大多居于高端的产业结构而对大学生有着强劲的需求，但是一些地方性的需求抑制(显性的指标限制与隐性的行政限制)与对中小企业或非正规部门的需求抑制(户口、社会保障、流动等)，导致大学生就业市场的人为分割，其结果要么是直接人为地降低了用人单位的有效需求，要么是“促进”灵活就业，增加了大学生的就业成本与风险。

在能力结构上，大学毕业生的就业能力并不是基于职业路径的需要进行建构与培养，难以满足人力资源市场的需求。随着我国经济体制改革的深入和劳动力市场的结构性变化，用人单位的需求模式发生了显著的变化。用人单位的劳动力需求行为基于“职位分析下的任职资格模型”在劳动力市场上通过价格机制选用合适的人才。例如，IBM中国区对大学生的基本素质要求有：第一个方面是服务意识，能不能从客户的角度去出发，去想问题；第二个方面是创新和解决问题的能力；第三个方面是沟通的能力；第四个方面是团队合作的精神以及职业操守和商业道德。

然而，大学生并不能很好地满足“任职资格模型”。对个人而言，就业能力取决于他们所拥有的知识、技能与态度等资产，他们使用和配置这些资产的方式与向用人单位展示这些资产的方式以及他们寻找工作的特定环境(个人环境与劳动力市场环境)。由于大学生是作为一个“产品”在一个高等教育系统中被制造出来的，因此就业能力不足主要是与大学联系在一起的。这既与传统上相对集中的高等教育管理体制有关，也与高校本身的教育能力不足相联系。

长期以来，大学没有迅速适应就业市场对高等教育所提出的日益苛刻的要求。从传递知识的角度上看，在整个大学教育中，知识教育仍然是非常大的一个比重，理论功底及其相应的分析解决问题能力的构建仍然极为薄弱；持续的扩招可能进一步稀释了大学既有的教育资源。此外，对于大学生从学校到工作的转换，大学缺乏系统的职业指导与服务规划，导致学生或许有专业能力，但是缺乏“市场能力”——获取职业信息，展示专业能力，适应实际工作以及应对职业转换，等等。

大学生就业的前景如何？

尽管大学生就业当前还面临着不少困难，有些困难可能还需要较长时间的调整，但是，从国家社会经济发展的总趋势来看，大学生就业的前景总体上是非常乐观的，虽然我们不能指望大学生进入劳动力市场的过程总是一帆风顺的。

经济增长与产业结构升级将为大学生就业创造广阔的空间。作为一个拥有13亿人口的大国，其潜在的经济需求是极大的。更关键的是，通过30年的改革开放，这些需求已经被成功启动，首先在大中城市，然后是沿海的小城市与农村地区，随之而来的将是广阔的中西部地区。中国同时兼具农业社会向工业社会转型、工业社会向信息社会转型，工业基础设施与信息基础设施的建设都是最为关键的经济发展平台。在未来很长的一段时间内，这都将是吸引就业需求的一个重要渠道。

特别重要的是，伴随着我国经济结构的调整，经济发展对大学生的需求将会更大。全球竞争以及中国总体生活水平的提升导致中国不能永远享受劳动力成本的优势，产业结构升级是必然趋势，对受过高等教育的专业人员的需求应该有比较大的空间。一个突出的例子是国家创新战略，这将使得我国21世纪的社会经济发展在很大的程度上有赖于基于长期人力资本投资而形成的高端劳动力群体。可以说，我国的经济发展与产业结构调整初步进入了一个良性循环的状态，这为大学生就业需求的增长准备了广阔的空间。

政府就业政策的持续优化将会为大学生从学校到工作的转换创造更好的就业环境。政府消除对高校毕业生供给与需求的政策抑制，建立全国统一的大学生就业市场，实施大学生自由就业制度，在全国范围内取消对大学毕业生(含高职毕业生)的一切户口指标限制和人事指标限制以及各种各样显性或隐性的行政限制，打破大学生就业市场的行政分割，促进大学毕业生无障碍就业和自由流动，优化我国高素质人才的配置机制，提高资源配置效率，维护就业市场稳定，促进经济增长。

此外，为鼓励大学毕业生到特定的地区就业或从事特定的职业，实施高校毕业生人力资本投资收益的补偿机制是国际惯例。美国的补偿措施就包括联邦政府贷款减免政策、各州贷款减免计划、军队贷款偿还计划(激励毕业生到军队服役)、美国护理教育贷款偿还计划(受益的护士在护士短缺地区合格的机构提供服务)等。我国自2003年起开始实施就业激励政策，并且取得了显著的成效，这些政策在2004年以后得到进一步完善和强化。国务院规定，政府支持的西部大开发、振兴东北地区等老工业基地、国家西部地区"两基"攻坚等重大项目，要积极吸纳高校毕业生。

加大实施"大学生志愿服务西部计划"力度，扩大由中央财政支持的西部志愿者规模。国家就业激励政策的实施将会更有效地支持国家整体人力资源发展战略，支持国家经济和社会发展战略的要求，最终实现个人、用人单位和国家"三赢"结果。

高等教育的持续改革将会逐步改进大学生更好地满足劳动力市场需求的

就业能力。

第一，高等教育改革使得大学更加关注大学生就业能力的市场内涵。我国经济的市场化、知识化与全球化使得就业政策与教育政策正在围绕“职业路径”进行重组，整合教育与工作的联结机制，提升就业能力，实现充分就业与满意就业的目标。大学已经开始强化对外部市场的反应速度和能力，增强大学的人才培养的质量和竞争能力，增强大学的投入和产出的效率，极大地提升大学生的就业能力，以消除大学生劳动力市场上的结构性失业问题。为此，我国的大学可能需要创新教学，创新课程，创新专业乃至于创新大学，创新高等教育。

第二，大学正在将就业能力的市场内涵转化为教学创新行动。在教学模式创新行动方面，以强化通识教育为目的的通识型教学、以需求驱动的实践基地建设为标志的实践型教学、以强调研究方法为内容的研究型教学、以拓宽国际视野为目标的国际型教学、以培养就业能力与学习能力为内容的能力型教学、以强化学生的参与和投入为目标的参与型教学等都在不断尝试，试图通过教学创新，培养更加适应市场需求的大学毕业生。

第三，在职业指导服务方面，大学充分利用学校就业中心的信息网络，充分利用校友的人脉资源，能够及时有效地将社会招聘信息传递给毕业生，帮助大学生了解就业环境；借助讲座、座谈、模拟、案例、演示等手段帮助学生了解职业市场要求，改进他们展示专业水平的能力；大学正在寻求建立与用人单位之间的伙伴关系，理解社会需求，并将其转换传递给各个具体的教学和研究部门，然后这些部门再基于社会的需求创新课程，创新专业甚至于创新大学。通过全方位的职业指导与服务，增强大学生从学校到工作的“市场能力”。

3. 今日观察：大学生就业遭遇寒冬

资料来源：CCTV-2 今日观察（大学生就业遭遇寒冬）2008-12-05　13：00 播出　2008 年 12 月 4 日

12 月 2 日，教育部召开 2009 年全国普通高校毕业生就业工作视频会议，教育部部长周济对教育系统做好 2009 年高校毕业生就业工作进行紧急动员和全面部署。周济部长要求教育系统采取七大举措积极应对当前形势，要逐级落实责任，为受经济形势影响较大专业毕业生收集岗位信息，举办系列招聘活动，加大对毕业生自主创业的支持力度，加强就业指导，组织实习实践，千方百计促进 2009 届高校毕业生就业。今年以来，中央及地方各相关部门已经出台了多项措施帮助大学生就业，这次出台的七大措施，更是表明了国家帮助大学生就业的决心。而这些措施纷纷出台的原因，是今年大学毕业生巨大的就业压力。

2008年，在全球遭遇经济寒潮的同时，中国大学生就业也遭遇了非常冷的冬天。各地的招聘会异常火爆，有的毕业生为了投递一份简历甚至要排队3个小时；应届毕业生薪酬下降，有的地方已经破了千元的底线，更有毕业生提出"零薪酬"显示求职的强烈愿望；选择留在学校继续考研、选择报考公务员、甚至有的调查表明，一部分女生想在毕业前寻求伴侣来回避就业压力。种种现象表明，大学生就业今年将遭遇一个非常冷的冬天。

面对就业寒冬，大学生应该如何应对，国家还应出台怎样的措施帮助大学生就业？敬请关注12月4日晚21：55播出的《今日观察：大学生就业遭遇寒冬》。

附：加强高校毕业就业工作的7项措施：

（一）鼓励和引导毕业生到城乡基层就业。要大力开发基层管理和服务岗位，对到农村基层和城市社区工作的毕业生，给予薪酬或生活补贴，并按规定参加社会保险；对到中西部和艰苦边远地区县以下农村基层就业，并履行一定服务期限的毕业生，实施相应学费和助学贷款代偿；对应征入伍服义务兵役的高校毕业生实行学费补偿和助学贷款代偿。扩大中央有关部门实施的面向基层就业项目规模。

（二）鼓励毕业生到中小企业和非公有制企业就业。对企业招用非本地户籍普通高校专科以上毕业生，直辖市以外的各地城市要取消落户限制。企业吸纳登记失业高校毕业生，可享受相关就业扶持政策。

（三）鼓励骨干企业和科研项目吸纳和稳定高校毕业生就业。鼓励国有大中型企业特别是创新型企业更多吸纳高校毕业生，支持困难企业保留大学生技术骨干。承担国家和地方重大科研项目的单位要积极聘用优秀毕业生，高校的科研专项可吸收毕业生参与研究，其劳务性费用和有关社会保险费从项目经费中列支。

（四）鼓励和支持毕业生自主创业。高校要积极开展创业教育和实践活动，建设完善一批大学生创业园和创业孵化基地，为高校毕业生创业提供"一条龙"服务。对高校毕业生从事个体经营符合条件的，免收行政事业性收费，落实税收优惠、小额担保贷款及贴息等扶持政策。

（五）强化毕业生就业服务。高校及教育、人力资源社会保障部门要采取多种方式为毕业生提供免费就业信息和各类就业服务。

（六）提升毕业生就业能力。所有高校都要确保毕业生在离校前都能参加学习实践活动。完善离校未就业毕业生见习制度，从2009年起，用三年时间组织100万未就业高校毕业生开展见习。在高等职业院校实施毕业证书和职业资格证书“双证书”制度。

（七）建立和完善困难毕业生援助制度。积极为离校后未就业回原籍的高校毕业生提供就业服务，将登记失业的高校毕业生纳入当地失业人员扶持政策体系，对就业困难和困难家庭毕业生给予重点帮扶。

4. 评论：美国大学生就业遭遇寒冬了吗

作者：叶楚华　http：//www. sina. com. cn　2009年5月27日《第一财经日报》

美国大学和雇主协会（National Association of Colleges and Employers）在今年4月对850所大学的3.5万名毕业生所作的抽样调查中，在申请工作的应届毕业生中仅有19.7%的学生找到了工作。同时，在大学应届毕业生中，只有59%的学生去找工作，而在2007年，这一比例是64%，2008年为66%。想读研究生的人数比例约为27%，而2008年为24%。基于这些数据，我们是否有理由认为：美国大学生遭遇就业寒冬了呢？

我看不见得。我们可以从以下三个方面来看：

第一，从就业的“量”的层面看，其目前的就业率参考意义不大。前面提到，到毕业时为止，美国应届毕业生想找工作的人中仅有19.7%的人找到了工作，这乍看起来很吓人，其实2008年同一比例是26%，相差并不大。事情并没有我们想象的那么糟糕。没有找到工作的美国大学毕业生，会在毕业后继续寻找工作。在2008年毕业时，只有26%的毕业生找到工作，但整个2008年的美国并没有出现严重的大学生失业问题，这表明，有相当多的毕业生是在毕业后才找到工作的。

第二，从就业的“质”的层面看，薪酬是比就业率更重要的指标。今年，美国应届毕业生的平均起薪与2008年比相差非常小，有一半以上的专业起薪还有不同幅度的上涨。2009年3月份，美国大学和雇主协会公布了2009年应届毕业生的平均起薪初步报告，2009年应届毕业生的平均起薪是49 353美元，几乎与2008年的平均起薪49 300美元相同。工科系毕业生起薪依旧上涨，但涨幅不如2008年。到4月份，该协会进行了新的调查，2009年的应届毕业生的平均起薪仍为48 515美元，与前一个月的调查结果相差不大。

4月份的调查数据还表明，文科毕业生的平均起薪基本没有什么变化，比2008年仅下降了1%，为36 807美元。此外，还有不少专业的应届毕业生年薪逆势上涨，形势大好。这说明美国大学毕业生就业的质在提高，所谓质就是指工作的好坏，一般而言薪酬高低自然是工作好坏的主要标准。这个事实只能说明美国根本不存在所谓的大学生就业寒冬。美国大学生就业即使有困难，那也是暂时的、局部的，情况并不很严重的。

第三，美国经济的前景依然被看好。这是由美国的软硬实力所决定的：美国自然资源如土地、石油、煤、森林等的使用和开采还不到20%；科学技术和人力资本遥遥领先；金融服务业仍无人能取代；电影、娱乐、时尚等在全球处于引领潮流的地位；军事工业（通信、飞机、导弹等）从未衰败；还有社会和政治民主有效遏制权贵资本腐败的程度（尽管这次危机也暴露了不少存在的问题），移民政策、产权保护、法律机制、全面的动态竞争机制等吸引全世界各行各业优秀人才的能力，等等。

从历史上看，美国在绝大多数时期都能消化大量的大学毕业生，并且始终保持较高的薪酬水平。美国是怎么做到这一点的呢？其实很简单，这是因为美国拥有的是高科技、垄断性、“虚”的产业，这些高科技和“虚”的产业恰恰就是大量吸收大学生的产业。

高科技自不必说，美国的军工、航空、计算机、互联网等都需要大量大学毕业生，甚至其本国的学生还不够用，还须在全球范围内吸引优秀人才。

至于“虚”的产业，是指美国基于综合国力和文化优势，建立起的非物质形态的产业，这主要包括“虚拟化”经营的世界级品牌、金融服务业、娱乐产业等。这几样东西，无一不是美国在全球范围内搜刮财富的强大工具。而这些产业，也恰恰需要大量大学毕业生去做。

由于金融危机，美国人在反思他们在金融业上的问题，在作出一定的调整，但是可以预见，美国对“虚”的层面的调整，必定是在一定限度内的调整，仅仅是把虚实之间的比例调整到合理范围，美国继续在实的基础上大力发展“虚”的战略不会有丝毫动摇，因为这是任何一个发达国家之所以发达的原因。

那么，美国大学毕业生离就业的寒冬也还远。

5. 经济衰退 美大学生就业遭遇寒冬

http：//www. chinadaily. com. cn　　　　2009-04-27

大学文凭一直是找到一份好工作的敲门砖，但几十年来最严重的经济衰退却击碎了众多美国高校应届毕业生的梦想。

美国人口调查局称，今年美国的应届大学毕业生数量预计将达160万，近年来，这一数字一直呈稳步增长趋势。很多应届毕业生在离开学校之际希望可以独立谋生，并且希望能够偿还平均2. 25万美元的助学贷款。

对于马萨诸塞州伍斯特市克拉克大学的阿曼达·海默斯这样的应届毕业生来说，疲软的就业市场不断传来的坏消息令人担忧，甚至让人心生恐慌。她在接受电话采访时说：“人们都说，这一年毕业最倒霉。”威斯康星大学麦迪逊分校的就业指导员莱斯利·柯尔伯格说，美国经济持续衰退，失业率不断攀升，目前已达8.5%，创25年来最高水平。面对这样的形势，一些大学应届毕业生“非常焦虑”，甚至放弃了找工作。很多应届毕业生打算直接读研，在等待经济危机结束的同时给自己充电，这在一定程度上造成申请硕士学位的人数大幅上升。

越来越多的应届毕业生正竞争非营利性组织带薪或无薪的实习岗位或职位，以及申请政府主管的“和平队”、“美国援教”和“美国服务队”等项目。奥巴马总统于本月21日发表演讲时称，目前所有这些项目可提供的职位都供不应求。奥巴马在讲话中宣布签署法令，将“美国服务队”的职位总数增至原来的四倍，达到25万。

威斯康星大学的就业指导员兰迪·沃勒说：“尽管他们的工资仅能维持最低生活水平，但他们在等待就业市场复苏的这段时间所做的事情是非常令人愉悦的。”在校园招聘会上，一些学生失望离场，因为招聘单位削减招聘预算，招聘职位寥寥无几。但招聘单位仍然尽力参加招聘会，以便在经济复苏后的招聘市场占据有利地位。

美国庞大的“婴儿潮”一代在未来几年内将陆续退休，而近年来的大学毕业生数量仅为其人数的1/3，所以招聘市场的竞争将日趋激烈。

案例6-2：商厦与少年宫的用地之争

案例适用：级差地租

案例来源：http：//jpke. ecnu. edu. cn/0618/just/ppt/11. ppt

案例内容：

上海的南京路被称为中华第一商业街，南京路西藏路口更是商业街的繁华地段，可谓寸土寸金。路口的一幢式样别致的楼房为黄浦区少年宫。20世纪80年代末，精明的商家欲让少年宫搬迁，利用原址改选为商厦。由此引起了当时的激烈争论。许多家长和一些社会人士以各种方式向有关部门及传媒表示反对意见，认为不能光为了追求经济效益而侵害少年的利益，不能让拜金主义毒害小孩的幼小心灵。而商家和其他社会人士则认为，在极具商业开发价值的寸土寸金之地，放着一个偌大的少年宫，是一种资源的浪费。少年宫搬迁到别处，丝毫不影响少年宫的正常运转，而且新的少年宫可以更大、更好。

在激烈的争论中，少年宫还是搬迁了，离开了喧嚣嘈杂的商业中心。利用少年宫原址开张的“上海精品商厦”生意十分红火，其广告语“叩开名流之门，共度锦绣人生”一度成为上海滩最流行的广告语之一。该房地产的所有者也因此获得了丰厚的租金收入，当然，精品商厦后来因种种原因产生亏损，但这已是另外一个问题了。

试分析该现象。

案例 6-3：美元供给与金融危机

案例适用：资本市场均衡

案例来源：国际金融报、中国网、中国证券报等，2009 年 6 月 5 日编写。

案例内容：

全球经济格局表明，资本已经成为主导全球经济发展的主导力量，债券、股权类投资已经成为国际经济活动的主流。这是全球性流动性膨胀的结果，其根源在于美元对外过度供给。

20 世纪 80 年代以来，美国的经济增长方式逐渐形成为一种依赖资产膨胀和信用扩张来促进经济增长的增长模式。但是，自 20 世纪 90 年代以来，由于金融管制的放松和货币当局的扩张政策，美国金融资产就已经呈现持续膨胀之势，最终演变成为范围广泛而又规模巨大的资产泡沫，导致资产价格和最终需求都严重透支，金融体系和实体经济严重失衡。美国经济学家乔纳森·特尼鲍姆指出："事实上，除了中国和其他少数国家外，全球的实体经济都在持续地衰退。所有这些都表明，依赖更多资本以支持泡沫的可能性已经到了尽头。与此同时，泡沫自身也已攀升到几乎无限大的地步。"

由于资产泡沫的全面性和大规模，美国经济已面临严重冲击，同时由于美联储不遗余力地注入流动性以缓解市场压力，最终经济调整可能呈现长期慢性的形式，因此，美国将很可能陷入持续停滞的后泡沫困境，直到泡沫期间形成的经济严重失衡状况基本得到调整，下一波资产经济模式的条件得以重建或重要产业兴起时为止。

试分析该现象。

附：资料来源

1. 金融危机：慢性美元危机的伴生物

http：//finance. QQ. com　2008 年 11 月 12 日 07：45　《国际金融报》高国华

一、病根　美元过度供给

在当前的国际经济活动中，债券、股权类国际投资成为国际经济活动的主流。这是全球性流动性膨胀的结果，其根源首推美元对外过度供给。

以美元—黄金本位为核心的布雷顿森林体系于 1973 年最终解体后，国际货币格局呈现多元化趋势，但美元的中心和支配地位并未动摇，20 世纪 90 年代以来，随着美国经济金融实力的增强还出现了强化趋势，美元在全球外汇储备、外汇交易、贸易结算中所占比重分别由 1997 年的 56%、54%、58%提高到 2005 年的 65%、62%、65%，由此，形成了实际上的以美元为核心的信用本位制。

在这一货币体系下，美元向全球的供给和回流通过贸易和金融两条渠道进行。在信用货币制度下，美国输出的美元部分作为欧洲美元滞留国外，部分则回流美国本土。从 1960—1981 年，美元的投放表现为经常项目顺差，资本与金融项目逆差。在这个时期，美国通过资本项目对外输出美元进行美元援助、美元贷款等对外投资，而这些美元大部分成为对美国产品的国外需求。美国的对外经济格局表现为商品、资本同时净输出，美国以生产者和债权国的身份作用于世界经济，成为商品和资金的高地。然而，1982 年以后，美国经济进入新的运行轨道。1982—2007 年的 26 年间，美国的对外经济格局表现为商品、资本同时净输入，在国际收支平衡表上表现为经常项目持续逆差，资本与金融项目持续顺差，即美国进口商通过大量进口国外产品输出美元，各国政府持有的美元现金又通过购买美国各种金融资产流回美国，2007 年的经常项目逆差额更是高达 8000 多亿美元。美国在世界经济中以消费者和债务国身份出现。

考虑到美国长期的外汇储备和黄金储备变化不大，美国几个经常项目的持续逆差基本上是用美元支付的，这样，美国于 1982 年以后每年对外提供的流动性就基本上等于其经常项目逆差。1982 年，美国的经常项目逆差是 55 亿美元，此后一直飙升，到 2007 年已经增长到 8 115 亿美元。这导致境外美元资产的迅速膨胀，也导致未清偿国际债券的扩张。显然，在当前的国际经济活动中，实体领域的国际贸易和直接投资相对分量变轻，而债券、股权类国际投资则成为国际经济活动的主流。这是全球性流动性膨胀的结果，其根源首推美元对外过度供给。

这些急剧膨胀的美元供给以及以美元计价的金融资产因金融机构的大量杠杆投机活动而生成风险。一旦人们对美国经济失去信心而抛售美元资产，就会使大量国际美元转换为国内美元，金融产品需求转化为实物商品需求，最终导致金融市场崩溃和商品市场严重通货膨胀的发生。这就是今天在美国次贷危机中所看到的境况。

二、病灶　经济高度虚拟化

长期来看，很难在制造业不断萎缩的情况下保持技术领先，缺乏产业基础的金融业必然是虚弱的。美国对外输出美元的不同方式的实质性区别在于：通过资本项目逆差输出美元往往意味着对本国制造业为主的实体经济的需求增加，导致本国实体经济增长；而通过经常项目输出美元，在纸币这种纯粹信用本位制度下，意味着对本国实体经济的需求减弱和对本国虚拟经济(包括房地产、股票等)的需求增大，这将导致本国制造业外移和经济的虚拟化。

有研究指出，不考虑商业周期的影响，20世纪60年代中期后，美国制造业的就业和产出占比一直缓慢下降，这种制造业衰退或外移、第三产业快速发展的状况称为“去工业化”。它在一定程度上是贸易逆差的伴生物。有人认为，美国可以依靠高技术和发达的金融保持其世界经济大国地位，但长期来看，很难在制造业不断萎缩的情况下保持技术领先，缺乏产业基础的金融业必然是虚弱的。一旦世界经济衰退，其轻型化的经济有可能衰退得更快。

20世纪80年代以来，随着美国的经济结构转变和金融自由化推进，美国资产市场迅速膨胀。贸易国家不断把对美贸易顺差转化为对美金融投资，而美国为保持其国际收支基本平衡也想方设法吸引境外美元通过金融渠道回流，供求双向驱动维持了美国金融市场的繁荣和“倒金字塔”结构不断加强。如今，美国衍生金融工具的规模已经超过了它能覆盖的实体产品规模，虚拟经济膨胀远远超过了实体经济自身。

尤其自1999年格拉斯-斯蒂格尔法案废除后，美国金融市场自由化进程更加推进，金融创新过程大大加快。资产证券化、信用衍生产品和结构化金融等金融创新产品直接推动了房屋资产升值。例如，20世纪90年代后半期以来信用衍生品市场高速增长，于2006年达到20多万亿美元的水平，而在20世纪90年代初还微不足道。由于房地产市场高度依赖于抵押贷款，因此信用市场的金融创新对于房地产泡沫的形成起着至关重要的作用，20世纪90年代末以来以资产证券化为主线的金融创新大大推动了房地产市场的膨胀。此外，投资银行、对冲基金等金融实体也加入到信贷扩张的链条中来，这些金融机构缺乏相应的有效监管，采用高杠杆投资运作方式，在房地产膨胀阶段显著扩大了资金供给，并降低了信贷成本。

三、病况 资产泡沫化

20世纪80年代以来，美国的经济增长方式逐渐形成为一种依赖资产膨胀和信用扩张来促进经济增长的增长模式。简单来说，资产是存量财富，所谓资产膨胀也即存量财富的增值。资产升值通过财富效应和抵押功能推动信用扩张，刺激消费和投资，从而加快经济增长。经济的快速发展和信贷扩张又能进一步推动资产升值，从而在经济增长、信用扩张和资产升值之间形成良性循环。历史上资产膨胀主要表现为资本市场和房产市场。此外，新兴产业特别是技术和产业革命也可推动经济增长，并且在其高速崛起阶段一般伴随着投资泡沫，在流动性过剩时代更是能够为金融资本提供投机题材，因此自然可与资产膨胀相结合，共同加快经济增长。

金融资产持续膨胀

但是，如果资产膨胀最终演变成为范围广泛而又规模巨大的资产泡沫，那么资产价格和最终需求都会严重透支，金融体系和实体经济就会严重失衡，泡沫破灭后经济会进入痛苦的调整时期。在后泡沫调整过程中，资产价格和信用市场推动需求扩张的良性循环就会中断。而信用紧缩，通货紧缩和资产贬值进入相互促进的恶性循环之中。

实际上，20 世纪 90 年代以来，由于金融管制的放松和货币当局的扩张政策，美国金融资产就已经呈现持续膨胀之势。随后的 1997 年由于亚洲和其他地区金融危机的爆发，全球资本流入美国，寻求安全、稳定的收益。2000 年，美国纳斯达克股市暴跌，网络经济泡沫破灭，为了缓解冲击，美联储大幅降息，这为金融创新工具市场提供了更加充足的流动性，各金融机构发挥想象力和创造力，发明出各种各样的金融产品或服务来充分利用低成本信用资源。这些资金通过各种渠道和环节大量流入业已启动的房地产市场，巩固了资金流入和资产升值之间的良性循环，而资产升值反过来降低了短期投资风险，压低了风险贴水，进一步降低了资金成本。

后泡沫困境经济停滞

因此，美国房地产升值苗头在股市泡沫破灭之前就已形成，在新的金融环境中得到巩固和加速。业已形成的房产升值势头提供了起点，全球美元流动性膨胀与美联储大幅降息政策提供了廉价资金，源源不断的金融创新产品为全世界投资者提供了丰富的投资选择，在金融自由化环境里日趋激进的金融机构充当了主力，结果催生了巨大的房地产泡沫。

由于此前资产泡沫的全面性和大规模，美国经济会面临严重冲击，同时由于美联储不遗余力地注入流动性以缓解市场压力，最终经济调整可能呈现长期慢性的形式，因此，美国将很可能陷入持续停滞的后泡沫困境，直到泡沫期间形成的经济严重失衡状况基本得到调整，下一波资产经济模式的条件得以重建或重要产业兴起时为止。

四、药方　纠正失衡　重建秩序

由于当前的国际货币体系本质上是一种以美元为核心的纯粹信用本位制，美元具有了主权货币和国际货币的双重身份，其供给取决于美国本国的经济政策，因而缺乏必要的国际约束和协调机制。随着金融全球化的发展，美国经济由于美元的超量对外供给，“去工业化”趋势、金融泡沫膨胀、对国外储蓄依赖日益加深而实体经济日渐空虚和脆弱，造成经济的严重失衡。

与之相对，东亚等贸易国家普遍维持本币低估的出口导向战略，实行低消费高储蓄，贸易持续顺差、国际资产持续扩大的发展模式，面临着对美国市场过度依赖、本币升值压力和美元资产损失等失衡风险。

依赖资本支持泡沫到尽头

在次贷危机下，当前国际货币体系将面临两种风险：一是美元汇率如果继续下跌，贬值趋势持续下去，则美元在外汇储备中的占比将会有较大萎缩，直到40%左右，美国的经济霸权地位会因此遭受重创。由于美元资产及其金融产品的吸引力下降，美国依赖资本账户为其国内赤字和消费融资的发展模式将难以为继，世界经济也会因此蒙受重大损失。二是东亚等以贸易和制造型为主的国家，严重依赖出口和投资以促进国内经济增长和就业的发展模式将面临衰退压力，出口市场的萎缩使得对外廉价商品和廉价融资的供给都将减少。打破了过去一直维持的美国与东亚之间的“金融恐怖平衡”（Balance of financial terror）。

美国经济学家乔纳森·特尼鲍姆指出：“事实上，除了中国和其他少数国家外，全球的实体经济都在持续地衰退。所有这些都表明，依赖更多资本以支持泡沫的可能性已经到了尽头。与此同时，泡沫自身也已攀升到几乎无限大的地步。”

世界经济增长方式待修正

美元危机也就是国际货币体系的危机。这种危机具有不可避免的性质：一是短期内无法停下来的流动性扩张，如果要世界停止流动性膨胀，那么也许只有通过金融危机才可以做到。然而，从长期来看，各国央行联手救市所注入的大量流动性又将成为今后泡沫经济的起源。二是世界经济的过度虚拟化，再加之美元长期贬值趋势引发的全球流动性过剩导致了债券、股票、地产、石油等大宗商品期货等价格高涨。其实，次贷危机爆发前，不光是房地产市场，股市、债市、金融衍生品市场、地产甚至收藏品市场也都空前繁荣。作为流动性储备池，虚拟经济系统储藏了大量货币，这使得各国央行对货币数量的控制几乎完全失效。三是投机活动盛行，投机资金规模巨大。全世界对冲基金资产从1999年的不过3 500亿美元，2007年底已上升到1.8万亿美元，数量从3 000只上升到1.7万只。这些金融巨头一旦同时看到利益或风险而向相同的方向行动时，就会在全球金融市场上推波助澜，甚至掀起一场风暴，引发金融危机。

次贷危机的发生，不但使美国和欧盟遭受衰退的打击，整个世界经济的高速增长也将会被迫停滞而转入衰退。因为这场危机不仅仅是美国的，而是整个国际货币体系的危机；现在所要纠正的失衡，不仅仅是2001年以来的次贷问题，而且更是1971年以来更为深刻的美元危机所积累的世界经济增长方式的长期失衡。唯一的缓解途径就是本着宽容合作的精神进行各主要国家间的谈判与合作，动用全球的资源、智慧与协调能力来修复这场罕见的金融危机，并尽快建立一套崭新而健康有序的国际货币体系与金融创新机制，从而在继续开放的经济环境中等待和寻找下一轮世界经济的新的增长点。

2. 价格体系失衡是全球金融危机累积性根源

中国网 china. com. cn　时间：2009-01-21

近来，正当全球金融危机向实体经济纵深蔓延，世界各国全线阻击危机时，美国却抛出了全球失衡的根源是中国等新兴市场国家的高储蓄率导致的论调，将危机的根源归咎于中国，力图推卸引发危机的责任。美国的解释是：由于不同的国家有着不同的储蓄和投资取向，全球经济出现失衡，新兴经济体的高储蓄为全球信贷泡沫埋下种子。但是我们不禁要问，为什么会产生失衡？失衡的根源在哪？笔者认为全球价格体系的错误定价才是危机的根源。价格信号引导着经济运行，价格扭曲必然导致价格体系的失衡和经济扭曲，从而引发全球性危机。

一、失衡并增长着：全球价格扭曲下的超常繁荣

近20年来，全球经济最大的格局之变就是日益广泛的全球化背景下国际分工和全球价值体系的不断深化。长期横亘在南、北国家之间的经济藩篱终于被打破，发达国家与发展中国家间的巨大的生产要素价格差，也完全展现在发达国家的金融资本和产业资本面前。由资本追逐利润的强烈动机所驱动，包括金融资本和产业资本在内的国际资本开始向发展中国家大规模流动（在过去20年里，全球GDP年均增长了3.5%，国际贸易年平均增长7%，而国际资本的流动增长是14%），这也就是为什么国际资本流动的格局和规律，与全球经济分工不断深化下贸易的大趋势达到如此惊人的契合。

事实上，定价合理的价格体系是经济系统正常运行的信号装置，而价格体系所包括的价格周期因素、价格连接因素，即货币价格、资源价格以及资产价格的扭曲和迷失都可能成为引爆危机的导火索。

第一，全球化红利得益于两大价格体系失衡。

当代发达国家进入了长期的快速工业化过程，并且展开了水平分工体系，也同时形成了发达国家之间的价格体系，而发展中国家由于工业基础相对落后，只能与发达国家展开水平垂直分工，即主要以初级产品与发达国家的工业制成品交换，由此不断拉开了发达国家与发展中国家的经济发展水平

差距。发达国家在快速工业化过程中随着经济规模的急剧扩张，不断提升发达国家经济体系内的生产要素价格，而发展中国家由于工业化进程滞后，生产要素价格水平的提升速度十分有限，这样就形成了发达国家与发展中国家之间高低相差悬殊的两种体系。

近年来，随着全球经济体系趋于融合，市场的力量必然会对这种极不正常的扭曲情况进行校正，其基本方向就是通过资本与贸易在全球范围内的重新配置，在发展中国家外部创造了一个不断增长的巨大需求，不断拉升发展中国家的生产要素价格与商品价格，共同推动了货币渠道与商品渠道的通货膨胀。特别是中国等发展中国家在全球价格体系中缺乏定价权，“进口高价格，出口低价格”。中国等国虽然对世界大宗原材料贸易形成强大的需求拉动，却没有掌握大宗原材料市场竞争的“主场权”，全球价格体系话语权的缺失使资源定价权由资源生产国转移到资源消费国。从20世纪90年代中后期开始，中国在多种大宗商品上对国际市场的依存度不断提高，这被世界市场冠称为“中国因素”。作为世界上最主要的资源性大宗商品进口国，目前我国是全球铁矿石、铜、天然橡胶和大豆的最大进口国，是原油的第二大进口国，同时也是棉花、玉米、小麦、氧化铝、镍等大宗商品的重要进口国。其中，对原油、铁矿石、氧化铝、天然橡胶和镍的进口依存度在40%～60%。尤其是近年来，由于国际市场能源、原材料价格持续上涨，中国付出了更多的外汇用于进口资源能源类大宗商品。另外，中国的大宗商品出口量逐年增加，价格却急剧下降，在价格主导上也处于被动地位。如2005年，中国石油的进口量占世界石油贸易总量的6%，但在影响石油定价的权重上却不到0.1%。中国成为全球的加工、生产中心，但主导了生产，主导不了贸易和资源定价，形成了中国补贴全球生产成本，补贴美国消费者福利，补贴全球化红利的失衡格局。

第二，虚拟经济和实体经济价格失衡的叠加效应。

反思全球金融危机给我们最大的警示是金融资本主义失衡发展和经济虚拟化已经严重地改变了传统全球经济运行的规律和结构。虚拟经济对实体经济的影响向来都存在正负效应，一方面，虚拟经济以其高流动性和高获利性吸引大量零散资本，并将这些资本直接或间接地投入到实体经济中，满足实体经济发展过程中的资金需求，而且，虚拟经济有着很强的信号作用，提高了实体经济运作的效率；但另一方面，金融市场大量投机和炒作行为的存在，使得虚拟经济背离实体经济成为常态，尤其是虚拟经济自身的过度扩张和虚假繁荣。

在价值结构上，全球经济表现出金融资产迅速膨胀，美国金融资本主义最大的特征就是金融资本自由化和金融扩张。美国利用发达的金融体系导致大量资本在股市、汇市、债市、期市以及各类金融衍生产品市场循环流动、杠杆放大。据初步统计，当前全球金融衍生产品总的市值超过了680万亿美元，是全球GDP规模的10倍以上，为全球提供了75%的流动性，大大高于各国通过货币创造的流动性(仅占全球GDP的11%)。从美国总资产及其主要构成情况也可见这种变化，美国在1945—1980年的35年中，虚拟资产只增长44.69%，而在1980—2006年的26年中，虚拟资产却增长了453.00%，26年的增长量是35年的10倍，其中，金融和地产所占比重占绝大部分，在90%以上(见下表)。这些过剩的流动性不仅催生了金融资产价格泡沫、房地产价格泡沫，更通过全球期货市场向实体经济转移。在发达国家的虚拟资本把期货市场金融化与衍生产品化的时候，还会继续把实物生产领域中所有可以与衍生金融产品沾边的各种合约方式衍生产品化，这也是发达国家之所以可以在物质产业长期萎缩后仍能长期维持贸易逆差的原因，货币创造了自己的需求，即只有需求的增长而没有供给的增长，或需求增长率远高于供给增长率。

另外，美国在2000—2005年，经济年均增长率是3.5%，但制造业增长率年均只有0.7%。美国将传统的制造业、高新技术产业中的生产制造环节，甚至部分低端服务业大规模向外转移，特别是有资源优势、成本优势、市场潜力和产业配套能力强的新兴市场地区。越来越多的发展中国家在经济全球化浪潮中被不断地纳入由发达国家跨国公司所主导的全球分工体系和生产链条中，包括中国在内的亚洲地区日益成为全球生产制造基地和各类制成品出口基地，在全球贸易中的比重持续上升，贸易顺差不断扩大。但是事实上，中国和美国在贸易格局中是不对等的。全球价格体系的失衡使得中国生产者在为美国消费者提供补贴。根据相关计算，中国通过提供廉价商品和购买美国国债，每年大概向美国提供200亿美元的补贴。

表　**1945—2006年(次贷之前)美国总资产及其主要构成**　单位：10亿美元

资产及构成年份	总资产	房地产	金融资产	金融资产和房地产/总资产(%)	房地产总值/总资产价值(%)	金融资产总值/总资产价值(%)
1945	761.7	150.6	562.8	93.7	19.77	76.95
1980	11 011.2	3 421.0	6 633.3	91.3	31.07	69.40

续表

资产及构成年份	总资产	房地产	金融资产	金融资产和房地产/总资产(%)	房地产总值/总资产价值(%)	金融资产总值/总资产价值(%)
1982	12 678.6	3 997.5	7 615.6	91.6	31.53	68.98
1984	14 834.0	4 725.7	8 900.1	91.86	31.86	69.44
1986	18 359.1	5 776.2	11 153.7	92.2	31.46	70.93
1988	21 426.8	6 747.3	13 012.6	92.2	31.49	71.16
1990	24 094.2	7 382.5	14 839.2	92.2	30.64	72.83
1992	27 011.0	7 850.0	17 180.4	92.67	29.06	75.12
1994	29 451.8	8 276.3	19 004.8	92.6	28.10	76.88
1996	35 502.2	9 152.8	24 010.1	93.4	25.78	79.88
1998	43 547.2	10 578.1	30 444.5	94.2	24.29	81.75
2000	49 177.2	12 648.9	33 711.0	94.3	25.72	80.81
2002	48 100.5	14 916.6	30 064.1	93.5	31.01	76.43
2003	53 673.9	16 458.3	33 648.3	93.35	30.66	62.69
2004	59 031.2	18 751.4	36 499.9	93.60	31.77	61.83
2005	63 932.5	21 042.3	42 080.7	94.73	32.91	65.82
2006	68 629.6	23 147.2	43 280.5	96.79	33.72	63.06

(资料来源：美联储经济数据库 http：//www.stls.frb.org/fred 根据 Flow of Funds Accounts of the United States(1945—2006)各年资料整理计算。)

第三，价格结构性失衡形成全球价值洼地。

全球经济格局表明，资本已经成为主导全球经济发展的主导力量，通过国际资本流动实现资源分配是有效配置资源的高级形式。增值是资本运动的内在动力，在全球化过程中产生的这块利润，使发展中国家获得了在以往全球化过程中所未有的贸易强势，但这块新利润的来源是价格体系扭曲的结果。发展中国家要素价格红利倒贴了美国的国民福利，价值洼地吸引国际资本长期流入的巨大磁场效应主要体现在高收益、低成本两个方面。

从资本回报率分析，国际资本偏好于新兴的制造业大国或资源出口类国家，据统计 1995—2005 年投资于新兴国家的利润回报率为 15.3%。中国的投资收益率更高，长期维持在 20%左右。高收益利润缘何而来，很大程度上源于劳动力价格长期扭曲。就劳动力成本而言，过去近 30 年，我国资本回报率上升迅速，而劳动力回报率增长缓慢，1998—2005 年，工业企业利润平均增长 30.5%，劳动力报酬年均仅增长 9.9%，劳动力成本的上升远远低于劳动生产率增长。

从生产要素成本来看，中国一直在经历着要素价格扭曲并承担着相应的成本。30 年来，我国长期处于低要素价格状态，包括低土地成本、低环保成本、低资金成本，这是国际资本大规模流入的一个重要条件。多年来，为了招商引资，许多地方政府以几乎零租金的价格向外商提供土地，这意味着外国直接投资的大量流入是在土地资源价格存在大量扭曲的情况下发生的，而正是这种扭曲在某些行业和地区造成了外商直接投资的超常流入，也在一定程度上造成了中国以低价的中国制造出口全球，并通过贸易顺差回流境内的格局。对于发展中国家来说，长期保持经常账户顺差意味着穷国向富国出口资本，以便为富国的消费和投资提供融资来源。另外，能源密集型出口产品的竞争优势也是由于能源定价低所形成的隐性补贴。所有这些失衡不仅意味着资源的错配，也使我国成为投资洼地，呈现出资本流入与利润流出的异常格局。

二、价格异常波动与失衡如何成为全球危机的风险链条？

纵观历史，不难发现每次经济和金融危机的爆发前都伴随着资源（石油、原材料等）价格或资产（股价、房价、汇率等）价格的剧烈波动。例如，日本 20 世纪 80 年代末期经历了一次典型的泡沫经济，突出表现在随着实体经济的扩张，股票与房地产价格急剧上升，货币供应和信用迅速膨胀，到了 90 年代初泡沫崩溃，房价和股价暴跌，此后日本经济经历了长期衰退。20 世纪 90 年代中，墨西哥由于金融管制放松，大量投机资本流入国内，造成投机资产价格泡沫，泡沫破裂后，1995 年墨西哥金融危机全面爆发，比绍急速贬值，股市爆跌，对世界经济造成较大打击。但仅仅过了两年，泰国宣布放弃固定汇率制而实行浮动汇率制后，随着泰铢急速贬值的导火索点燃后，亚洲金融危机又全面爆发。而此次全球金融危机表现也为全球的价格危机。其摧毁的是扭曲亢奋高速攀升的能源、有色等大宗商品价格体系：目前 CRB 指数已经从高位下跌近 40%，原油高位下跌超过 70%、黄金高位下跌 20%、铜高位下跌 48%、农产品中大豆高位下跌超过 45%；一起摧毁的还有全球贸易结构关系、经济合作关系，等等。这是一次在经济运行周期配合下强制纠错、扭转全球资源价格错配和经济畸形运行的经济危机。

从经济周期和金融周期的相关性来看，价格是经济运行的信号甄别系统，由于价格的敏感性，因此往往作为经济周期的晴雨表。一般而言，经济周期总是经济扩张—资产价格飙升—商品价格飙升—资产价格回落—商品价格回落—经济收缩—经济萧条。因此，可以说中国经历了一轮从资产价格膨胀、资源类商品价格膨胀，到商品价格膨胀再到资产价格回落、通货紧缩的经济周期。

那么全球价格变动中的结构关系和传导机制如何？它是如何演变为一个风险链条的？事实上，价格传导通过国际分工渠道、国际贸易(国际收支)渠道以及国际金融渠道使全球主要证券市场、房地产市场、外汇及其衍生品市场、商品期货市场、黄金市场指数的波动特征出现极强的相关性，股指—黄金—石油—美元(美元指数)的波动关系形成全球价格波动的标示性信号，凸显出全球金融周期的同步性(见下图)。

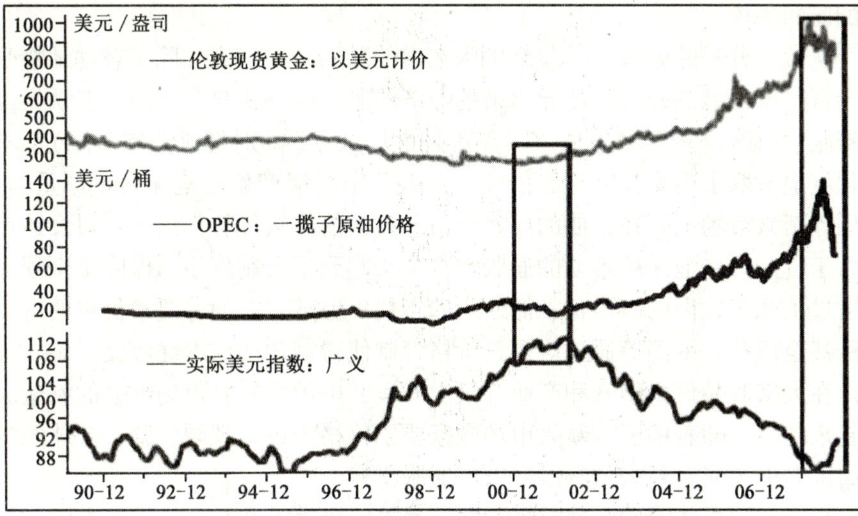

图 1990年至今的黄金—石油—美元走势

价格波动改变了各类商品和生产要素的相对价格体系，从而从实际产出、消费和资源的有效配置等诸方面对全球经济运行产生重大影响。从全球经济的整个生态链上看，美国等发达国家通过各种金融工具提高了包括不动产在内的资产流动性，并利用这些业已呈现泡沫的资产来置换亚洲制造品和国际大宗商品生产国的要素资源。即本轮全球经济增长的行情是美国等发达市场利用易于泡沫化的金融资产来换取其他国家的实物资源，或者更确切地讲这轮全球经济增长根源于发达与发展中国家之间所发生的借贷关系。

近年来，美国的过度的消费是建立在被日益垒高的资产价格泡沫所产生的财富幻觉基础之上。美国居民的过度消费最终使亚洲国家制造品更容易出售，从而也带动了亚洲制造企业开足马力生产。而欧洲资本、石油美元和亚洲贸易美元等参与美国资本市场的角逐，一方面，弥补了美国过度消费所带来的贸易赤字缺口；另一方面，使得美国乃至全球资本市场的资产价格泡沫呈现扩展并暂时得以维系，使得美国居民的过度消费获得全球资本的支持。

然而，建立在这种资产价格泡沫基础上的全球经济繁荣，不仅具有不稳定性，而且也不可避免地暴露了全球经济滞胀风险。一方面，资产价格泡沫必然破裂(已经开始发生)，而伴随资产价格破裂的将是全球经济的放缓和衰退；另一方面，由于当前全球资产价格泡沫得以维系主要依赖于货币推动；为延缓资产价格泡沫破裂，全球金融市场通过结构型投资工具等各种金融衍生产品产生了更多的流动性，制造了更多的信用货币来维系资产价格泡沫的脆弱平衡。

从贸易分工的渠道看，包括中国在内的新兴市场国家，除了被动地接受由于资产价格泡沫破裂所传导出来的经济滞胀风险外，自身也内生着诱发经济滞胀的风险。一个原因是中国等新兴市场国家(特别是亚洲制造圈)都不同程度地采取了要素价格管制措施。在发达市场资产价格泡沫尚不严重前，中国等新兴市场国家在扭曲的要素价格和扭曲的比较优势作用下，对发达市场由于资产价格泡沫所带动的通胀上行苗头起到了遏制作用，保障了全球经济度过了几年失衡的高增长、低通胀的年代。但随着能源等要素价格的持续上涨甚至飙升，中国等通过对要素价格管制使得制造的成本优势变得难以维系。在大宗商品价格飙升和产业升级上升下，中国等新兴市场国家的制造成本越来越高。随着中国等新兴市场国家要素价格的逐渐理顺，整个全球经济开始逐渐失去来自新兴市场国家的反通胀支持。

从全球收支体系看，通过资本项目逆差输出美元往往意味着对本国以制造业为主的实体经济的需求增加，导致本国实体经济增长；而通过经常项目输出美元，在黄金非货币化的条件下，意味着对本国实体经济的需求减弱和对本国虚拟经济(包括房地产、股票、债券及其他可以反复炒作的资产)的需求增大，这将导致本国制造业外移和经济的虚拟化，并通过与以中国为代表的新兴经济体这类高增长性低端生产者进行国际生产分工，将货币资本与产业资本输入到这些后发国家，造成全球收支体系的重大失衡，为全球性危机埋下种子。

三、后危机时代纠正价格失衡与价格稳定的应对策略

统计数据表明，几乎所有的要素价格(包括石油价格和大宗商品价格等)都呈现出周期变化的特征。近一时期，特别是美国金融危机和流动性冲

击下国际市场暗壑丛生、价格异化现象更为突出。在我国整体经济金融还缺乏风险控制的情况下，如何有效管理国家和国民财富，维护国家经济安全？如何改变不公平的财富分配和价值体系？如何加强价格宏观调控？需要更多的深入思考和研究。因此，积极应对当前国际、国内经济金融环境的复杂变化，把价格波动幅度控制在合理区间，并防止经济金融大起大落，需要把握好市场机制和宏观调控的边界和平衡点，需要科学的应对策略和有效的政策工具与评价尺度。

反思全球金融危机给我们最大的警示是金融资本主义的发展已经严重地改变了原有宏观经济运行的规律和结构，出现经济虚拟化和货币虚拟化特征。在此情况下，资产价格波动导致货币流通速度和货币供应量具有非稳定性，货币政策发挥作用的基础条件、传导途径、作用效果都已经发生了重大变化。因此，我国的货币政策应该进行结构性优化，货币政策目标不能仅仅关注实体经济目标（通胀、经济增长、就业、国际收支），而是要同时关注实体经济和金融经济目标（金融体系稳定、资产价格稳定）。未来货币政策的中介目标应该逐渐从单一实体经济目标（控制通胀或经济增长）转移到“经济稳定+物价稳定+金融稳定”的三重目标（调控中介：增长率+通胀率+金融资产价格与收益率），货币政策应将资本市场价格的波动纳入调控范围。

金融危机中各类要素和资产价格大幅波动，严重失真，偏离了价值增值的基本原理。首先，对虚拟资产价格而言，在开放经济的条件下，虚拟经济与实体经济之间通过消费和投资的组合，紧紧联系在一起。而这二者之间均衡与非均衡、协调与背离的关系，则是通过利率、资产价格和信用增加额等作为传导媒介的。因此，课题将“虚拟经济与实体经济存量指针的比较、虚拟经济与实体经济流量指针的比较、价格泡沫（显性泡沫和隐性泡沫）以及泡沫系数（膨胀为正，紧缩为负）等变量”作为重点监测指标。因此，拓展的货币政策调控将更有利于统筹实体经济与虚拟经济的发展，能够稳定经济周期和金融周期。

对于实物资产价格而言，此轮价格危机的典型特征是石油、粮食和原材料等大宗商品价格的先行上涨，而造成价格上涨的原因固然有需求增大的原因，但国际大宗商品的金融属性化及其价格形成机制的缺陷也是重要的助推因素。通货膨胀仍在全球蔓延，其深层次的根源在于国际货币体系的固有缺陷、美国的宽松货币政策、国际大宗商品价格形成机制以及全球资源分布的严重不均衡。在目前的国际货币体系下，美元充当了国际储备货币、交易货币和结算货币，非国际货币国家为了防范风险和维持汇率目标，不得不被动地持有美元储备资产。这种国际货币体系本身具有内在的缺陷，容易产生通货膨胀。因此，稳定石油等大宗商品价格剧烈波动的避险体系有助于国内能源、要素价格形成机制和定价机制的建立和完善。从国内角度而言，稳定价格策略以及深化价格改革要对一些涉及面宽、触及利益深、配套性强、风险比较大的资源性产品价格、垄断行业价格、要素价格等进行“攻坚”，理顺价格，放松价格的管制，让政府从能够施加影响的领域逐步退出，充分发挥市场在资源分配中的基础性作用，让要素价格真正反映市场供求、资源稀缺程度以及污染损失成本。产业都是内生于价格的，价格顺了，扭曲的产业结构才能调整过来。应该从三个方面着手推进资源价格形成机制的改革：一是建立反映资源稀缺性、供求状况和环境代价的资源价格体系；二是建立资源有偿使用制度；三是扩大资源税征收范围。(张茉楠　国家信息中心经济预测部世界经济研究室)

文章来源：中国发展门户网

金融资本助推“需求泡沫”的悲剧

作者：杨浩勇《中国证券报》www. stockstar. com　2008-11-05 5：30：00

作者认为，由于美联储担心“新经济”泡沫破灭后，美国经济出现类似日本的通货紧缩，从而放松了对通胀目标的控制，这是引发美国“次贷危机”的重要原因之一。美国人“赤字消费”的习惯以及缺乏监管的金融资本疯狂助推“需求泡沫”最终将此次危机升级为百年一遇的全球经济风暴。

但此次危机并没有毁灭美国经济发展最核心的部分——技术创新。因此，它或许只是给人类提了个醒：金融资本应该用于能够促进生产力发展的领域，而不是用于催生泡沫。

美国次贷危机和2000年后“新经济”泡沫引发的危机不同。但两者却因为美联储的政策有了关联。

美联储惧怕“日式通缩”

美国经济在经历了20世纪90年代十年的增长后，“新经济”泡沫破灭。当时，美联储最担心的问题是如何减缓经济的衰退。2002年1月，美联储开始担心国内出现“通货紧缩”，特别是类似日本的通货紧缩，日本央行慢慢降低利率，直到零利率，但日本经济在十几年内回天乏力，利率工具调控经济的作用接近瘫痪。

美联储认为，为了避免美国经济出现类似日本的“通货紧缩”，至少应该做到两点：一是应该保持美国经济处于通胀状态，避免出现“通货紧缩”；二是当“通货膨胀”低于美联储的目标，经济面临衰退时，联储不应该“节省弹药”，即使当时的利率已经很低，也应该大幅降低利率。正如联储前任理事利莱·格雷姆利在2002年11月美联储减息50个基点时指出的：“当你的弹药所剩无几时，你要瞄准了，一次就解决问题。”

此后，美联储确实快速进入了“减息”周期，还制定了万一利率下调至零的后备方案，防止出现陷入类似日本经济“通货紧缩”的不利局面，并因此而放松了其对通胀目标的控制。

美联储低利率政策直接导致了房屋价格的攀升。2003 年，美国联邦基金利率降至 1%并维持大约 1 年之久，这导致美国长期国债利率在 4.1~4.6 之间波动。而美国发达的金融衍生品交易市场对美国房屋价格的上涨起到了推动作用。融资成本的降低更进一步助长了房地产市场的畸形繁荣。

2000 年后，美国住房价格出现了一个加速上涨的局面，这促进了美国住房抵押贷款的增长，贷款额从 2000 年的相当于 GDP 的 3%上升到了 2005 年初接近 8%的水平。但是美国的实际房屋价格指数和房屋支付能力指数在 2000 年后却出现了快速背离，其均值从 2000 年的均值 140 下降到 2005 年的 120。两种背离清晰地表明，美国房价上升导致能够购买住房的人越来越少。

美国人的房屋实际支付能力指数已经下降了，房价却在上升，房屋销售量却在增长，什么因素支撑了美国资产价格的上扬？

“赤字”消费催生“需求”泡沫

美国政府和美国人本质上有“赤字”消费的习惯，这种消费的背后是人们相信未来美国经济创造的财富能够“补偿”现在的支出，是一种未来现金流按照一定的贴现率进行的贴现。这种消费的前提是美国依靠借贷和发行货币催生的消费繁荣能够有相应的生产率支撑。不幸的是，美国房价上涨只是一种需求推动，不能提高生产率，也不会将未来的现金流贴现，只是看谁接最后一棒。

“新经济”泡沫本质上是一种“新技术”成熟后的泡沫，信息技术引发的经济增长内在的是生产力的增长，是一种内生性的增长，主要依靠供给创造需求，这种泡沫的破灭是对真实经济增长的一种回归。而次贷危机引发的经济泡沫破灭却不一样，这次危机是“需求泡沫”，美国金融市场流动性极强的衍生品和不断流入美国的资金推动了泡沫形成。如果金融市场的资金投入到创新型技术中，会催生一个新的产业，这也是金融市场真正的作用所在。但如果金融市场的资金没有被引导到新技术和新产业的发展上面，而去追逐不促进生产力水平提升的房地产市场，就会催生资产市场的泡沫。这种泡沫随着美国金融创新的发展，在缺乏监管的情况下，会迅速膨胀。

2004 年，美国失业率接近了 5.7%，低于美国的“自然失业率”（非加速通货膨胀率一般是 6%），这可能诱发工资上涨以及通货膨胀，美联储进入了加息周期以期待美国经济“软着陆”。不幸的是，利率的提高增加了浮动利率房贷抵押者的成本，最终导致泡沫的破裂，引发美国金融市场的动荡，许多介入了杠杆率极高的金融衍生品交易的机构一夜之内破产。

危机后的反思

美国金融风暴仍旧没有结束，这次危机需要汲取教训，但绝不是要停下金融创新的步伐。一些能够促进国家“新技术”和“新产业”产生和发展的金融创新还是必需的，这包括创业板上市和风险资本市场的构建。虽然风险资本市场的孵化率低，会带来一些泡沫问题，但这种泡沫是获得未来庞大收益的前提，是有促进生产力发展意义的。需要控制和监管的是不能提升生产率水平的资产市场，这个市场催生的泡沫毫无意义，这是个零和博弈的市场，有时是“双输”的市场。

怎么来判断房地产市场是否有泡沫了呢？回答其实很简单。如果把一个人一生的现金流和财富加总，然后用于一生的消费分配。那么，房子只是一个人一生中消费的一个组成部分，除了房子之外，人们还要进行教育投资、购买汽车、日常消费和旅游等。如果一套房子占用了一个人一生财富的大部分甚至全部，那么这就是泡沫。房贷也会成为这个人其他投资和消费的最大障碍。如果社会上的大部分人都是这样，能够促进社会生产力发展的其他投资就失去了储蓄来源，那么这会严重影响社会的发展。

美国的金融危机是由次贷危机引发的，但并没有毁灭美国经济发展最核心的部分——技术创新。美国的创新机制仍然健全，房贷危机只是给美国人提了个醒，金融资本应该用于能够促进生产力发展的领域，而不是用于催生房地产泡沫。

美国次贷危机终究会过去，关键是要看房价何时回稳。当个人的购买能力能够和房价相匹配时，市场力量自然会起作用。所以，美国政府现在对市场的干预只是为了稳定金融市场，避免美国金融链条的中断。

第六章　习题参考答案

一、名词解释题

1. 派生需求：消费者对产品的需求导致了厂商对生产要素的需求，这种厂商对生产要素的需求是派生需求或称为引致需求。

2. 要素的边际收益：增加一个单位的生产要素投入所带来的产出增量给厂商带来的收益增量。

3. 双边垄断：市场上同时出现买方垄断和卖方垄断的情况。

4. 买方垄断：需求方只有独家买主的市场。

5. 卖方垄断：供给方只有独家卖方的市场。

6. 边际要素成本：每增加一单位要素的购买所增加的支出。

7. 经济租金：要素的实际收入超过其机会成本的余额。

8. 最初的生产要素：生产过程中的原始投入，即指未经过加工的要素投入。

9. 厂商的边际收益产品曲线：表示厂商在一定的生产要素成本水平下所愿意购买的生产要素数量。

10. 工资率变动的替代效应：工资上升导致的劳动者用收入替代变得相对昂贵的闲暇的效应。替代效应使工人少休息多劳动。

11. 工资率变动的收入效应：工资率上升到一定水平后导致的劳动者多闲暇少工作的效应。

12. 人力资本：体现在个人身上的可以得到收益的价值。

13. 资本总量：一个存量概念，即在某一个特定时点上现存的所有机器、建筑及其他用途的生产资源。

14. 投资：资本积累的过程。

15. 储蓄：居民收入中去掉消费后的余额。

16. 利息率：利息与本金之比。

17. 禀赋点：消费者既不借钱也无储蓄，当年消费当年的收入与其消费无差异曲线的组合点。

18. 资源的稀缺性成本：要求稀缺资源所有者放弃未来可能获得更高的收益所支付的比实际开采成本更高的价格，即实际开采成本上的益价。

二、单项选择题

A B C C A　C B C B A　D A D B B
B A C D A　B D A A B　A A B C A
B C B B D　D A A A B　A C C

三、判断题

√ × √ √ ×　× √ √ × √　√ √ × × √
√ × √ × ×　√ √ √ √ ×　× √ √ √ √
√ × √ √ ×　× √ × × √　× √ √ √ ×

四、简答题

1. 为什么要素的边际收益产品曲线向右下倾斜？

答：由于边际生产力递减规律，要素的边际产品曲线是向下倾斜的，又由于产品市场是完全竞争的，在产品市场上，厂商是价格的接受者，可以给定产品价格不变要素的边际收益产品曲线是边际产品与产品价格的乘积，故边际收益产品曲线与边际产品曲线倾斜方向一致，也是向右下倾斜。

2. 行业对要素的需求曲线。

答：要素市场价格下降会使行业内所有厂商支付的要素价格下降，并使他们购买更多的要素增加其产量，市场上产品供给增多，必然导致其价格下降，又引起厂商要素需求的减少，需求曲线左移，厂商的要素需求加总后的曲线也向左移，行业的需求曲线应是要素价格下降之前的要购买点与要素价格下降后的要素雇佣点的连线。

3. 影响要素需求弹性的因素。

答：(1)对最终产品的需求弹性越充足，对生产该产品的要素的需求弹性越充足；

(2)替代性越强的要素，其需求弹性越充足；

(3)其他要素的供给弹性越充足，对该种要素的需求弹性越充足；

(4)调整时间越长，要素的需求弹性越充足。

4. 简介要素市场的供给曲线。

答：一般来说，要素的供给曲线是一条向右上方倾斜的直线，即要素价格越高，要素所有者愿意提供的数量越多。但其倾斜程度与考察的市场大小有关，考察市场的某部分，要素的供给曲线较平坦，如果考察社会整体则其供给曲线会斜率很大。

5. 买方垄断的要素市场均衡。

答：买方垄断面临的是整个社会的要素供给曲线，向右上倾斜。在完全竞争的要素市场，厂方受既定要素价格，边际要素成本等平均要素成本，要素的供给曲线也就是要素的边际成本曲线。在买方垄断情况下，厂商增加一单要素投入会抬高所雇用的全部要素价格，其边际要素成本曲线比要素供给曲线上升得快，垄断厂商按边际收益等于边际成本的原则，雇用要素量小于完全竞争条件下的雇用量，垄断厂商要压低价格。

6. 卖方垄断的要素市场均衡。

答：卖方垄断面临的是整个行业要素需求曲线，向右下倾斜，卖方垄断的边际收益曲线 MR 位于行业需求 D 的左下方，需求线表明需求方随要素价格变化而作出计划，按照边际收益等于边际成本的原则，卖方垄断将限制供给量并提高价格。

7. 长期内厂商对要素的需求曲线。

答：要素价格的下降导致厂商增加投资，提高了资本效率，使要素的边际产出增加，进而使要素的边际收益产品增加，要素边际收益产品曲线右移。厂商的要素需求线应是要素价格下降前要素雇用量与要素价格下降且资本增加后雇用要素量的连线。

8. 影响劳动需求弹性的因素。

答：(1)劳动使用的密集程度。密集程度越高，劳动需求弹性越大；

(2)劳动边际产量下降速度。其他情况不变，劳动的边际产量下降速度越快，劳动需求弹性越小；

(3)劳动产品需求弹性。产品需求弹性越大，生产该产品的要素要求弹性越大；

(4)资本劳动的替代性。替代性越强，长期劳动需求弹性越大。

9. 工资变动的价格效应。

答：工资上升后，闲暇价格上升，劳动者会增加劳动时间，以收入替代变得相对昂贵的闲暇，这是替代效应。

但工资上升到一定水平，劳动者会减少劳动时间，以换取更多的闲暇，这是收入效应。

10. 劳动市场的供给曲线。

答：与个人劳动供给曲线一样，劳动市场的供给曲线后端也是向里弯曲，但劳动市场的供给曲线有个较长的向右方上升的过程，原因是不同的个人有不同的保留工资。随着工资的上升，越来越多的人加入劳动队伍，因而劳动市场供给曲线的主体向右上倾斜。整个社会者劳动供给反向变动的情况很少，因为低收入人群在总人口占有很大比重，其收入效应不大可能超过替代效应。因此一般情况下仍将劳动市场供给曲线视为一条向右上倾斜的曲线。

11. 教育与信号显示。

答：教育可以显示如下信号：(1)受教育年限；(2)受教育层次；(3)受教育学校的声誉；(4)学习专业与知识；(5)学习成绩等。

12. 决定劳动边际生产力的主要因素。

答：(1)技术水平；(2)资本装备水平；(3)文化教育程度；(4)其他要素投入。

13. 储蓄及其影响因素。

答：储蓄是居民的收入去掉消费的剩余部分，居民的储蓄水平主要受两个因素的影响：

(1)当前收入和预期收入，如果一个家庭当前收入相对未来预期收入要低，则其储蓄愿望通常较低，甚至是负储蓄；如果当前收入高于预期收入，则居民会增加储蓄。

(2)利息率。其他条件不变的情况下，利息率越高家庭储蓄也越多。

14. 跨期选择的价格效应。

答：当利率上升时，意味着当前的消费相对于未来消费价格上升了，消费者会用相对“便宜”的未来消费替代相对“昂贵”的当前消费，这是替代效应；

同时利率上升时提高了消费者的实际财富，能同时增加当前和未来的消费，达到更高效用水平，消费者会减少储蓄增加当前消费，这是收入效应。

15. 资本市场的需求。

答：资本的市场需求由两个部分组成，一部分是个人超前消费引发的需求，利息是人们提前消费需要付出的代价，因此，利息率越高人们对资本量需求越小；

另一部分是企业投资带来的需求，如果项目预期利润高于企业借款利率企业将进行投资，因此，在利润率一定的前提下，利息率越高，企业对资本需求量越小。

16. 资本市场的供给。

答：资本的供给来自个人储蓄，一般来说，利率越高，个人储蓄意识越强，资本供给量越大，故资本供给曲线向右上方倾斜。

17. 资本市场的均衡。

答：社会对资本的总需求曲线 D 由个人需求曲线 F 和企业投资需求曲线 J 水平相加而成，其与资本供给曲线的交叉点为资本市场的均衡点，总需求 $D=F+J$。

如果市场利率高于均衡利率对资本的需求将小于资本供给，资本过剩，则市场利率会下降。如果市场利率低于均衡利率，资本供不应求，则市场利率会上升，资本需求下降，直到均衡利率。

18. 稀缺性成本。

答：随着资源的不断开采，其存量不断减少，资源越来越衡缺，资源的所有者会考虑留置以后开采更划算，价格会更高。如果要求资源所有者放弃未来可能获得的更高收益，就必须支付比实际开采成本更高的价格。在实际开采成本上的溢价也叫稀缺性成本，它反映了不可再生资源的稀缺性。

19. 经济租金。

答：凡是支付给生产要素的超额报酬，以及报酬中超过为得到要素的某种服务而必须支付的最低报酬部分都称为经济意义上的租金。所以租金也就是一种要素的实际收入超过其机会成本的余额，租金是个模糊概念，它随讨论背景变化而变化。以土地为例，从社会角度看，全部地租表示为租金，便从某一行业看，土地供给线比较平坦，租金比例会很小。

五、计算题

1. 完全竞争厂商生产函数是 $Q=12L-L^2(0\leqslant L\leqslant 6)$。$L$ 是每天劳动投入，Q 是每天产出。若产品市场价格为 10 元，当工资率为每天 25 元时，则厂商将雇用多少工人？

解：$\mathrm{MP}=12-2L$

$\mathrm{MRP}=\mathrm{MP}\times P=10(12-2L)=120-20L$

根据边际产品收益等于边际成本才能实现最大利润的原理，令 $\mathrm{MRP}=w$

即 $120-2L=25$　　$L=4.8\approx 5$ 个

2. 劳动市场的需求曲线为 $D_L=-2W+30$，供给曲线 $S_L=4W$，S_L为劳动市场供给，D_L为劳动市场需求，W 为每日工资。求：

(1) 该市场中劳动与工资均衡水平。

(2) 如政府希望提高工资 1 元/日，市场上劳动供求关系如何？

解：(1) 劳动与工资的均衡水平是：

$D_L=-2w+30$　$S_L=4W$

令 $D_L = SL$　　即　$-2w+30=4w$

得 $w=5$　　　　　$L=20$

(2)若政府把均衡工艺提高到 6 元/日，则新就业水平为 $S_L=4\times6=24$

但企业只愿要工人数为 $D_L=-2w+30$　　$L=18$

市场上劳动过剩　过剩是为 $24-18=6$

3. 某行业对劳动的需求曲线为 $L=600-5w$，供给曲线为 $10w$。L 为劳动供给(需求量)，w 为工资率。求：

(1)均衡工资率和每天劳动雇用量。

(2)如果劳动由一垄断组织控制，它希望劳动就业收入达到最大化，此时的劳动量和工资率。

解：(1)由 $D_L=600-5w$　$S_L=10W$

$600-5w=10w$　　$w=40$　　　　$L=400$

(2)劳动由一垄断组织控制时

由需求函数 $D_L=600-5w$ 得 $W=120-0.2L$

则 $MR=120-0.4L$

当 $MR=0$ 即 $L=300$ 时劳动就业收入达到最大

此时，$W=120-0.2L=60$

4. 市场利率为 10%并预期长期维持这一水平，消费者能按此利率水平借入或贷出资金。计算：

(1)你是要今天的 500 元礼金还是要一年后的 540 元礼金?

(2)你是要现在的 2000 元赠款还是要连续四年每年 750 元的赠款?

(3)你得到奖励，可有两种方法：第一，一次性领取 100 万元；第二，每年领取 9 万元直到永远，甚至可以遗传继承，你要哪一种?

解：(1)一年以后 540 元的现值为$\frac{540}{1-10\%}=491$ 元，应要今天的 500 元。

(2)连续三年为 750 元的赠款现值为

$$750+\frac{750}{1+10\%}+\frac{750}{(1+10\%)^2}=750+681.8+619.8=2\ 052\ 元$$

应要每年 750 元的赠款。

(3)每年 9 万元的资金阈值为$\frac{9\ 万}{10\%}=90$ 万，应领一次性 100 万的奖励。

5. 假定在国民经济中不熟练工人的需求和供给函数为：

需求：$L_d=10-0.5W$

供给：$L_s=6+0.9W$

这里，L为工人人数，以百万计；W为小时工资率。

(1)请确定均衡的工资率和工人就业人数。

(2)如果国家规定最低工资为每小时4.25元，则工人的工资率和就业人数应是多少？与题(1)比较，有多少工人会失去工作？

(3)如果最低工资规定为每小时5元，则工人的工资率和就业人数将是多少？请与题(1)的习题参考答案作比较。

解：(1)$L_d=L_s$，即$10-0.5W=6+0.9W$，得均衡工资率为$W=\frac{20}{7}=2.86$元/小时，均衡工业就业人数为$L=\frac{60}{7}=8.57$百万

(2)若国家规定最低工资为每小时4.25元，则工人工资率为4.25元/小时，$L_d=10-0.5W=10-0.5\times4.25=7.875$百万，与(1)相比，有$(8.57-7.875)=0.695$百万人失去工作。

(3)若国家规定最低工资为每小时5元，则工人工资率为5元/小时，$L_d=10-0.5W=10-0.5\times5=7.5$百万，与(1)相比，有$(8.57-7.5)=1.07$百万人失去工作。

6. 假定对美国篮球协会(NBA)篮球队中锋的需求方程为：

$$L_d=400\ 000-2W$$

中锋的供给函数为：

$$L_s=\begin{cases}32 & \text{如果 } W\geqslant 40\ 000\text{ 美元}\\ 0 & \text{如果 } W<40\ 000\text{ 美元}\end{cases}$$

这里，L为运动员数；W为年薪。

(1)请画出需求和供给曲线。

(2)请确定NBA中锋的均衡工资率。

(3)假定现场观众和电视观众的人数突然下降，使需求函数变为：

$$L_d=300\ 000-3W$$

问年薪会发生什么变化？职业篮球运动员的数目与需求曲线变化前相比有什么区别？

(4)根据供给函数，你对在NBA中担任中锋的机会成本的最佳估计是多少？

解：(1)如图所示。

(2)$L_d=L_s$，即$400\ 000-2W=32(W\geqslant40\ 000)\Rightarrow W=199\ 984$，即为均衡工资率。

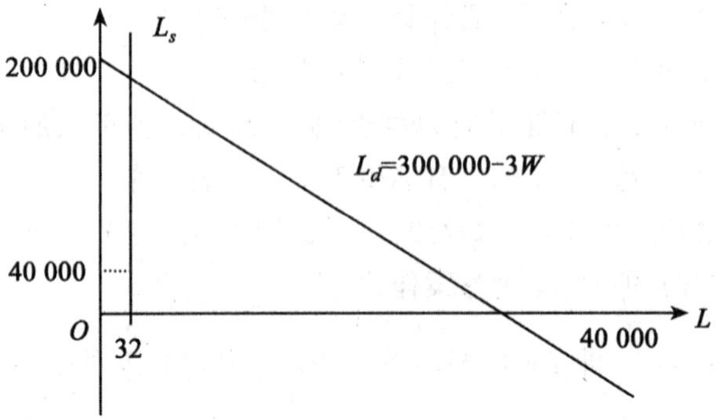

需求和供给曲线

(3)若需求函数变为 $L_d=300\ 000-3W$，则 $300\ 000-3W=32(W\geqslant 40\ 000)$ $\Rightarrow W=99\ 989$

年薪将会减少 99 995(199 984−99 989=99 995)，工资几乎是原来的一半。

(4)机会成本是指人们利用一定的资源获得某种收入而所要放弃的在其他可能的用途中所能获取的最大收入。

中锋的供给函数为：$L_s=\begin{cases}32 & \text{如果 } W\geqslant 40\ 000 \text{ 美元}\\ 0 & \text{如果 } W<40\ 000 \text{ 美元}\end{cases}$

最佳机会成本估计是 40 000 美元。

7. 假定在一个完全竞争的产品市场里，企业的产品价格为每单位 10 元。已知劳动力的总产量函数如下表中的前两列，请把下表填满，求出企业对劳动力的需求表。

劳动力数量	总产量	边际产量	边际产量收入(元)
0	0		
1	21		
2	30		
3	38		
4	42		
5	43		
6	40		

假定这一企业是买主垄断企业，面临的是下面的劳动力供给表。请用这些数据，算出企业在劳动力上的总费用和边际费用。

工资率	劳动力供给	劳动力总费用	劳动力边际费用(元)
20	0		
22	1		
25	2		
30	3		
35	4		
40	5		
50	6		

请用这些数据确定企业应雇用多少劳动力？工资率是多少？请解释之。

解：

劳动力数量	总产量	边际产量	边际产量收入(元)
0	0	0	0
1	21	21	210
2	30	9	90
3	38	8	80
4	42	4	40
5	43	1	10
6	40	-3	-30

企业对劳动力的需求表

劳动力数量	工资率水平(元)
1	210
2	90
3	80
4	40
5	10

工资率	劳动力供给	劳动力总费用	劳动力边际费用(元)
20	0	0	0
22	1	22	2
25	2	50	3
30	3	90	5
35	4	140	5
40	5	200	5
50	6	300	10

根据这些数据，确定企业应该雇用 3 个劳动力，工资率为 30，因为这种情况下，总利润(总利润=总收入-总劳动费用)最大，为 290

8. 代表自动化设备行业的所有企业管理当局的一方正在与该行业的工会领袖为一方，就一项三年期的新合同进行谈判。劳动力的需求函数为(即劳动力的边际产量收入)：

$$\mathrm{MRP}_L=20-2L$$

与需求曲线相对应的边际收入函数为：

$$\mathrm{MR}=20-4L$$

和行业的劳动力供给函数和边际费用函数分别为：

$$w=5+2L$$

$$\mathrm{MFC}=5+4L$$

这里，L 是工人人数(以千人计)，w 是小时工资率。

(1)如果管理当局一方能支配谈判并决定协议条件，则工资率和雇用量应定为多少?

(2)如果工会一方能支配谈判并决定协议条件，则工资率和雇用量应定为多少?

解：(1)在管理当局支配时，劳动力市场为买方垄断市场

管理当局为企业谋得最大利润条件为 MRP=MFC

即 $20-2L=5+4L$ 得 $L=2.5$

管理当局根据供给函数确定工资水平，则 $w=5+2L=10$

(2)在工会支配时，劳动力市场为卖方垄断市场

工会为谋得劳动者利润最大的条件是 $MR=MC$

MC 由供给函数推得，则 $\mathrm{MC}=5+2L$

由 MC = MR 得，$5+2L=20-4L$，得 $L=2.5$

工会根据企业对劳动力的需求函数决定工资水平，得 $w=20-2L=15$

9. 某城市公寓房的供给是固定的，为 2 000 单元；不盖新房是因为缺水。对这些单元的需求方程已知为 $Q_d=5\,000-5P$。这里，P 是月度单元价格；Q 是单元数。每个单元的保留价格是每月 300 元。

(1)请确定公寓房每个单元的均衡月度价格。

(2)每单元的经济租金和总经济租金各为多少？

(3)政府通过一个租金管制条例，规定每月的价格不得超过 400 元。请确定在这一价格水平上的单元需求量。如果需求量超过供给量，而租金又不能增加，公寓房的房主会作出什么反映？

解：(1) $Q_d=5\,000-5P$，$Q_s=2\,000$，$Q_d=Q_s$，即 $5\,000-5P=2\,000$

$\Rightarrow P=600$，即为均衡月度价格。

(2)每单元经济租金 $=P-(AVC+AFC)=600-300=300$

总经济租金 $=\mathrm{TR}-(\mathrm{TVC}+\mathrm{TFC})=\mathrm{P}\cdot\mathrm{Q}-(\mathrm{AVC}+\mathrm{AFC})\cdot\mathrm{Q}$

$=(\mathrm{P}-\mathrm{AVC}-\mathrm{AFC})\cdot\mathrm{Q}$

$=300\cdot 2\,000=600\,000$

(3) $P=400$，$\mathrm{MC}=\mathrm{AR}$，$\mathrm{AR}=Q_d=5\,000-5P=3\,000$，单元需求量是 3 000，3 000 大于 2 000，需求量超过供给量，而租金不能增加，公寓房的房主在没有管制条例前的租金是 600，这个差价会让政府补贴给公寓房房主。

10. 某种玩具的市场需求函数和供给函数分别为：

$$Q_D=2\,000-250P$$

$$Q_S=600+100P$$

这里，Q_D 为需求量；Q_S 为供给量；P 为价格。

A 公司生产这种玩具的生产函数为：

$$Q=K^{0.5}L^{0.5}$$

这里，Q 为产量；K 是资本投入量；L 是劳动力投入量。A 公司在一个小镇上是最大的劳动力雇主，它面临的劳动力供给函数为：

$$w=0.5L$$

这里，w 为工资率。

如果资本的投入是固定的且为 225，则请确定利润最大化的劳动力投入量、产量和工资率。

解：$Q=K^{0.5}L^{0.5}=15L^{0.5}$

$Q_D=Q_S$，即 $2\,000-250P=600+100P$ 得 $P=4$

$$MP = Q' = 15\times 0.5\times L^{-0.5} = 7.5L^{-0.5}$$

$$MRP = VMP = MP\times P = 30L^{-0.5}$$

$$TC = WL = 0.5L\cdot L = 0.5L^2$$

$$MFC = TC' = L$$

由 MRP = MFC 得

$$\Rightarrow 30L^{-0.5} = L$$

$$L\approx 10$$

$$Q = 15L^{0.5}\approx 46.7$$

$$w = 0.5L = 5$$

故利润最大化的劳动力投入量为 10，产量为 46.7，工资率为 5。

六、案例分析题

案例 6-1：大学生遭遇就业寒冬

案例适用：劳动力市场均衡

案例来源：根据网易教育频道：就业歧视无法无天，中国大学生遭遇就业寒冬、经济观察网：全球金融危机，大学生遭遇就业寒冬、搜狐财经：评论“美国大学生就业遭遇寒冬了吗”、CCTV-2 今日观察栏目：大学生就业遭遇寒冬等，2009 年 6 月 1 日编写。

案例内容：

当今中国大学生就业难已经成为一个社会性的难题。从 1999 年开始高校扩招，我国高等教育进入新的发展阶段，毕业生人数以每年超 50 万的规模增加，今年毕业生人数超过 600 万。与此同时，企业纷纷减员增效、政府精简机构、事业单位实行下岗分流，造成人才需求下降。逐年增加的数以百万计的高校毕业生与经济增速放缓的局面形成鲜明的对比，直接导致了大学生就业竞争的加剧。时至 2008 年，大学生就业更是遭遇最冷的寒冬。

2008 年是非常特殊的一年，不仅是我国劳动力市场管制逐渐强化的一年，也是雪灾、地震、奥运会、全球金融危机等一系列重大事件交织发生的一年。这些重大事件或直接或间接地影响了我国社会经济发展的格局，并构成了当前就业面临的基本形势。这些重大事件不仅影响到总体就业状况，也必然会对大学生就业产生影响。为抵御金融海啸给大学生就业带来的严峻压力，中央和地方各相关部门出台多项措施帮助大学生就业，各高校积极出招应对严峻的就业形势，高校毕业生也顺应形势发展，降低期望值，先就业再择业，或加入到“考研”和“考公”的队伍中以避过“就业寒冬”。

试分析该现象。

案例分析：

只要劳动需求曲线和劳动供给曲线保持不变，均衡就业量就会保持不变。如果这两条曲线当中的任何一条发生移位，就会形成新的均衡数量。

如果需求的决定因素之一(不是价格)发生变化，则整个需求曲线将移位。这将导致供给数量沿供给曲线及需求量沿新的需求曲线向新的均衡点移动。市场最终在新的均衡点上实现均衡。同样，如果供给的决定因素之一(不是价格)发生变化，则整个供给曲线将移位。这将导致需求量沿需求曲线及供给量沿新的供给曲线向新的均衡点移动。市场最终实现新的均衡。

一条曲线的移位导致沿另一条曲线向新的均衡点的移动。许多决定因素时常都会发生变化。这可能导致两条曲线都移位。当这种情况发生时，均衡就是从两条旧曲线的相交的点向两条新曲线相交的点的移动。

案例 6-2：商厦与少年宫的用地之争

案例适用：级差地租

案例来源：http：//jpkc、ecnu. edu. cn/0618/just/ppt/11. ppt.

案例内容：

上海的南京路被称为中华第一商业街，南京路西藏路口更是商业街的繁华地段，可谓寸土寸金。路口的一幢式样别致的楼房为黄浦区少年宫。20世纪80年代末，精明的商家欲让少年宫搬迁，利用原址改选为商厦。由此引起了当时的激烈争论。许多家长和一些社会人士以各种方式向有关部门及传媒表示反对意见，认为不能光为了追求经济效益而侵害少年的利益，不能让拜金主义毒害小孩的幼小心灵。而商家和其他社会人士则认为，在极具商业开发价值的寸土寸金之地，放着一个偌大的少年宫，是一种资源的浪费。少年宫搬迁到别处，丝毫不影响少年宫的正常运转，而且新的少年宫可以更大、更好。

在激烈的争论中，少年宫还是搬迁了，离开了喧嚣嘈杂的商业中心。利用少年宫原址开张的“上海精品商厦”生意十分红火，其广告语“叩开名流之门，共度锦绣人生”一度成为上海滩最流行的广告语之一。该房地产的所有者也因此获得了丰厚的租金收入，当然，精品商厦后来因种种原因产生亏损，但这已是另外一个问题了。

试分析该现象。

案例分析：

在市场经济条件下，不仅消费品和生产资料是商品，而且生产要素也都要以商品的形式进入市场，利用价值、价格、货币等经济范畴进行交易活动。因此，土地作为最基本的生产要素也应该进入市场，从而为级差地租的形成具备了客观经济条件；

土地生产条件的差别是级差地租产生的物质条件或自然基础；

土地的有限性和以此为前提的土地经营的垄断，是级差地租产生的社会经济条件；

城市土地的位置差异对经济效益的影响是存在的，从商品生产和经营者的经济利益原则出发，城市经济中存在以劣等自然条件形成价格的客观要求，占有优等地和中等地的工商、房地产等企业可以稳定地得到超额利润，即级差地租的实体也会形成。

案例 6-3：美元供给与金融危机

案例适用：资本市场均衡

案例来源：国际金融报、中国网、中国证券报等，2009 年 6 月 5 日编写。

案例内容：

全球经济格局表明，资本已经成为主导全球经济发展的主导力量，债券、股权类投资已经成为国际经济活动的主流。这是全球性流动性膨胀的结果，其根源在于美元对外过度供给。

20 世纪 80 年代以来，美国的经济增长方式逐渐形成为一种依赖资产膨胀和信用扩张来促进经济增长的增长模式。但是，自 20 世纪 90 年代以来，由于金融管制的放松和货币当局的扩张政策，美国金融资产就已经呈现持续膨胀之势，最终演变成为范围广泛而又规模巨大的资产泡沫，导致资产价格和最终需求都严重透支，金融体系和实体经济严重失衡。美国经济学家乔纳森·特尼鲍姆指出："事实上，除了中国和其他少数国家外，全球的实体经济都在持续地衰退。所有这些都表明，依赖更多资本以支持泡沫的可能性已经到了尽头。与此同时，泡沫自身也已攀升到几乎无限大的地步。"

由于资产泡沫的全面性和大规模，美国经济已面临严重冲击，同时由于美联储不遗余力地注入流动性以缓解市场压力，最终经济调整可能呈现长期慢性的形式，因此，美国将很可能陷入持续停滞的后泡沫困境，直到泡沫期间形成的经济严重失衡状况基本得到调整，下一波资产经济模式的条件得以重建或重要产业兴起时为止。

试分析该现象。

案例分析：

(1)资本市场的均衡取决于对资本的需求和供给；

(2)从资本的需求方面看，企业为了生产获利不仅需要投入劳动要素，而且还需投入机器、设备等资本要素，从而就形成了对资本的需求；

(3)从资本的供给方面看，居民愿意暂时放弃一部分消费而进行储蓄，从而提供了生产企业可用于投资的资金。一般情况下，利率越高，人们愿意储蓄的数量也就越多。但由于投资转化为资本，或净投资形成资本的增量需要一定的时间，因此在短期内，资本存量是固定不变的。

第七章　一般均衡理论与福利经济学

一、名词解释

1. 局部均衡　2. 一般均衡　3. 交换契约线　4. 生产契约线　5. 边际转换率　6. 帕累托最优　7. 帕累托改进　8. 洛伦兹曲线　9. 绝对不平均线　10. 基尼系数

二、选择题

1. 在一般均衡分析中，(　　)。

A. 考虑某单个市场的价格变动会影响其他市场的价格与供求

B. 考虑其他市场的价格变动也会影响该单个市场的价格与供求

C. 只考虑某单个市场

D. 不考虑某单个市场与其他市场发生相互联系

2. 在两个人(A 和 B)，两种商品(X 和 Y)的经济中，在交换上符合帕累托最优状态的条件是(　　)。

A. $MRT_{XY}=MRS_{XY}$　　B. $MRS_{XY}=P_X/P_Y$

C. $MRS_{XY}^A=MRS_{XY}^B$　　D. 上述所有条件

3. 在两种商品(A 和 B)，两种生产要素(L 和 K)的经济中，在生产上符合帕累托最优状态的条件是(　　)。

A. $RTS_{LK}=P_L/P_K$　　B. $RTS_{LK}=MRS_{XY}$

C. $RTS_{LK}^X=RTS_{LK}^Y$　　D. $MRS_{XY}^A=MRT_{XY}^B$

4. 在两个人(A 和 B)，两种商品(X 和 Y)的经济中，在生产和交换上符合帕累托最优状态的条件为(　　)。

A. $MRTxy=Px/P_Y$　　B. A 与 B 的 $MRSXY=PX/P_Y$

C. $MRS_{XY}^A=MRS_{XY}^B$　　D. $MRS_{XY}=MRT_{XY}$

5. 一个社会要达到最高的经济效率，得到最大的经济福利，进入帕累托最优状态，必须(　　)。

A. 满足交换的均衡条件 $MRS_{XY}^A=MRS_{XY}^B$

B. 满足生产的均衡条件 $RTS_{LK}^{X}=RTS_{LK}^{Y}$

C. 满足生产与交换的均衡条件 $MRS_{XY}=MRT_{XY}$

D. 同时能够满足上述三个条件

6. 如果对于消费者甲来说，以商品 X 替代商品 Y 的边际替代率等于 3；如果对于消费者乙来说，以商品 X 替代商品 Y 的边际替代率等于 2，那么有可能发生下述情况(　　)。

A. 乙用 X 向甲交换 Y　　B. 乙用 Y 向甲交换 X

C. 甲和乙不会交换商品　　D. 以上均不正确

7. 生产契约曲线上的点表示生产者(　　)。

A. 获得了很大利润　　B. 支出了最小成本

C. 生产要素配置最佳　　D. 以上均正确

8. 两种商品在两个人之间的分配，能被称为帕累托最优的条件为(　　)。

A. 不使其他个人受损失就不能使另一个人受益

B. 个人都处在其消费契约线上

C. 个人都处在他们的效用可能性曲线上

D. 包括以上所有条件

9. 局部均衡分析仅仅只是对(　　)的分析。

A. 单个产品生产彼此间的影响

B. 单个产品市场和要素市场，把这单个市场从相互联系的市场体系中分离出来

C. 主要考虑一个市场出现的情况，也考虑其他市场

D. 经济中所有的相互作用和对立依存之和

10. 边际转换率是(　　)某一点的切线的斜率。

A. 需求曲线　　B. 边际产品曲线

C. 生产可能性曲线　　D. 生产扩张曲线

11. 庇古根据边际效用基数论提出了两个基本的福利观点(　　)。

A. 国民收入总量愈大，社会经济福利就愈大

B. 国民收入总量愈大，社会经济福利就愈小

C. 国民收入分配愈是均等化，社会经济福利就愈大

D. 国民收入分配愈是不均等，社会经济福利就愈大

12. “补偿原则”是由(　　)提出的。

A. 卡尔多　　B. 希克斯

C. 柏格森　　D. 萨缪尔森

13. “社会福利函数”是由(　　)最先提出的。

A. 卡尔多　　B. 希克斯

C. 柏格森　　D. 萨缪尔森

14. 当经济是帕累托有效时，下列被满足的是(　　)。

A. 处在生产可能性曲线上　　B. 交换的效率

C. 生产的效率　　D. 收入的公平分配

15. 在效用可能性曲线与纵横坐标轴所围成的区域内的每一点上，表示(　　)。

A. 消费者的边际替代率都相等　　B. 都达到了帕累托最优状态

C. 消费者的边际替代率都不相等　　D. 都没有达到帕累托最优状态

16. 若离开生产契约线分配要素，总产量将(　　)。

A. 减少　　B. 增加

C. 不变　　D. 不确定

17. 关于生产可能性曲线，下列说法正确的是(　　)。

A. 向右下方倾斜

B. 凸向右上方

C. 在曲线上的每一点，满足边际转换率等于两种产品的边际成本之比

D. 边际转换率是递减的

18. 实现帕累托最优状态的市场是(　　)。

A. 完全竞争市场　　B. 垄断市场

C. 垄断竞争市场　　D. 寡头市场

19. 认为应该在社会全体成员之间将社会所有的产品做绝对平均的分配，每个社会的成员得到相同的产品，这是(　　)。

A. 平均主义的公平观　　B. 罗尔斯主义的公平观

C. 功利主义的公平观　　D. 市场主导的公平观

20. 认为市场竞争的结果总是公平的，这是(　　)。

A. 平均主义的公平观　　B. 罗尔斯主义的公平观

C. 功利主义的公平观　　D. 市场主导的公平观

21. 一般来说，一个国家的收入分配对应的洛伦兹曲线是(　　)。

A. 折线　　B. 45 度线

C. 向横轴突出的弧线　　D. 以上都不是

22. 基尼系数的计算公式为：$F=\frac{B}{A+B}$，当收入分配处于绝对平均状态

时，则有(　　)。

A. $B=0$　　B. $F=0$

C. $A=0$　　D. $F=1$

23. 基尼系数的计算公式为：$F=\frac{B}{A+B}$，当收入分配处于绝对不平均状态时，则有(　　)。

A. $B=0$　　B. $F=0$

C. $A=0$　　D. $F=1$

24. 在实际中，基尼系数总是为(　　)。

A. $0<F<1$　　B. $0\leq F\leq 1$

C. $F<1$　　D. $F>1$

25. 当 $0.2<F<0.3$ 时，则表示(　　)。

A. 收入分配高度平均　　B. 收入分配相对平均

C. 收入分配相对合理　　D. 收入分配差距偏大

26. 当 $0.3<F<0.4$ 时，则表示(　　)。

A. 收入分配高度平均　　B. 收入分配相对平均

C. 收入分配相对合理　　D. 收入分配差距偏大

27. 下列(　　)不能由帕累托效率引出。

A. 交换的效率　　B. 生产的效率

C. 产品组合的效率　　D. 所有人平等地分享收入

28. 下面哪些情况不是帕累托最优(　　)。

A. 收入分配公平

B. 不使社会中的某些成员福利变差就无法使其他成员福利改善

C. 厂商内部化其所有外部性

D. 不损害他人福利而改善部分人的福利

29. 下面哪些是一般均衡体系存在均衡解的条件(　　)。

A. 任何厂商都不存在规模报酬递增

B. 每个消费者的序数效用函数都是连续的

C. 消费者的欲望是无限的

D. 无差异曲线凹向原点

30. 如果使一些人的福利增进而使另一些人的福利减少，则下列说法正确的是(　　)。

A. 不能说这种现有资源配置的改变一定是有利的

B. 这种情况根据帕累托标准是无法判断的

C. 这种现有资源配置的改变一定是有利的

D. 一定能实现帕累托最优

三、判断题

1. 在局部均衡分析中，只考虑一个单个市场，这个市场与其他市场不发生相互联系。 （ ）

2. 资源配置达到帕累托最优是回答效率问题的。 （ ）

3. 福利经济学作为一种实证经济学，研究整个经济的资源配置与个人福利的关系。 （ ）

4. 庇古认为，要增加经济福利，在生产方面必须增大国民收入总量，在分配方面必须消除国民收入分配的不均等。 （ ）

5. 福利经济学的经济理论基础是边际效用论。 （ ）

6. 在既定收入分配下，如果使每个人的福利都增进了，则这种现有资源配置的改变就是有利的。 （ ）

7. 最优化资源配置与福利最大化是相统一的，帕累托最优状态就是福利最大化状态。 （ ）

8. 沿着契约线进行交换，一方效用的增加不会影响另一方的效用水平。 （ ）

9. 离开契约线进行交换，总效用将增加。 （ ）

10. 在效用可能性曲线的每一点上，两消费者的边际替代率都相等。 （ ）

11. 生产可能性曲线向右上方倾斜。 （ ）

12. 交换达到了均衡表明生产也就达到了均衡。 （ ）

13. 分配与效率是可以分开来考虑的。 （ ）

14. 如果既定的资源配置状态的改变，能够让一部分社会成员的状况改善，而其他人的状况并没有变坏，则这就是帕累托最优。 （ ）

15. 功利主义的社会福利函数就是社会成员的总效用最大化。 （ ）

16. 效率的提高，有时是以更大的不公平为代价的；公平的增进，有时是以牺牲更多的效率为代价的。 （ ）

17. 洛伦兹曲线的弯曲程度越大，收入分配越平均，反之它的弯曲程度越小，收入分配就越不平均。 （ ）

18. 基尼系数越大，说明收入分配越不平均；基尼系数越小，说明收入分配越平均。 （ ）

19. 基尼系数大于0.3，表示收入分配差距偏大。 （ ）

20. 完全竞争是帕累托最优的必要条件。（　）

四、简答题

1. 局部均衡分析和一般均衡分析的区别。

2. 在既定收入分配下，改变现有资源的配置在什么情况下是有利的？在什么情况下又是不利的？在什么情况下社会福利达到最大化？

3. 生产可能性曲线的特点。

4. 为什么只有在完全竞争市场中才能实现帕累托最优？

5. 福利经济学的主要特征。

6. 福利经济学第一基本定律的完整表述以及其政策启示。

7. 福利经济学第二基本定律给我们的启示是什么？

8. 怎样才能兼顾效率与公平？

9. 洛伦兹曲线弯曲程度的意义。

10. 整个经济原处于全面均衡状态，如果某种原因使商品 X 的市场供给（Sx）增加，则试考察：

（1）在 X 商品市场中，其替代品市场和互补品市场会有什么变化？

（2）在生产要素市场上会有什么变化？

五、案例分析

案例 7-1：效率与公平案例

【背景资料】改革开放之前，宜昌市夷陵区下堡坪乡实行大锅饭式的记工分的分配方式，村民收入低没多大差别。实行家庭承包经营后，村民收入普遍提高，同时拉大了收入差距。退伍军人小李除种好自家承包地外，还承包了天麻种植场，同时，还办起了天麻酒酿酒厂、天麻茶厂、天麻食品加工厂，年收入上百万元。他家建起了楼房，买了小汽车，还坐飞机出国旅游。与小李同龄的小吴，情况就不同了。小吴有病，全家靠几亩承包地只能解决温饱。小李致富不忘乡亲，用自己的经验和独特的天麻种植技术带动村民种天麻，使下堡坪乡发展成为有名的天麻种植基地，现已成为全国天麻状元乡。小吴也得到了政府的救济，在小李的帮助下增加了天麻种植收入，生活发生了显著性改善。

根据上述背景资料，试分析该现象。

案例 7-2：汇率体制改革

【背景资料】中新网 9 月 25 日电，中国人民银行行长周小川 9 月 18 日在香港金管局举办的“第六届卓越人士讲座”会上发表演讲称，中国目前正在进行的汇率体制改革，正是渐进式改革的一个典型案例。要找到最佳的汇率体制改革道路相当困难，往往只能权衡利弊，作出决策。总的来说，我们汇率体制的渐进改革是成功的。

周小川称，在我们的改革开放进程中，我们更强调正确处理改革、发展、稳定之间的关系。邓小平指出，发展是硬道理。因此，在经济决策中我们最优先考虑的是发展问题，要在发展中解决前进中的问题。从经济角度看，渐进式改革实际上是一种尊重实践的态度，这与理想主义有所不同。目前尚没有关于经济转轨的专门理论，因此，转轨过程也就是不断试错、纠错的过程。改革需要不断积聚动力，以便为进一步发展创造条件。

周小川还表示，渐进式改革强调基础条件完善的时间特性。也就是说，法律、监管制度、银行体系、会计标准的完善，专业技能的培养，以及机构建设，都需要相当长的一段时间去完成，不可能一蹴而就。这就涉及改革路径选择问题。

周小川谈到，经济学理论可以对不同改革方式作出解释，其中之一是帕累托最优理论。根据该理论，经济体系应追求使资源配置达到最优化，自由市场经济就能达到这种最优，它也意味资源分配达到了最高效率，也就是“帕累托最优”。

根据上述背景资料，试解释中国所进行的汇率体制的渐进式改革。

（资料来源：中新网，2008 年 9 月 25 日）

案例 7-3：以房养老

【背景资料】有保险公司 2007 年 10 月拟推“以房养老”业务，投保对象须是 62 岁以上老年人。

据介绍，借鉴国外的成熟做法，“以房养老”可能会设定一定门槛，如要求投保人必须是 62 岁以上的老年人；同时，房产的面积也可能有一定限制，规定不小于一定的平方米，以利于保险公司收回之后经营获利。对于“以房养老”，保险公司指出，投保人将房屋产权作抵押，按月从保险公司领取现金直到身故，相当于保险公司通过分期付款(按月支付)的形式，收买投保人的房屋产权，类似于把住房抵押贷款反过来做，因此也称做“反向住房抵押贷款”(以下简称“倒按揭”)。投保人既能住在自己的房子里，又能将房产提前变现用于养老，真正实现“以房养老”。据了解，在美国，“倒按揭”放贷对象也是 62 岁以上的老人。

房子可以变现成“棺材本”，这在国外不新鲜，可在国内还是头一遭。

市民大感新鲜的同时热论利弊。市民周先生认为，老人将自己的房产变现成养老金，对现今的“啃老族”将是一大挑战。“这就逼着年轻人要自己打拼生活”。市民陈先生则认为，如果“以房养老”能够付诸实施，则将对人们的养老观念产生很大冲击，“对有些老人来说，以房养老可能比养儿防老来得更为实际。特别是对‘丁克’一族”。

根据上述背景资料，试分析以房养老的理由。

（资料来源：http：//www. soufun. com　房地产门户——搜房网　2007 年 10 月 16 日）

第七章　习题参考答案

一、名词解释

1. 局部均衡：指的是单个市场或局部市场的供求与价格之间的关系或均衡状态。

2. 一般均衡：指的是在各个市场上不同商品的价格和供求关系存在相互影响的条件下，所有市场上各种商品的价格与供求之间的关系或均衡状态。

3. 交换契约线：在艾奇沃斯消费的盒状图中，不同消费者的无差异曲线相切点的轨迹所组成的曲线。

4. 生产契约线：在艾奇沃斯消费的盒状图中，不同产品的等产量曲线相切点的轨迹所组成的曲线。

5. 边际转换率：它就是生产可能性曲线的斜率的绝对值。

6. 帕累托最优：就是资源在某种配置下，不可能通过重新组合生产和分配增加一个人或多个人的福利而不使其他人的福利减少。它是经济最有效率的状态，此时社会福利也达到了最大化。

7. 帕累托改进：如果既定的资源配置状态的改变，能够让一部分社会成员的状况改善，而其他人的状况并没有变坏，就是一种资源配置状况的改善。

8. 洛伦兹曲线：把一国人口按收入由低到高排队，然后考虑收入最低的任意百分比人口所得到的收入百分比，这样的人口累计百分比和收入累计百分比的对应关系所成的曲线。它是衡量经济平等度的工具。

9. 绝对不平均线：所有收入都集中在一人手中，而其余人的收入为零，收入分配达到完全不平均，洛伦兹曲线成为折线。

10. 基尼系数：由绝对平均线与实际洛伦兹曲线围成的半月形面积，与由绝对平均线和绝对不平均线围成的三角形的面积的比例。它是衡量贫富状况的指标。

二、选择题

AB；C；C；D；D　A；C；D；B；C　AC；AB；C；ABC；CD
A；ABC；A；A；D　C；AB；CD；A；B　C；D；ACD；ABC；AB

三、判断题

√ √ × √ √ √ √ × × √ × × √ × √
√ × √ × √

四、简答题

1. 局部均衡分析和一般均衡分析的区别。

答：(1)局部均衡分析是假定某单个市场商品的价格变化和供求变化不导致其他市场的商品价格发生任何变化，以此作为研究的前提。它是对某单个商品市场的供求均衡价格的孤立分析。若要考虑各种商品的价格变动和供求变动的相互影响情况，则这就是一般均衡分析。

(2)若一种商品价格变动与其他商品价格变动相互影响较小，则宜采用局部均衡分析的方法。若某单个市场的商品价格受其他商品价格的影响比较大，则宜采用一般均衡分析的方法。

2. 在既定收入分配下，改变现有资源的配置在什么情况下是有利的？在什么情况下又是不利的？在什么情况下社会福利达到最大化？

答：(1)如果使每个人的福利都增进了，则这种现有资源配置的改变就是有利的；如果使一部分人的福利增进了，同时没有人因此福利减少，则这种现有资源配置的改变也是有利的。

(2)如果使任何一个人的福利增进是建立在任何一个人的福利减少的基础上的，则这种现有资源配置的改变就是不利的。

(3)资源在某种配置下，不可能通过重新组合生产和分配增加一个人或多个人的福利而不使其他人的福利减少，即达到帕累托最优，此时经济最有效率，社会福利达到了最大化。

3. 生产可能性曲线的特点。

答：(1)在生产的可能性曲线上，如果要增加 X 的产量，就必须减少 Y 的产量，即 X 产品与 Y 产品之间存在一定的转换比例。它相当于生产可能性曲线的斜率，叫做边际转换率。所以生产可能性曲线向右下方倾斜。

(2)在生产的可能性曲线的每一点上，满足边际转换率等于两种产品的

边际成本之比，即 $MRT_{XY}=\left|\frac{\Delta Y}{\Delta X}\right|=\frac{MC_X}{MC_Y}$，都符合帕累托最优状态。

(3)由于产品的边际转换率是递增的，所以生产可能性曲线是凸向右上方的。

(4)在生产可能性曲线与纵横坐标轴所围成的区域内的每一点上，边际转换率都不等于两种产品的边际成本之比，都没有达到帕累托最优状态。

4. 为什么只有在完全竞争市场中才能实现帕累托最优？

答：(1)只有在完全竞争的市场上，才有可能实现帕累托最优状态的三个边际条件。

(2)只有在完全竞争市场上，同一种商品的价格对于任何消费者都是相等的，而每一个消费者都按效用最大化原则进行购买，也就是使任意两种商品的边际替代率都等于这两种商品的价格之比。因而可以实现：对于不同消费者来说，任意两种商品之间的边际替代率都相等。从而实现了交换的最优边际条件。

(3)只有在完全竞争市场上，同一种生产要素的价格对于任何生产者都是相等的，而每一个生产者都按利润最大化原则进行购买，也就是使任意两种生产要素的边际技术替代率都等于这两种生产要素的价格之比。因而可以实现：对于不同生产者来说，任意两种生产要素之间的边际技术替代率都相等。从而实现了生产的最优边际条件。

(4)只有在完全竞争市场上，一方面，对于不同消费者来说，任意两种商品之间的边际替代率都相等；另一方面，由于任意商品均有：$MR=AR=P$，生产者按 $MR=MC$ 的最大利润化原则进行资源配置，从而使任意两种商品的边际产品转换率都等于这两种商品的边际替代率。从而实现了生产和交换的最优边际条件。

5. 福利经济学的主要特征。

答：(1)以一定的价值判断为出发点，即根据已确定的社会目标，建立理论体系。

(2)以边际效用论为基础，建立福利概念。

(3)以社会目标和福利理论为依据，制定经济政策方案。

6. 福利经济学第一基本定律的完整表述以及其政策启示。

答：(1)在完全竞争的市场经济体系中，如果满足：个人效用函数为凸向原点的无差异曲线；厂商对投入品的边际技术替代率递减；不存在规模经济；不存在外部性；存在竞争性一般均衡。那么这种一般均衡就是帕累托最优的。这就是福利经济学第一基本定律。

(2)其政策启示：一是政府为了实现公平干预市场定价有可能导致市场低效率；二是政府为了实现公平对交易者的禀赋进行征税并不能改变帕累托有效率配置。始于任何初始商品禀赋的交易都会导致一种帕累托有效率配置。不管一个人如何重新分配禀赋，有市场力量决定的均衡配置依然是帕累托有效率配置。

7. 福利经济学第二基本定律给我们的启示是什么？

答：(1)分配与效率是可以分开来考虑的。任何帕累托有效率配置都能得到市场机制的支持。

(2)任何我们所希望的社会资源配置都可以通过给定一定的收入分配结构，所有权结构，而且通过市场达到。

(3)价格在这种市场机制中起到两种作用：一是配置作用，表明商品的相对稀缺性；二是分配作用，确定不同的交易者能够购买的各种商品的数量。

8. 怎样才能兼顾效率与公平？

答：(1)坚持效率优先，允许和鼓励“部分人先富”，最终达到共同富裕。共同富裕不同于同步富裕，让“部分人先富裕”是达到共同富裕的必经之路。

(2)必须正确处理初次分配，反对平均主义。初次分配要注重效率，将个人收入与其在经济活动中的贡献挂钩，以充分调动人们参与社会财富创造的积极性。

(3)反对收入差距过分悬殊，注重再分配。加强政府调节，提高低收入者收入水平，调节过高收入。通过完善税收和社会保障制度等，把收入差距控制在一定范围之内，防止两极分化，实现合理的公平分配，以兼顾各阶层各方面群众的利益，特别是保障低收入者的基本生活。

9. 洛伦兹曲线弯曲程度的意义。

答：(1)由于洛伦兹曲线反映了收入分配的不平均程度，所以它的弯曲程度越大，收入分配越不平均，反之它的弯曲程度越小，收入分配就越平均。

(2)特别是，如果所有收入都集中在一人手中，而其余人的收入为零，则收入分配达到完全不平均，洛伦兹曲线成为折线，即为绝对不平均线。另外，若任一人口百分比均等于其收入百分比，从而人口累计百分比等于收入累计百分比，则收入分配是完全平均的，洛伦兹曲线成为通过原点的 45 度线，即绝对平均线。

(3)一般来说，一个国家的收入分配，既不是完全不平均，也不是完全平均，而是介于两者之间。相应的洛伦兹曲线，既不是折线，也不是45度线，而是向横轴突出的弧线，尽管突出的程度有所不同。在这条线上，除起点和终点外，任何一点到两轴的距离都不相等。洛伦兹曲线越接近绝对不平均线，社会收入分配越不平均；洛伦兹曲线越接近绝对平均线，社会收入分配越平均。

10. 整个经济原处于全面均衡状态，如果某种原因使商品X的市场供给(Sx)增加，则试考察：

(1)在X商品市场中，其替代品市场和互补品市场会有什么变化？

(2)在生产要素市场上会有什么变化？

答：(1)如果产品投入的市场供给(Sx)增加，按局部均衡分析，则其价格Px下降，供给量Q_X增加。由于实际生活中，各个部门、各个市场是相互储存，相互制约，X商品市场的变化会对经济的其余部门产生影响，这种影响越大，就越不适用局部均衡分析。因此，需用一般均衡分析来考察X商品市场的变化与经济其他部门的相互影响。由于商品X的价格Px下降，人们会提高对其互补品的需求，降低对其替代品的需求。这样，互补品的价格和数量将上升，而替代品的价格和数量将下降(如果供给曲线是正向倾斜)。

(2)在商品市场中的上述变化也会影响到生产要素市场。因为它导致了生产X商品和其互补品的生产要素的需求增加，因此，引起了生产商品X和其互补品的要素价格和数量的上升。它同时又导致商品X的替代品的需求下降，因此又引起生产商品X的替代的生产要素的价格和数量下降。这些变化被替代生产要素的价格的相对变化所削弱。

五、案例分析

案例7-1：效率与公平案例

【背景资料】改革开放之前，宜昌市夷陵区下堡坪乡实行大锅饭式的记工分的分配方式，村民收入低没多大差别。实行家庭承包经营后，村民收入普遍提高，同时拉大了收入差距。退伍军人小李除种好自家承包地外，还承包了天麻种植场，同时还办起了天麻酒酿酒厂、天麻茶厂、天麻食品加工厂，年收入上百万元。他家建起了楼房，买了小汽车，还坐飞机出国旅游。与小李同龄的小吴，情况就不同了。小吴有病，全家靠几亩承包地只能解决温饱。小李致富不忘乡亲，用自己的经验和独特的天麻种植技术带动村民种天麻，使下堡坪乡发展成为有名的天麻种植基地，现已成为全国天麻状元乡。小吴也得到了政府的救济，在小李的帮助下增加了天麻种植收入，生活发生了显著性改善。

根据上述背景资料，试分析该现象。

【评析】

(1)该现象反映了在决定收入分配的问题上，先是效率优先。在效率优先的条件下，还必须兼顾公平。

(2)允许和鼓励一部分地区和个人通过诚实劳动和合法经营先富起来，带动其他地区和个人致富，最终达到共同富裕。

(3)反对平均主义，防止收入差距悬殊。既要落实分配政策又要提倡奉献精神；在鼓励人们创业致富的同时，倡导回报社会和先富帮后富。

案例 7-2：汇率体制改革

【背景资料】中新网 9 月 25 日电，中国人民银行行长周小川 9 月 18 日在香港金管局举办的“第六届卓越人士讲座”会上发表演讲称，中国目前正在进行的汇率体制改革，正是渐进式改革的一个典型案例。要找到最佳的汇率体制改革道路相当困难，往往只能权衡利弊，做出决策。总的来说，我们汇率体制的渐进改革是成功的。

周小川称，在我们的改革开放进程中，我们更强调正确处理改革、发展、稳定之间的关系。邓小平指出，发展是硬道理。因此，在经济决策中我们最优先考虑的是发展问题，要在发展中解决前进中的问题。从经济角度看，渐进式改革实际上是一种尊重实践的态度，这与理想主义有所不同。目前尚没有关于经济转轨的专门理论，因此，转轨过程也就是不断试错、纠错的过程。改革需要不断积聚动力，以便为进一步发展创造条件。

周小川还表示，渐进式改革强调基础条件完善的时间特性。也就是说，法律、监管制度、银行体系、会计标准的完善，专业技能的培养，以及机构建设，都需要相当长的一段时间去完成，不可能一蹴而就。这就涉及改革路径选择问题。

周小川谈到，经济学理论可以对不同改革方式作出解释，其中之一是帕累托最优理论。根据该理论，经济体系应追求使资源配置达到最优化，自由市场经济就能达到这种最优，它也意味资源分配达到了最高效率，也就是“帕累托最优”。

根据上述背景资料，试解释中国所进行的汇率体制的渐进式改革。

（资料来源：中新网，2008 年 9 月 25 日）

【评析】

(1)按照帕累托标准，如果既定的资源配置状态的改变，能够让一部分社会成员的状况改善，而其他人的状况并没有变坏，则这就可以看做是一种资源配置状况的改善，称为“帕累托改进”。

(2)尽管要找到最佳的汇率体制改革道路相当困难，往往只能权衡利弊，作出决策。中国汇率体制的渐进改革是一种资源配置状况的不断改善，是成功的，所以属于一种帕累托改进。

案例 7-3：以房养老

【背景资料】有保险公司 2007 年 10 月拟推“以房养老”业务，投保对象须是 62 岁以上老年人。

据介绍，借鉴国外的成熟做法，“以房养老”可能会设定一定门槛，如要求投保人必须是 62 岁以上的老年人；同时，房产的面积也可能有一定限制，规定不小于一定的平方米，以利于保险公司收回之后经营获利。对于“以房养老”，保险公司指出，投保人将房屋产权作抵押，按月从保险公司领取现金直到身故，相当于保险公司通过分期付款(按月支付)的形式，收买投保人的房屋产权，类似于把住房抵押贷款反过来做，因此也称作“反向住房抵押贷款”(以下简称“倒按揭”)。投保人既能住在自己的房子里，又能将房产提前变现用于养老，真正实现“以房养老”。据了解，在美国，“倒按揭”放贷对象也是 62 岁以上的老人。

房子可以变现成“棺材本”，这在国外不新鲜，可在国内还是头一遭。市民大感新鲜的同时热论利弊。市民周先生认为，老人将自己的房产变现成养老金，对现今的“啃老族”将是一大挑战。“这就逼着年轻人要自己打拼生活”。市民陈先生则认为，如果“以房养老”能够付诸实施，则将对人们的养老观念产生很大冲击，“对有些老人来说，以房养老可能比养儿防老来得更为实际。特别是对‘丁克’一族”。

根据上述背景资料，试分析以房养老的理由。

(资料来源：www. soufun. com　房地产门户——搜房网　2007 年 10 月 16 日)

【评析】

(1)老人的房产留给子女，根据庇古福利经济学的观点，这毫无疑问就是一种福利损失。最需要用钱的人没钱用，而正值青壮年的子女却得到了一笔额外的收入。

(2)由于将房产留给子女，造成了财富分配的不合理，降低了社会总体的福利水平，更是损害了老年人的福利，他们不得不大大压缩自己的生活水平。同时，也非常不利于社会保障体系的形成。

(3)一双儿女赡养四位老年父母显然面临很大经济压力；而两对老年父母最终向一双儿女遗留双套房产，也似乎显得“富余”。所以最好的办法是减轻一双儿女现在的经济压力，减少将来一双儿女过于“富余”的财富。所以，以房养老，自我养老，显然是较好的选择。这样既能增加现时老年人的福利水平，又能保证一双儿女现时的福利水平不变。

第八章　市场失灵和微观经济政策

一、名词解释题

1. 信息不完全　2. 道德风险　3. 逆向选择　4. 委托—代理问题　5. 外部经济　6. 外部成本　7. 外部收益　8. 庇古税收　9. 产权　10. 公共产权　11. 私人产权　12. 科斯定理　13. 污染排放标准　14. 可转让许可证　15. 公共产品　16. 非排他性　17. 非竞争性　18. 私人产品　19. 搭便车　20. 市场失灵　21. 市场不完全

二、单项选择题

1. 产生信息不对称的原因是(　　)。
   A. 获取信息需要成本　　B. 有些信息是属于机密
   C. 闭塞　　D. 有些信息没有必要知道
2. 风险的产生对保险公司而言，(　　)。
   A. 产生了麻烦　　B. 改变了损失发生的概率
   C. 影响了声誉　　D. 造成了损失
3. 旧车市场上，因为信息不对称，结果是(　　)。
   A. 高质量车易于成交　　B. 低质量车易于成交
   D. 都容易成交　　D. 都不容易成交
4. 环境污染是(　　)的例子。
   A. 外部收益　　B. 公共产品
   C. 外部成本　　D. 递减的收益
5. 社会边际成本(　　)。
   A. 包括经济中所有个人承担的所有边际成本
   B. 仅指不包括在私人边际成本的边际成本
   C. 仅指包括在私人边际成本中的边际成本
   D. 指总收益减去总私人成本
6. 科斯定理认为(　　)。

A. 市场结果总是有效率的
B. 当市场无法产生有效率的结果时，政府应该分配资源
C. 应对消极外部性提供津贴
D. 重新分配产权可以解决外部性问题

7. 下列不是负的外部经济的是(　　)。
A. 氟利昂破坏部分臭氧层
B. 氧化碳使全球大气变暖
C. 工业气体提高肺癌率
D. 当自然资源价格提高时，消费者必须支付更多

8. 在控制污染的可交易许可证方法中(　　)。
A. 政府发放许可证给厂商
B. 存在污染许可证交易市场以供厂商买卖许可证
C. 厂商有减少污染的强烈激励
D. 以上都对

9. 科斯定理建议政府解决公共土地过度放牧问题时可以(　　)。
A. 政府对牛肉征税
B. 政府应将牧场出售给私人
C. 政府对牛肉提供津贴
D. 政府发布条例，规定每个季节每英亩牧场可放牧多少头牛

10. 下列可以减少环境污染的是(　　)。
A. 对污染排放征税　　B. 对污染控制提供津贴
C. 可交易排放许可证　　D. 以上都对

11. 当一行为的社会边际成本超过它的私人边际成本时，(　　)。
A. 应对其提供津贴　　B. 应对其征税
C. 应使其不受法律保障　　D. A、B 或 C

12. 如果上游工厂污染了下游居民的饮水，按照科斯定理，(　　)问题就可妥善解决。
A. 不管产权是否明确，只要交易成本为零
B. 不论产权是否明确，交易成本是否为零
C. 只要产权明确，不管交易成本有多大
D. 只要产权明确，且交易成本为零

13. 搭便车通常多被看做是对公共产品的消费，是指(　　)。
A. 有些人能够免费使用这种公共产品
B. 有些人能够以低于正常成本的价格使用这种公共产品

C. 一些不愿意付费的人消费这些商品

D. 由于公共物品的供给大于需求，从而把价格压低，直到实际上免费供应为止

14. 政府提供的产品(　　)公共产品。

A. 一定是　　B. 少部分是

C. 大部分是　　D. 不都是

15. 市场不能提供纯粹的公共产品是因为(　　)。

A. 公共产品不具有排他性　　B. 公共产品不具有竞争性

C. 消费者都想“免费搭车”　　D. 以上三种情况都是

16. 具备纯粹公共产品的属性是(　　)。

A. 增加一个消费者使用的边际成本为零

B. 不能够区分消费者或非消费者

C. 能够通过供给和需求的相互作用而生产出来的

D. A 和 B

17. 私人市场在提供公共产品上存在困难的原因之一是(　　)。

A. “搭便车”的问题　　B. 私人经济的波动

C. 私人分配是不公平的　　D. 所有的市场都是有效率的

18. 既有竞争性又有排他性的产品是(　　)。

A. 公共产品　　B. 私人产品

C. 政府产品　　D. 混合产品

19. 具有完全的非排他性特征的产品是(　　)。

A. 城市公共汽车　　B. 收费通过的桥

C. 国防　　D. 艺术博物馆

20. 垄断之所以会引起市场失灵是因为(　　)。

A. 垄断者利用对市场的控制使价格没有反映市场的供求情况

B. 实施反托拉斯法

C. 价格管制

D. 国有化

21. 被称做外部经济的市场失灵发生在(　　)。

A. 当市场不能完全出清时

B. 当竞争建立在自身利益最大化的前提上时

C. 当厂商追求利润最大化目标时

D. 当市场价格不能反映一项交易的所有成本和收益时

22. 生产时市场失灵最小的产品是(　　)。

A. 教育　　B. 国防

C. 面包　　D. 化肥

23. 很难出现市场失灵的情况是(　　)。

A. 存在公共产品　　B. 卡特尔勾结起来限制产量

C. 存在外部性　　D. 竞争非常激烈

24. 不是由政府直接干预来纠正市场失灵的例子是(　　)。

A. 国有化其银行体系

B. 对新的石油矿藏勘探活动进行税收优惠

C. 为无家可归者建立栖身处

D. 国防向私人企业购买坦克

25. 不是市场失灵的表现是(　　)。

A. 外部经济　　B. 公共产品

C. 失业　　D. 某商品某时缺乏市场

26. 政府能够刺激某种商品的生产的手段之一是(　　)。

A. 征税　　B. 补贴

C. 禁止生产　　D. 重新分配该商品

27. 市场失灵的形式有(　　)。

A. 外部经济　　B. 垄断

C. 信息问题　　D. 以上都对

28. 在垄断市场上，价格(　　)。

A. 由消费者决定　　B. 价格一旦确定就不能变动

C. 受市场需求状况的限制　　D. 可由企业任意决定

29. 搭便车通常多被看做是公共物品，是指(　　)。

A. 有些人能够免费使用公共交通工具

B. 有些人能够以低于正常成本的价格使用公共交通工具

C. 无法防止不愿意付费的人消费这些商品

D. 由于公共物品的供给大于需求，从而把价格压低，直到实际上免费供应为止

30. 逆向选择意味着(　　)。

A. 为防被骗，保险公司对投保人收取较高的保费

B. 投保人掩盖自己的疾病，骗保险公司

C. 保险公司可以准确地预测风险

D. 买保险的人是厌恶风险的

31. 外在经济是指(　　)。

A. 一个企业的扩大给自己带来的产量与收益的增加
B. 一个行业的扩大给个别厂商带来的产量与收益的增加
C. 整个社会经济的发展给个别厂商带来的产量与收益的增加
D. 一个企业的扩大给另一个企业带来的产量与收益的增加

三、判断题

1. 代理人愿意工作的最低条件应是其工作净收益必须等于或大于不工作能达到的效用水平折算的收益。（ ）
2. 信号显示主要是把自己的实际工作程序告诉给他人。（ ）
3. 逆向选择的结果会出现“劣币驱逐良币”现象。（ ）
4. 公共产品一般在消费时具有外部经济。（ ）
5. 当存在负的外部经济时，厂商的私人成本高于社会成本。（ ）
6. 负的外部经济的解决方法之一是对该活动征税。（ ）
7. 边际社会成本与外部成本是同一回事。（ ）
8. 如果一种物品的生产并不会引起外部成本，那么边际社会成本就等于边际私人成本。（ ）
9. 如果在 A 物品现在的产量水平时，边际社会收益小于边际社会成本，那么要实现有效率的水平就应该增加 A 物品的产量。（ ）
10. 外部经济总是带来外部成本。（ ）
11. 外部经济的存在意味着边际社会成本小于边际私人成本。（ ）
12. 当外部成本存在时，私人市场生产的水平就会高于配置效率时的水平。（ ）
13. 政府可以通过对引起外部收益的产品的生产进行补贴，以及对引起外部成本的产品的生产征收税收来提高配置效率。（ ）
14. 科斯定理认为外部经济问题需要政府干预。（ ）
15. 所有的产品，不是公共产品，就是私人产品。（ ）
16. 公共产品的存在引起搭便车的问题。（ ）
17. 任何一处可以由政府生产、提供的产品都是公共产品。（ ）
18. 私人产品的排他性特征引起了搭便车的问题。（ ）
19. 对于纯粹公共产品，增加一个消费者的边际成本为零。（ ）
20. 公共产品生产的边际成本为零。（ ）
21. 从私人产品的消费中排除那些不付款的人的代价是高昂的。（ ）
22. “搭便车问题”意味着私人市场不能有效地提供公共产品。（ ）
23. 市场失灵的存在要求由政府来取代市场机制。（ ）

24. 政府对经济的干预也不一定能解决市场失灵的问题，政府也会失灵。（　　）

25. 市场失灵指的是市场没有达到可能达到的最佳结果。（　　）

26. 从社会的角度看，私人成本和社会成本差异是导致市场失灵的原因之一。（　　）

27. 任何个人都消费同等量的公共产品。（　　）

28. 垄断存在对产量的限制是市场失灵的表现之一。（　　）

29. 如果私人市场提供过少的某种商品或服务，则政府就可以对该商品或服务提供补贴以刺激生产。（　　）

30. 当没有政府干预时，市场总会产生有效率的结果。（　　）

31. 市场失灵论赋予政府这样一项任务，即当市场不能有效配置资源时，政府应改善这种情况。（　　）

32. 市场失灵的原因是太多的人受贪婪的驱使。（　　）

四、简答题

1. 激励机制的设计应遵循哪些原则？

2. 委托人和代理者如何分享风险对双方均有利？

3. 委托—代理问题及其产生根源。

4. 为什么有产生外部收益的商品会供应不足，产生外部成本的商品却供应过多？

5. 什么是科斯定理？一些西方经济学家为什么会认为规定产权办法可解决外部经济问题？

6. 教育可由政府办或私人办，谁办教育更有利于社会？

7. 当存在外部成本时，如何用税收来达到配置效率？

8. 用图形说明对污染征税的理由。

9. 纯粹公共产品非排他性的原因。

10. 纯粹公共产品非竞争性的原因。

11. 按是否具备排他性和竞争性，产品可以分为哪几类？

12. 什么是产品的非竞争性与非排他性？举例说明。

13. 市场失灵的表现形式。

14. 介绍几种激励机制的方案并说明其利弊。

15. 外部经济是如何干扰市场对资源的配置的？

16. 市场失灵的主要原因及其相关对策。

17. 每年春节铁路运输都紧张，票贩子活动猖獗。有人认为，应该放开火车票价完全按供求关系定价。有人认为，应该严格限制价格打击票贩子。你支持哪种观点？如果你认为两种做法都不足取，那么应该采取什么办法？

五、案例分析

案例 8-1：新能源汽车补贴

【背景资料】2010 年 6 月 1 日，国家财政部、科技部、工业和信息化部、发改委等四部委联合出台《关于开展私人购买新能源汽车补贴试点的通知》，确定在深圳、上海、长春、杭州、合肥等五个城市启动私人购买新能源汽车补贴试点工作。补贴标准根据动力电池组能量确定，按 3000 元/千瓦时给予补贴。插电式混合动力乘用车每辆最高补贴 5 万元，纯电动乘用车每辆最高补贴 6 万元。

时隔一月，7 月 6 日深圳率先启动私人购买新能源汽车补贴试点，深圳《私人购买新能源汽车补贴政策》亦于当日正式出台，确定在国家补贴基础上对双模电动车再追加 3 万元地方补贴，对纯电动汽车更是追加 6 万元的地方补贴。这样，深圳私人购车用户最高可享受到 12 万元的购车补贴。

以比亚迪 F3DM 低碳豪华型汽车为例，原价 16.98 万元，作为新能源车型，比亚迪 F3DM 低碳版豪华型可享受到国家最高 5 万元的补贴，同时深圳市政府在国家政府补贴的基础上再追加 3 万元的地方补贴，在享受两重补贴后比亚迪 F3DM 低碳版豪华型售价仅 8.98 万元，而比亚迪 E6 则将同时享受到国家和深圳地方政府各 6 万元的补贴。给予补贴后，新能源汽车与传统能源同档次汽车价格相当，但其用电成本仅为用油成本的 1/4。

根据上述背景资料，试对新能源汽车补贴措施进行分析。

案例 8-2：排队、价格与效率

【背景资料】某小镇上生活着 1 万名居民，每个周末都会到镇里唯一的公园去休息游玩。镇政府为了丰富居民的娱乐生活，在公园里修建了一个健身娱乐馆。假定健身娱乐馆的健身娱乐活动带给每个居民的收益(或其支付意愿)为 150 元，而公园里其他游玩活动每小时的收益为 50 元。

镇政府认为健身娱乐馆是为了公众利益修建的，因此免费开放。不过，健身娱乐馆容量有限，每批健身娱乐活动最多容纳 100 人参加，每批健身娱乐活动时间 1 小时，每周末开放 10 个小时。因此接纳能力(1 千人)远小于居民人数(1 万人)，当健身娱乐馆开门时，居民们都争先恐后地涌向健身娱乐馆，在门前排起长队。

(1)排队队伍长度为多少？(提示：队伍最后 1 人的净收益为零。)

(2)每个周末的健身娱乐活动带来的消费者总剩余是多少？

(3)健身娱乐馆的健身娱乐活动达到了社会有效率吗？解释之。

居民们对于健身娱乐馆前的长队表示了愤慨。镇政府决定将健身娱乐馆承包给私人老板。私人老板决定对健身娱乐馆收取门票。

(4)私人老板是追求利润最大化的。他应该收取的门票价格为多少？

(5)排队队伍现在的长度是多少？每个周末的消费者总剩余现在是多少？私人老板得到的生产者总剩余是多少？

(6)健身娱乐馆的健身娱乐活动达到了社会有效率吗？解释之。

私人老板经营了一段时间后，居民们又开始抱怨门票价格太高。于是小镇政府规定门票价格上限为50元。政府认为："这可以使每个健身娱乐者的收益增加50元。"

(7)排队队伍现在是多长？每个周末的消费者总剩余是多少？生产者总剩余是多少？

(8)门票价格上限使得健身娱乐参加者获益了吗？如果是，获益是等于还是小于50元？门票价格上限是有效率的吗？解释之。

以上的分析忽略了健身娱乐馆的经营成本。下面的分析假设这个成本为每人次健身娱乐者50元。

最终，镇政府决定将健身娱乐馆"私有化"。也就是由私人经营，且放开健身娱乐馆定价；但与此同时，健身娱乐馆的经营成本也由私人承担。而在"私有化"之前，健身娱乐馆的经营成本是以税负的形式分摊到每个健身娱乐参加者身上的。

(9)与最初的"政府经营、免费参加"的方案相比，"私有化"方案是否损害了消费者利益？总的来说，哪一种方案更好？解释之。

(根据 http://www.docin.com/p-5622561.html 资料改编。)

案例8-3：反微软公司垄断案

【背景资料】微软公司遭遇的反垄断调查和诉讼简述(作者：萧延高、刘江霞)

(1)1990年6月美国联邦贸易委员会就微软公司与美国国际商业机器公司(简称IBM公司)关于个人计算机操作系统的冲突对微软公司进行秘密调查，焦点是微软公司将应用软件与MS-DOS操作系统捆绑销售，是否有碍市场的公平竞争。由于投票的结果是2∶2，联邦贸易委员会没有就立案形成一致意见。

(2)1993年8月20日，联邦贸易委员会终止对微软公司的调查。司法部宣布接管这一案件。

(3)1994年7月，司法部以美利坚合众国的名义向哥伦比亚地区联邦法院就微软公司的行为提起民事诉讼，称微软公司违反了《谢尔曼反托拉斯法》第一条和第二条，要求法院防止和限制微软公司以排他性的和反竞争性的合同销售其个人计算机操作系统。1994年7月15日，微软公司与美国司法部在法庭上达成一项和解协议：微软公司不能以"视窗(Windows)95"许可证威胁计算机制造商，以附带其他应用软件，但微软公司保留开发"集成产品"的权利。双方同意法院不再审理，而只作一个"同意令"。但这一和解协议被哥伦比亚地区联邦法院法官斯坦利·斯鲍肯法官驳回。1995年6月16日，哥伦比亚地区联邦上诉法院认为应当批准微软公司与司法部达成的和解协议，驳回了斯鲍肯法官的意见并解除其审理该案的权利。8月21日，哥伦比亚地区联邦法官杰克逊批准了微软公司与司法部达成的同意令。

(4)1996年，网景(Netscape)公司就微软公司销售"探索者"(Internet Explore，IE)浏览器的行为向司法部提出指控，宣称微软公司利用其垄断操作系统市场之便，捆绑推销IE浏览器，违反公平竞争规则。1997年10月20日，司法部向哥伦比亚地区联邦法院提出申请，称微软公司蔑视双方达成并经法院批准的同意令，要求法院判决微软公司遵守同意令。1997年12月11日，哥伦比亚地区联邦法官杰克逊下达预先禁止令，要求微软公司从"视窗95"操作系统中分离IE浏览器。微软公司于12月16日向哥伦比亚地区联邦上诉法院提起上诉。1998年6月23日，上诉法院合议庭判决，微软公司将IE浏览器与"视窗95"捆绑的行为没有违反其与政府的协议，撤销地区法院联邦法官杰克逊对微软公司的预先禁止令。

(5)1997年10月7日，太阳微系统(Sun Microsystems)公司向位于圣何塞的地方法院起诉微软公司违反Java协议，实施商标侵权，错误广告，不遵守合同，不公平竞争，粗暴干涉潜在的商业优势等行为。其实质是声讨微软公司的IE4.0浏览器中Java语言不能支持跨平台软件，只能支持"视窗"操作系统，要求法院发出禁令。1998年11月17日，地方法院就微软公司违反协议，修改Java程序代码一案作出初步裁决，判令微软公司在90日内修改其"视窗98"，使之符合太阳微系统公司的Java语言标准，或者将Java完全从其操作系统和应用开发工具中清除，否则将禁止其销售。1999年8月24日，上诉法院作出判决，判定微软公司确实违反Java使用权协议，但并不足以发布禁令。

(6)1998年5月18日，美国司法部代表美利坚合众国联邦政府，和纽约、加利福尼亚、康涅狄格、哥伦比亚特区、佛罗里达、伊利诺伊、艾奥瓦、堪萨斯、肯塔基、路易斯安那、马里兰、马萨诸塞、密歇根、明尼苏达、新墨西哥、北卡罗来纳、俄亥俄、南卡罗来纳、犹他、弗吉尼亚、威斯康星等 20 个州政府(南卡罗来纳州于 1998 年 12 月 7 日退出)，向哥伦比亚地区联邦法院就微软公司非法垄断行为提起诉讼。这是美国继国际商业机器公司案(1969 年)、三大谷类熟食品制造公司寡头垄断案(1972 年)、埃克森公司等八大石油公司垄断案(1973 年)和电话电报公司(AT&T)垄断案以来又一起大型垄断案件。1998 年 10 月 19 日，司法部和 20 个州政府诉微软公司垄断案正式开庭审理。2000 年 2 月 23 日，此案再度开庭，联邦法官杰克逊于当日宣布正式庭审结束。

2002 年 11 月 2 日，本是一个平平常常的日子，但对于美国司法部、微软及其竞争对手来说，却是一个有苦有甜的日子。这天，司法部和微软达成的结案协议书送达联邦法院后，联邦法官科林・科特利迅速批准了该解决方案，微软和司法部握手言和，长达几年的微软反垄断案总算尘埃落定。尽管多数分析家认为，11 月 2 日的结案协议书代表着微软的一大胜利，微软终于逃过被分割的一劫；但是，也有学者指出，事情看来并非如此简单，透过微软反垄断案，后面还有很多更深层次的问题有待进一步求解。

问题：

(1)微软虽然逃脱了被一分为二的命运，但它是否从此真能高枕无忧？

(2)美国为什么会反垄断？垄断及反垄断的利弊有哪些？

第八章　习题参考答案

一、名词解释题

1. 信息不完全：信息不完全主要表现在信息不对称，当市场的一方无法观察到另一方的行为或者无法获知另一方行动的信息时，就产生了信息不对称的情形。

2. 道德风险：指交易双方在交易协议签订后，其中一方利用多于另一方的信息，有目的地损害另一方利益而增加自己的利益的行为。

3. 逆向选择：是指市场的某一方如果能够利用多于另一方的信息使自己受益而使另一方受损，那么倾向于对方签订协议进行交易。

4. 委托—代理问题：当一个人(代理人)为另一个(委托人)工作，而工作的成果同时取决于他的努力和不由主观意志决定的各种客观因素，且两种因素对委托人来谈无法完全区分时，就会产生代理人的“道德风险”，这就是“委托—代理问题”。

5. 外部经济：一些人的经济活动，如生产或消费某些产品会给另一些人带来收益或损失，那些得到收益的人无需付费，而蒙受损失的人也无法得到补偿，这种情况就是外部经济。

6. 外部成本：如果一些人的生产或消费使另一些人蒙受损失而前者没有补偿后者，则就称为外部成本(External costs)，或者称为负的外部经济。

7. 外部收益：如果一些人的生产或消费使另一些人受益而前者无法向后者收费，则这种外部经济称为外部收益(External benefits)，或者称为正的外部经济。

8. 庇古税收：在存在外部经济的情况下，政府应该对带来外部成本的经济人征税，税额等于边际外部成本(或者对于带来外部收益的经济人来说，政府应该给予相应的补贴，补贴额等于边际外部收益)。

9. 产权：是指对资源的所有权和使用权，不仅是传统意义上的所有权和使用权，而且还包括其他许多法定权利。或者说，产权是描述人们可以对他们的财产做什么的法律规则。

10. 公共产权：公共产权是由整个社会所拥有的，任何个人都不可能使资源仅供自己使用或支配。

11. 私人产权：私人产权是指资源由私人拥有，按现有法律供自己使用支配的权利。私人产权是可以界定的，即产权的界限是明晰的。

12. 科斯定理：只要法定权利可以自由交换，且交易成本等于零，那么法定权利的最初配置状态对于资源配置效率而言就是无关紧要的。

13. 污染排放标准：是指政府颁布污染排放的标准，对超标排放者予以处罚。

14. 可转让许可证：政府发放排放污染的许可证，许可证上明确规定厂商可以排放污染的数量，任何厂商排放许可证没有允许的污染都将受到处罚。

15. 公共产品：是指具有非排他性和非竞争性的产品。

16. 非排他性：是指一产品为某人消费的同时，无法排斥别人也来消费这一产品。

17. 非竞争性：是指公共产品可以同时为许多人所消费，增加一名消费者的消费的边际成本为零，即一个人对这种产品的消费不会减少可供别人消费的量。

18. 私人产品：存在竞争性并且具有排他性的产品，一般指所有权属于私人的产品。

19. 搭便车：是指某些人虽然参与了公共产品的消费，但却不愿意支付公共产品的生产成本，依赖于他人对公共产品生产成本的支付。

20. 市场失灵：是指市场机制在不少场合下会导致资源不适当配置，即导致无效率的一种状况。

21. 市场不完全：指的是即使消费者对有些产品或劳务愿意支付的价格要高于生产成本，私人市场仍无法提供这种产品或劳务。它的另一种表现为互补性市场(complementary markets)。

二、单项选择题

A　B　B　C　A　　D　D　D　B　D　　B　D　C　D　D

D　A　B　C　A　　D　C　D　B　D　　B　D　C　C　A

三、判断题

√　×　√　×　×　　√　×　√　×　×　　×　√　√　×　×

√　×　×　√　×　　×　√　×　√　√　　√　×　√　√　×

√ ×

四、简答题

1. 激励机制的设计应遵循哪些原则？

答：激励机制设计应遵循两个原则：首先代理人参加工作所得的净收益不低于不工作也能得到的收益，这是参与约束。

其次，代理人让委托人最满意的努力水平也是给他自己带来最大净收益的努力水平。

2. 委托人和代理者如何分享风险对双方均有利？

答：一般来说，委托人应是风险中立者或风险爱好者，代理人应是风险规避者，因为委托人作为雇主或企业家应具备一定冒险精神，同时其收入来源较广，经济基础较坚实，有条件分散风险，也有能力承担风险，而绝大多数代理者经济基础较差，难以承担风险。

3. 委托—代理问题及其产生根源。

答：当一个人(代理人)为另一个人(委托人)工作，而工作的成果同时取决于他的努力和不由主观意志决定的各种客观因素且两种因素要素对委托人来说无法完全区分时，就会产生代理人的“道德风险”，这就是委托代理问题。

委托—代理问题产生的根据是代理人和委托人之间的信息不对称，委托人无法区分代理人的主观因素和客观因素，无法有效地监督替代理人的行为。

4. 为什么有产生外部收益的商品会供应不足，产生外部成本的商品却供应过多？

答：产生外部收益的商品生产的成本高于它应当支付的成本(社会成本)，或者商品生产的收益低于它应当得到的收益(社会收益)。生产者不愿意生产，产生外部收益会导致商品供应的不足。

5. 什么是科斯定理？一些西方经济学家为什么会认为规定产权办法可解决外部经济问题？

答：关于什么是科斯定理，西方学者有多种说法，一般认为该定理可表述为：在市场交换中，若交易费用为零，那么产权对资源配置的效率就没有影响。

西方一些学者根据科斯定理认为，外部影响之所以导致资源配置失当是由于产权不明确。如果产权明确，且得到充分保险，有些外部影响就不会发生。就是说，在解决外部影响问题上不一定要政府干预，只要产权明确，市场会自动解决外部经济问题。

6. 教育可由政府办或私人办，谁办教育更有利于社会？

答：政府对教育的补贴相当多。经济学家支持这种说法，因为教育具有外部收益。当个人受教育时，社会获得的收益大于个人得到的收益，所以，应该给予补贴，鼓励人们更多地“消费”教育和提供教育。

而私人办教育会为以获得最大利润为目的，收取高的费用限制教育。

7. 当存在外部成本时，如何用税收来达到配置效率？

答：存在外在成本意味着生产者在作出生产多少的决策时没考虑到所有的成本。如果所征收的税收量等于外部成本量，那么，这种成本就不再是外部的了。结果，生产者就会考虑到全部成本，并以此来决定所生产的实现配置效率的产量。

8. 用图形说明对污染征税的理由。

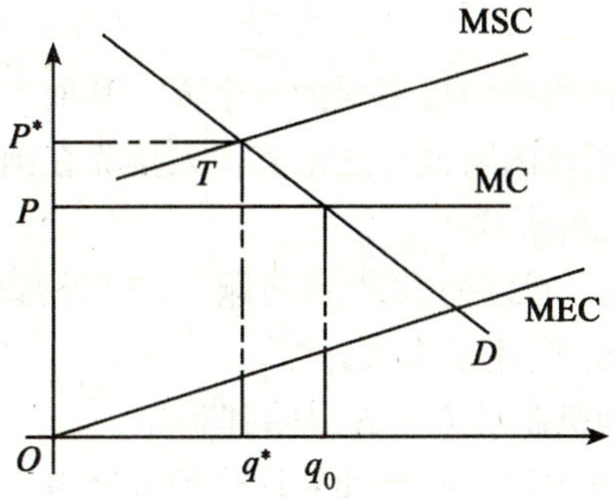

解释：(1) MC 为厂商私人边际成本，MEC 为厂商外部成本

MSC=MC+MEC 社会边际成本

(2)厂商按 MR=MC 确定产量 q_0，但从社会角度看，最佳产量应是 MR=MSC 确定的产量 q^*。

(3)政府应征税额 T，使厂商的成本为 MC+T。

9. 纯粹公共产品非排他性的原因。

答：纯粹公共产品的非排他性主要有以下两方面的原因决定：第一，纯粹公共产品大多是那种在技术上不易排斥众多受益者的产品；第二，某些公共产品虽然在技术上可以排他，但是排他的成本十分昂贵，以至于在经济上不可行。

10. 纯粹公共产品非竞争性的原因。

答：纯粹公共产品在消费上是非竞争性的：第一，公共产品一般都具有不可分割的性质；第二，由于公共产品的不可分割性，因而在其产生拥挤之前，每增加一个消费者的边际成本等于零。也就是说，当一种公共产品还未达到充分消费之前，每增加一个消费者不必相应增加生产的可变成本；第三，当一种公共产品产生消费竞争时，就必须采取某种限制消费人数的措施（如收费等），那么这种商品就不是纯粹的公共产品了。

11. 按是否具备排他性和竞争性，产品可以分为哪几类？

答：大致可分为四种不同类型的产品：(1)同时具有非排他性与非竞争性的纯粹公共产品；(2)同时具有排他性与竞争性的纯粹私人产品；(3)具有非排他性与竞争性的公共资源，如草场、公海等；(4)具有排他性与非竞争性的准公共产品，如不拥挤的收费高速公路。

12. 什么是产品的非竞争性与非排他性？举例说明。

答：如果一个人消费某种产品而不减少其他人的消费，则这种产品就有非竞争性。非排他性是指，如果一个人生产并消费某种产品，则其他人也不会排除在消费之外。

例如，国防，现有的国防再多保护一个人，其他人所受的保护程度也不会减少。只要一个国家有国防就无法把其他人排除在国防的保护之外。

13. 市场失灵的表现形式。

答：(1)垄断市场。(2)公共产品问题。(3)外部经济。(4)市场不完全。(5)信息失灵。(6)失业或收入分配。

14. 介绍几种激励机制的方案并说明其利弊。

答：激励机制要解决的问题是如何让代理人努力工作，就像为他自己工作一样，常见的激励机制有如下几种：

(1)租金。委托人按某一价格水平将生产要素租给代理者，代理者将获得除去租金以后的所有产品，这种机制下，委托人是风险规避者，该机制可激励代理人尽最大努力工作，代理人将承担很大风险，收入的不确定性因素很大，经济基础太差的代理人不宜采用此种方案。

(2)劳动工资。委托人规定一个单位的工资率，代理者的报酬分为两个部分：一部分为固定工资；另一部分为浮动工资。显然，这种方案使委托者和代理人都承担一定风险，而代理人风险较小，但对代理者来说，激励动力不如第一种方案大。

(3)产量承包制。委托人给代理人规定一个定额，完成定额后他可以得到某种水平的报酬，否则代理人得不到任何报酬。显然，代理人承担极大风险，若非经济底子厚实同时胆量极大者是不敢问津的。

15. 外部经济是如何干扰市场对资源的配置的？

答：微观经济学讲自由竞争的市场机制会使资源配置达到帕累托最优，其实是假定经济活动不存在“外部经济”，即单个经济活动主体的经济行为产生的私人利益和私人成本就是社会利益和社会成本。

但是现实生活中，私人利益和社会利益，私人成本和社会成本往往是不一致的。一项经济活动存在外部经济时，人们从该项活动中得到的私人利益会小于社会利益，而存在外部不经济时，人们从事该项活动所付出的成本又会小于社会成本，在这两种情况下，自由竞争条件下的资源配置都会偏离帕累托最优。

令 Vp、Vs 和 Cp、Cs 分别代理某人从事某项经济活动所能获得的私营利益、社会利益、私人成本和社会成本，再假定存在外部经济，即有 $Vp<Vs$，但又有 $Vp<Cp<Vs$，则此人显然不会进行该活动。这表明资源配置没有达到帕累托最优，因为从上述两个不等式中可以得到：$(V_s-Vp)>(Cp-Vp)$，这一新不等式说明，社会上由此得到的好处$(Vs-Vp)$大于私人从事这项活动所受到的损失$(Cp-Vp)$。可见，这个人如果从事这项活动的话，则从社会上其他所得到的好处中拿出一部分来补偿进行这项活动的私人所受到的损失以后还会有多余，即可使其他人状况变好而没有任何人状况变坏。这说明，存在外部性的情况下，私人活动的水平常常低于社会所要求的水平。

相反，存在外部不经济时，有 $Cp<Cs$，再假定 $Cp<Vp<Cs$，则此人一定会进行此项活动。从上述二不等于中又可得到$(Cs-Cp)>(Vp-Cp)$，此不等式说明，进行了这项活动，社会上其他人受到的损失大于此人得到的好处，从整个社会来看，是得不偿失，因此私人活动水平高于社会所要求的最优水平了。

16. 市场失灵的主要原因及其相关对策。

答：造成市场失灵的主要原因包括不完全竞争、公共产品的存在以及外部经济三个方面。

(1)在现实经济中，由于物质技术条件、人为的和法律的因素以及地理位置、稀缺资源等自然因素的存在，所以垄断普遍存在。在垄断市场上，价格高于边际成本。生产没有达到最优。此外，垄断还可能造成其他的社会成本。例如，垄断厂商为了获得超额利润而采取寻租行为等。

(2)市场失灵的第二个原因是经济社会需要一类被称之为公共产品的商品。公共产品具有非排他性和(或)非竞争性。公共产品的非排他性使得通过市场交换获得公共产品的消费权力的机制失灵。在消费公共产品时，每一个消费者都可以作一个免费乘车者，造成公共产品市场供给不足。

(3)外部经济。从社会的角度来看，施加外部影响的经济当事人的成本不仅包括生产成本，而且包括强加于他人的成本；同样，它的收益不仅包括它收取的出卖产品所获得的收入，而且包括给他人带来的但又无法收取报酬的好处。但是，按照市场的原则，施加外部影响的经济当事人只会考虑它看到的收益和成本。结果，外部经济使得社会估价不等于社会成本，并且完全竞争的市场体系也没有提供一种机制，让交易双方考虑到对其他人所施加的经济效果。

除了上述三个制约市场机制发挥作用，导致市场失灵的因素以外，信息不完全等其他因素也可能引起市场失灵。

针对市场失灵的原因，可以采取不同的矫正措施，主要是政府干预，也可借助市场机制(如科斯定理)。

17. 每年春节铁路运输都紧张，票贩子活动猖獗。有人认为，应该放开火车票价完全按供求关系定价。有人认为，应该严格限制价格打击票贩子。你支持哪种观点？如果你认为两种做法都不足取，则应该采取什么办法？

答：可以从这几个方面理解：首先，从放开票价完全按供求关系：注意完全放开也不太合适，因为铁路现在是垄断部门，而且买火车票大部分是低收入者。如果严格限制价格，则不利于调节供求关系，而且限制价格还会出现票贩子。其次，可以从这一方面考虑，应采取什么办法，大家可以提出自己的观点。通过逐步放开火车票的价格，同时大力发展其他运输工具，如发展公路、水路，也可以分散一部分运力。

五、案例分析

案例 8-1：新能源汽车补贴

【背景资料】2010 年 6 月 1 日，国家财政部、科技部、工业和信息化部、发改委等四部委联合出台《关于开展私人购买新能源汽车补贴试点的通知》，确定在深圳、上海、长春、杭州、合肥等五个城市启动私人购买新能源汽车补贴试点工作。补贴标准根据动力电池组能量确定，按 3 000 元/千瓦时给予补贴。插电式混合动力乘用车每辆最高补贴 5 万元，纯电动乘用车每辆最高补贴 6 万元。

时隔一月，7 月 6 日深圳率先启动私人购买新能源汽车补贴试点，深圳《私人购买新能源汽车补贴政策》亦于当日正式出台，确定在国家补贴基础上对双模电动车再追加 3 万元地方补贴，对纯电动汽车更是追加 6 万元的地方补贴。这样，深圳私人购车用户最高可享受到 12 万元的购车补贴。

以比亚迪 F3DM 低碳豪华型汽车为例，原价 16.98 万元，作为新能源车型，比亚迪 F3DM 低碳版豪华型可享受到国家最高 5 万元的补贴，同时深圳市政府在国家政府补贴的基础上再追加 3 万元的地方补贴，在享受两重补贴后比亚迪 F3DM 低碳版豪华型售价仅 8.98 万元，而比亚迪 E6 则将同时享受到国家和深圳地方政府各 6 万元的补贴。给予补贴后，新能源汽车与传统能源同档次汽车价格相当，但其用电成本仅为用油成本的 1/4。

根据上述背景资料，试对新能源汽车补贴措施进行分析。

【评析】

1. 新能源汽车的使用带来正的外部性，它能减少废气排放，减少环境污染，有利于生态环保，新能源汽车的使用为他人带来了收益，但却不能直接向他人收费。

2. 新能源汽车推广生产时期，由于生产批量少，规模效益低，因此平均生产成本较高，在市场竞争中与传统汽车相比，处于明显劣势地位。

3. 外部经济是导致市场失灵原因之一。新能源汽车是具有正的外部性的产品，如果靠市场自发的调节，新能源汽车竞争不过传统汽车，在市场上难以有一席之地，就会导致供给不足，因此，需要政府干预。国家(中央政府)财政及深圳市地方政府给予新能源汽车以补给，这样既是倡导使用新型环保能源产品，同时也是消除因外部经济原因导致的新能源汽车与传统汽车的竞争地位差异，以便新能源汽车与传统汽车在同一起跑线上展开竞争，使得新能源汽车的环保优势得以显现，能在竞争性市场中占有必要的份额。

案例 8-2：排队、价格与效率

【评析】

(1)排队队伍长度为多少？(提示：队伍最后 1 人的净收益为零。)

200 人。

(2)每个周末的健身娱乐活动带来的消费者总剩余是多少？

对于每周末得到参加健身娱乐机会的 1 000 个居民，第 1 个 100 个居民无需排队且免费入场，人均消费者剩余 $150-50=100$ 元；第 2 个 100 人排 1 个小时入场，人均消费者剩余 $150-2\times50=50$ 元。以后的都必须排 2 小时入场，人均消费者剩余为 0。因此，这 1 000 人的消费者总剩余等于：$100\times100+100\times50+800\times0=15\ 000$(元)。

(或答：零。)

(3)健身娱乐馆的健身娱乐活动达到了社会有效率吗？解释之。

否。每周最大可能的剩余是 $1\ 000\times100=100\ 000$ 元。目前的总剩余 15 000元远小于这个数字。

(4)私人老板是追求利润最大的。他应该收取的门票价格为多少？

100 元。

(5)排队队伍现在的长度是多少？每个周末的消费者总剩余现在是多少？私人老板得到的生产者总剩余是多少？

排队长度 0 人。

消费者总剩余为 0。生产者总剩余 100×1 000＝100 000(元)。

(6)健身娱乐馆的健身娱乐活动达到了社会有效率吗？解释之。

是。因为每周总剩余(全部归生产者)为 100 000 元，等于最大可能的总剩余。

(7)排队队伍现在是多长？每个周末的消费者总剩余是多少？生产者总剩余是多少？

100 人。

消费者剩余：100×(150-50-50)+900×0＝5 000(元)。(或答：0)

生产者剩余：50×1 000＝50 000(元)。

(8)门票价格上限使得健身娱乐参加者获益了吗？如果是，则获益是等于还是小于 50 元呢？门票价格上限是有效率的吗？解释之。

是。但每个参加者获益仅为 5 000/1 000＝5(元)，远小于 50 元。

(或答：否，如果前面回答为 0)。

否。此时，社会总剩余为 50 000+5 000＝55 000(元)(或答：50 000)，小于最大可能 100 000 元。

以上的分析忽略了健身娱乐馆的经营成本。下面的分析假设这个成本为每人次健身娱乐者 50 元。

(9)与最初的“政府经营、免费参加”的方案相比，“私有化”方案是否损害了消费者利益？总的来说，哪一种方案更好？解释之。

虽然“私有化”后门票价格定在了 100 元，消费者剩余为 0。但原来的免费方案在考虑税负后，每个参观者的消费者剩余等于 15－50＜0(或答：-50)。私有化反而使得消费者变好了。

此外，根据前面的分析我们已经知道“私有化”是社会有效率的。总的来说，这个方案无论从公平(分配)还是效率角度，都优于原来的方案。

案例 8-3：反微软公司垄断案

【背景资料】微软公司遭遇的反垄断调查和诉讼简述(作者：萧延高、刘江霞)

(1)1990 年 6 月美国联邦贸易委员会就微软公司与美国国际商业机器公司(简称 IBM 公司)关于个人计算机操作系统的冲突对微软公司进行秘密调

查，焦点是微软公司将应用软件与 MS-DOS 操作系统捆绑销售，是否有碍市场的公平竞争。由于投票的结果是 2∶2，联邦贸易委员会没有就立案形成一致意见。

(2)1993 年 8 月 20 日，联邦贸易委员会终止对微软公司的调查。司法部宣布接管这一案件。

(3)1994 年 7 月，司法部以美利坚合众国的名义向哥伦比亚地区联邦法院就微软公司的行为提起民事诉讼，称微软公司违反了《谢尔曼反托拉斯法》第一条和第二条，要求法院防止和限制微软公司以排他性的和反竞争性的合同销售其个人计算机操作系统。1994 年 7 月 15 日，微软公司与美国司法部在法庭上达成一项和解协议：微软公司不能以“视窗(Windows)95”许可证威胁计算机制造商，以附带其他应用软件，但微软公司保留开发“集成产品”的权利。双方同意法院不再审理，而只作一个“同意令”。但这一和解协议被哥伦比亚地区联邦法院法官斯坦利・斯鲍肯法官驳回。1995 年 6 月 16 日，哥伦比亚地区联邦上诉法院认为应当批准微软公司与司法部达成的和解协议，驳回了斯鲍肯法官的意见并解除其审理该案的权利。8 月 21 日，哥伦比亚地区联邦法官杰克逊批准了微软公司与司法部达成的同意令。

(4)1996 年，网景(Netscape)公司就微软公司销售“探索者”(Internet Explore，IE)浏览器的行为向司法部提出指控，宣称微软公司利用其垄断操作系统市场之便，捆绑推销 IE 浏览器，违反公平竞争规则。1997 年 10 月 20 日，司法部向哥伦比亚地区联邦法院提出申请，称微软公司蔑视双方达成并经法院批准的同意令，要求法院判决微软公司遵守同意令。1997 年 12 月 11 日，哥伦比亚地区联邦法官杰克逊下达预先禁止令，要求微软公司从“视窗 95”操作系统中分离 IE 浏览器。微软公司于 12 月 16 日向哥伦比亚地区联邦上诉法院提起上诉。1998 年 6 月 23 日，上诉法院合议庭判决，微软公司将 IE 浏览器与“视窗 95”捆绑的行为没有违反其与政府的协议，撤销地区法院联邦法官杰克逊对微软公司的预先禁止令。

(5)1997 年 10 月 7 日，太阳微系统(Sun Microsystems)公司向位于圣何塞的地方法院起诉微软公司违反 Java 协议，实施商标侵权，错误广告，不遵守合同，不公平竞争，粗暴干涉潜在的商业优势等行为。其实质是声讨微软公司的 IE4.0 浏览器中 Java 语言不能支持跨平台软件，只能支持“视窗”操作系统，要求法院发出禁令。1998 年 11 月 17 日，地方法院就微软公司违反协议，修改 Java 程序代码一案作出初步裁决，判令微软公司在 90 日内修改其“视窗 98”，使之符合太阳微系统公司的 Java 语言标准，或者将 Java

完全从其操作系统和应用开发工具中清除，否则将禁止其销售。1999 年 8 月 24 日，上诉法院作出判决，判定微软公司确实违反 Java 使用权协议，但并不足以发布禁令。

(6)1998 年 5 月 18 日，美国司法部代表美利坚合众国联邦政府，和纽约、加利福尼亚、康涅狄格、哥伦比亚特区、佛罗里达、伊利诺伊、艾奥瓦、堪萨斯、肯塔基、路易斯安那、马里兰、马萨诸塞、密歇根、明尼苏达、新墨西哥、北卡罗来纳、俄亥俄、南卡罗来纳、犹他、弗吉尼亚、威斯康星等 20 个州政府(南卡罗来纳州于 1998 年 12 月 7 日退出)，向哥伦比亚地区联邦法院就微软公司非法垄断行为提起诉讼。这是美国继国际商业机器公司案(1969 年)、三大谷类熟食品制造公司寡头垄断案(1972 年)、埃克森公司等八大石油公司垄断案(1973 年)和电话电报公司(AT&T)垄断案以来又一起大型垄断案件。1998 年 10 月 19 日，司法部和 20 个州政府诉微软公司垄断案正式开庭审理。2000 年 2 月 23 日，此案再度开庭，联邦法官杰克逊于当日宣布正式庭审结束。

2002 年 11 月 2 日，本是一个平平常常的日子，但对于美国司法部、微软及其竞争对手来说，却是一个有苦有甜的日子。这天，司法部和微软达成的结案协议书送达联邦法院后，联邦法官科林·科特利迅速批准了该解决方案，微软和司法部握手言和，长达几年的微软反垄断案总算尘埃落定。尽管多数分析家认为，11 月 2 日的结案协议书代表着微软的一大胜利，微软终于逃过被分割的一劫；但是，也有学者指出，事情看来并非如此简单，透过微软反垄断案，后面还有很多更深层次的问题有待进一步求解。

问题：

(1)微软虽然逃脱了被一分为二的命运，但它是否从此真能高枕无忧？

(2)美国为什么会反垄断？垄断及反垄断的利弊有哪些？

【评析】

(1)微软虽然逃脱了被一分为二的命运，但并不意味着它从此真能高枕无忧。

微软的竞争对象、电脑制造商 Sun 微系统公司就表示，它将不会就此罢休并且将继续把微软反托拉斯案抓住不放，虽然在反对微软实施垄断行为时遇到法律挫折，但它还是将力劝各州对该案提起上诉。

即使 9 个州和 Sun 公司上诉，微软被拆分的可能性是微乎其微。但微软也不能像过去一样无视竞争对手和消费者的警告而为所欲为了，也就是说，微软从今以后并不能高枕无忧。

首先，2001年美国上诉法院7位法官对微软作出的不正当竞争行为的司法判决还存在，这就像一把达摩克利斯剑一样，随时悬在微软的头顶上，只要微软以后重犯前科，这把达摩克利斯剑就会刺向它。

其次，也是最重要的，为防止微软的垄断行为，司法部在和微软达成的协议中，对它设置了多方面的限制：一是微软得向其他公司公开其部分计算机代码，使这些公司能设计和视窗兼容的软件，其中包括为服务器设计软件的公司，这一协议条款将防止微软利用视窗对服务器市场进行垄断；二是协议要求微软不得干涉计算机制造商选择什么样的软件，除非这些软件和视窗有技术上的冲突；三是为了保证反垄断措施的实施，司法部有权检查微软的代码、企业内部文件、账户以及相关的记录等；四是司法部还将在微软总部设立一个三人专家委员会，专门监督微软对协议的执行情况。专家由微软和政府各选一名，另一名由双方协商挑选，委员会的费用由微软全部支付。司法部和微软还商定，这一协议有效期五年，届时视情况可延长两年。

正因为有这些"紧箍圈"，美国司法部长阿什克罗夫特才会在法院判决后信心十足地表示，司法部将"强烈保证"微软遵守解决方案，密切关注微软对各条款的执行情况。

(2)美国为什么会反垄断？因为美国政府方面认为，垄断行为对竞争者和消费者都造成了损害。

美国联邦的反垄断法规及反垄断判例，有相应的理论基础作为支撑。一般而言，竞争被认为是一种理想的资源分配方式，是自由企业经济的核心。竞争过程所产生的一般效果有两个方面：一是可能产生商品和服务的最低价格；二是消费者对商品或服务的类型及质量有选择余地。

事实上，处于竞争中的厂商可能通过密谋协议进行联合而限制厂商之间的竞争。有些厂商会力争或发现自己在某种特定的市场结构中处于一种战略地位。这种战略地位使它的采取垄断者的行为或对市场中的其他竞争者实行限制性的强制压力，向买主提供欺骗性的产品与服务。

总而言之，垄断与完全竞争比较，具有以下危害：

第一，垄断价格较之竞争价格更高，但产量比竞争更少，从而降低了资源配置效率，无法实现有效率的生产。

第二，垄断产生了社会福利净损失(又称无谓损失)，损害消费者利益和社会福利，滋生寻租和腐败。

垄断的有利一面是可以鼓励技术创新，企业不断通过技术创新来巩固自己的垄断地位。

反垄断的有利方面在于能查明和消除竞争过程中的弊端，保护消费者和竞争者不受竞争过程中的某些违法行为的侵害，以使竞争体制能够更有效地运行。

反垄断法实施的不利一面是官僚总舍不得放弃调控的大权。这样有可能并没有推动竞争，反而抑制了竞争。

图书在版编目(CIP)数据

微观经济学习题集/龚太寿主编.—武汉：武汉大学出版社，2012.9
(2015.7 重印)
高等学校应用型经济学核心课程教材
ISBN 978-7-307-09146-7

Ⅰ.微…　Ⅱ.龚…　Ⅲ.微观经济学—高等学校—习题集
Ⅳ.F016-44

中国版本图书馆 CIP 数据核字(2012)第 220228 号

责任编辑:辛　凯　　责任校对:刘　欣　　版式设计:马　佳

出版发行:**武汉大学出版社**　(430072　武昌　珞珈山)
(电子邮件:cbs22@ whu. edu. cn 网址:www. wdp. com. cn)
印刷:湖北鄂东印务有限公司
开本: 720×1000　1/16　印张: 13.75　字数:241 千字　插页:1
版次: 2012 年 9 月第 1 版　2015 年 7 月第 2 次印刷
ISBN 978-7-307-09146-7/F·1711　定价:23.00 元